AF771806

ANGABE DER PERSON

ELFRIEDE
JELINEK

ROWOHLT

Originalausgabe
Veröffentlicht im Rowohlt Verlag, Hamburg,
Dezember 2022
Copyright © 2022 by Rowohlt Verlag GmbH,
Hamburg
Alle Rechte vorbehalten;
sämtliche Aufführungsrechte
(Bühne, Film, Funk, Fernsehen)
beim Rowohlt Theater Verlag, Hamburg
Satz aus der More Pro
bei Pinkuin Satz und Datentechnik, Berlin
Druck und Bindung CPI books GmbH,
Leck, Germany
ISBN 978-3-498-00318-0

ANGABE DER PERSON

SO, bauen wir mal meine Lebenslaufbahn, Hauptsache, ich muß sie nicht selbst noch einmal entlanglaufen, nur langlaufen die letzten paar Meter, ich entziehe mich lieber selbst, bevor ich etwas hinterziehe, das Hinterziehen ist ja zum Volkssport geworden. Was steht auf dieser Rechnung?, ein berufliches Treffen?, kann stimmen oder auch nicht, wir sagen mal: nicht. Wenn Sie es sagen, wird es schon mal nicht stimmen, keinesfalls, so wie wir Sie kennen. Aber Sie könnten das professioneller und in größerem Stil durchführen, andre machen es doch auch, ich mache es lieber nicht, ich denke an meine persönlichen Fähigkeiten, die ich nicht habe, und an meine Familie, die ich auch nicht habe, Ausnahme: ein Stück Mann, um den gehts, welcher mich hierher führte, welcher mich heimführte, wie man einst sagte, aber in die falsche Stadt, mit der ein Informationsaustausch stattfindet, immer und überall werden Informationen getauscht, die einem dann nicht mehr gefallen; doch wohin führt der Austausch? Da muß doch einer geben und der andre nehmen, das ist es, was Austausch bedeutet, außer einer der beiden liefert nicht, was steht hier? Alles, was hier steht, kann umfallen, es dient nicht dem Aufdecken von Steuerhinterziehung, etwas andres dient dazu, das ich noch nicht kenne, das Doppelbesteuerungsabkommen ist es nicht, es soll mir dienen, damit ich nicht doppelt Steuern zahlen muß, was soll ich dazu sagen? Das Abkommen, es diente dazu, daß sie mir die Bude eingerannt haben, mehr nicht, und das Äußerste, zu dem ich greifen kann, ist ein Papiertaschentuch, um andre Menschen vor meinem Auswurf zu beschützen. Wollen Sie etwa behaupten, Sie wurden verfolgt? Nein. Ich beklage mich ständig, aber nein, verfolgt wurde ich nicht. Verfolgt wurden andre. Ihr Gold ruhte sanft in den Tresoren, mein Schatz!, hast du was Schriftliches?, nein, Hauptsache, das Gold ruht gut und sicher und wälzt sich in der Nacht nicht schlaflos herum. Das muß einem schon wert sein, daß es einmal verschwindet, von den ehemaligen Besitzern ja auch keiner übrigblieb, um es zu holen, was blieb den Zurückgebliebenen, den lieben Daheimgebliebenen, den Nachkommen andres übrig, als zu verzichten? Wer weiß schon, welche Eier wohin gelegt und wo sie angelegt wurden, man wußte es nicht, bis zum Tag, da man es wußte, leider nichts von meiner Familie dabei, mein Opa war Buchbindergehilfe, woher hätte er es nehmen sollen und nicht stehlen? Der wurde ja selbst deponiert, in einer geheimen Wohnung, mit andren zusammen, mein mittelloser Opa im Versteck mit andren, mein Opa war ein Jammerer, unaufhörliches Geseire, hierhin wollte er nicht, dorthin wollte er nicht, in ein sicheres Drittland wollte er nicht, es hat sich ihm auch keins angeboten, ins KZ wollte er auch nicht, er war halt wählerisch, nirgendwohin wollte er, nur bleiben, wo er war, aber das ging nicht, da haben ihm die häufig wechselnden religiösen Bekenntnisse, die kein Gott je hören oder erhören wollte, auch nichts genützt. Doch Geld hatte er keins, und daher war der Zutritt zur Schweiz ihm versperrt, tut uns echt leid. Die Schweiz? Kleiner Kraftlackl. Wird immer praller, als Schiffsladung wäre es schon längst untergegangen, kein Wunder. Sie hat es immer vom Lebendigen genommen. Die Toten geben ja nichts her. Die geben einfach nichts her. Na, behalten wir es halt. Die sitzen in der Schweiz nicht auf ihrem Geld, sie sitzen auf ihren Händen, damit sie sich nicht selbst applaudieren können, andren aber auch nicht. Gut gemacht, Schweiz!, alles richtig gemacht!, Erfolgsgeschichte Schweiz, wobei, nein, die Schweiz ist das, was sie immer war, doch das ist sie mehr, als andre Länder es je waren. Andre Länder kommen später dran, und auch mir sagt man es ständig, nimm dir die Schweiz zum Vorbild und steh früher auf und sei ausgeschlafen!, dort verdienen sie so gut!, sie verdienen alles, was andre ihr geben, sich regen bringt Geldsegen, nein, andren Segen, und doch, und doch, wir haben diese Vollkasko-Mentalität, nicht wahr, wir glauben, wir zahlen, wir glauben, wir zählen, und dann haben wir Ruhe. Die Schweiz gibt gleich Ruhe, bitte, warten Sie, sofort ist Ruhe, sie ist ein stilles Land. Sie muß sich nicht regen, den Segen bringen ihr andere. Man findet die teuren Namen, man findet die dazugehörigen Gräber nicht, zu blöd, wir irren seit Wochen herum und finden sie nicht, nein, die findet man nicht, die Wolken regneten sie herab, tauet, Himmel, den Gerechten, ich sehe keine, was gibt der Himmel für einen einzigen Gerechten?, 99 Ungerechte?, nein, umgekehrt, ungeklärt, mal sehen, ob ein andrer mehr gibt, egal, danach wurde wieder aufgeforstet, als wäre nichts geschehn. Sogar die teuren Konten durften dableiben, aber auch nur die, wohin sollten die auch gehn, die Kontoführung wurde abgeführt, die Besitzer wurden es auch. Das Kapital fährt ins Ausland, spricht seine Sprache, und dort, wo man auch seine spricht, bleibt es dann liegen. Die Sonne scheint nicht in Tresore, die Sonne kommt aus den Tresoren und bestrahlt uns, wenn wir sie öffnen, die Büchsen der Pandora. Man wird uns erwischen, das ist auch schon der ganze Inhalt.

Sie sind so arm an Leben, da ist ja keine Reise verzeichnet im Buch Ihres Lebens, welches hier vor uns liegt, Sie sind arm an Leben, wir machen Sie noch ärmer! Vielleicht könnten wir Sie sogar einsperren, wenn wir noch die fehlenden 200.000 finden, die Sie uns hinterzogen, zusätzlich zu den Millionen, die Sie Ihrem heimatlichen Staat auch nicht zugeführt haben. Wären es Milliarden gewesen, wir hätten Sie nie gefunden. Niemand hätte Sie gefunden. So aber. Wir haben auch den losen Vogel Finck nicht gefunden, der sein Geld ohne rechtes Maß fürs Rechte ausgegeben hat, die Linke hat nicht gewußt, was die Rechte getan hat, so wie schon sein Opa von hier aus das Rechte getan und was Rechtes finanziert hat, was Anständiges, zu Recht, er war im Recht, wir sind es nicht, im Recht, wir können einen Fink nicht von Amsel und Drossel unterscheiden, das kann nur ein Star, den Blumen erfreun im Schatten unserer Wälder, und der Fink singt sein Lied, wie er es von seinem Opa gelernt hat. Ich habe von meinem Opa nur das Klagen und Beklagen gelernt. Den Grund dafür durfte ich mir immer selber aussuchen. Wie? Nein, Sie kriegen nichts, wer ein Nichts ist, kriegt nichts. Sie aber, Sie haben sich beschieden mit dem, was Sie sich auch nicht genommen haben. Sie haben nichts, kein Verdienst, bescheiden zu sein! Wir wenden das Gesetz in seiner ganzen Härte an. Die ganze Härte trifft nicht den Fink, der inzwischen ohnedies zu seinem Schöpfer heimgekehrt ist, der trifft einen Geist, der auch endlich heimgekommen, seinen Opa, und alle, die im Recht sind, weil sie die Rechte selbst sind. Wir können es nicht anwenden, das Recht, es ist ja nicht unsres, wir können es nicht anwenden in – hier folgt eine kleine Auswahl, worauf warten wir?, nein, sie folgt mir nicht – das Recht kann man nicht anwenden, wir wissen ja nicht, auf wen, aber nicht anwenden können wir es in Somalia, Vatikan, Brunei, Bermuda, Katar, Westsahara, Kuwait, Oman, Monaco, Pitcairn, Norfolk Island, Cayman Islands, Britische Jungfern-Inseln, Vanuatu, Wallis und Futura, nein, Futuna, St. Bartholemy, Turks and Caicos, St. Kitts and Nevis, Bahamas, ach, das ist das, wo die lieben Schweinchen über die Wasserrutsche toben wie die Tropenstürme!, da freuen sich die Leute, wir jedoch haben dort unser Recht verloren und bis heute nicht wiedergefunden. Diese Aufzählung ist nicht gebührenpflichtig, kann Ihnen aber weiterhelfen. Einem nackten Mann können wir nicht in die Tasche greifen, Ihnen aber schon.

Warten Sie nur, bis jemand in die Taschen vom Finken hineingeschaut hat! Sie werden staunen. Die Einkommensteuer hat mehr Kriminelle geschaffen als jedes Gesetz! Gotcha! Wir führen Sie in handlichen, klingenden Schellen ab, an dieser Summe, die für Ihre Verhaftung noch fehlt und für Ihre und für Ihre dort auch, soll es nicht scheitern. Der Fink macht in sein gemachtes Nest, und dann verkauft er seine Scheiße auch noch, er nimmt es vom Lebendigen, er nimmt die Zinsen, und dann gibt er es der rechten Sache. Das Geld feiert jetzt seine Heimkunft, als wäre es ewig weg gewesen. Sie aber sind hier gestellt und pflichtig. Da hätten Sie schon ins steuerfreundliche Ausland ziehen müssen, genau, dorthin, wo Sie jetzt nicht sind. Statt dessen sind Sie mitsamt Ihrer Blödigkeit in unser steuerunfreundliches Inland gezogen, es hat Sie hierher gezogen, jetzt ziehen dafür wir an Ihnen, da sind Sie dann platt, was?! Es gilt das Wohnortprinzip. Und dagegen haben Sie verstoßen. Wohnort: falsch gewählt. Eine Ehe schließt man für immer, das Geld aber sollte man nicht für immer einschließen, es muß ja arbeiten gehen.

Was man alles mit diesem Land anfangen könnte! Was man erst anfangen könnte, wenn man auswanderte und einem das ganze Geld erhalten bliebe, mit dem wir unsere Familien erhalten könnten. Überstürzen Sie nichts, stürzen Sie nicht, lassen Sie prüfen, und dann handeln Sie, bevor im ganzen europäischen Reich, nur nicht für die Reichen natürlich, eine Fluchtsteuer eingeführt werden wird, wenn die Auswanderung von echten Steuerzahlern und der Transfer von Kapital aus der europäischen Steuerwüste weiterhin so zunimmt, das darf nicht sein, neinnein, da erwischen wir Sie lieber vorher, bevor Sie Ihren Paß aktivieren und Ihr Ticket bestellen. Ihr Fluchtgepäck sollte der Erde leicht sein, und der fremden Erde, die Sie noch nicht kennt, ganz besonders! Nein, um die toten Ratten brauchen Sie sich nicht zu kümmern, die verbrennen wir dann. Blut spritzt den Tieren aus den Nasenlöchern, sie drehen sich um sich selbst, dann legen sie sich nieder. Dort liegen gleich acht im Rinnstein, in einer glänzenden Pfütze. Das Licht spiegelt sich darin. Licht bedeutet Leben, vor allem im Auge, dieses aber nicht. Die eine Ratte schaut mich noch einmal genau an, bevor sie stirbt. Das wäre doch nicht nötig gewesen. Wir hätten sie nicht angeschaut. Wir meiden Blicke. Ein sonderbares Fieber. Es ist bestimmt nicht ansteckend. Ich könnte Ihnen schon ein paar hundert Fälle dieses Fiebers aufzählen, von denen die meisten tödlich ausgegangen sind. Das Klopapier geht ebenfalls aus. Leider nicht mit mir.

Siehe, es öffnet sich ein Schrein, und die Stimme eines Herrn Staatsanwalts, oder wer immer das ist, der uns anklagen will, einer will das immer, sie spricht, die Stimme. Was, die kann sprechen? Toll. Meist schreibt sie nur. Und das Urteil ergeht dann auch schriftlich. So, sie hat bereits gesprochen. Das sagt der Staatsvertreter, der sich den Staat nicht aussuchen konnte, den er vertritt, das sagt er immer, wenn er klagend auf Sie weist und alle andren auf die Plätze verweist. Platzverweis! Macht nichts. Wir leben eh schon längst woanders. Was, Sie bestreiten das? Sie bestreiten Ihr Leben, aber woanders? Wir bestreiten Ihr Leben auch, für uns müßten Sie gar nicht existieren, für uns ist das alles genau das, was Zahnärzte und andre Ärzte horten, sogar in hohlen Vorhangstangen haben wir es schon versteckt gefunden, das Gold, ja, auch Wurstfabrikanten, politische Funktionshosenträger und Sportmanager finden ungewöhnliche Orte für ihre Ersparnisse, welche sie fleißig vermehrten, sie alle werden versuchen, ihre Gewinne mit allen Tricks zu minimieren. Passen Sie auf. Falls der Unternehmer selbst nicht auswandern kann, wird er doch mit einer nahestehenden Auslandsfirma wenigstens zum Teil auswandern und mit dieser Firma Leasingverträge abschließen, Beratungs- und Konsulentenverträge, Serviceverträge zur Softwarewartung, Verträge zur

Prospektgestaltung, Patent- bzw. Markennutzung und so weiter und so fort, alles abschließen, jedenfalls bis noch mehr hereinkommt. Ihr Fall aber, Ihr Fall ist deswegen, nein, nicht deswegen, noch lang nicht abgeschlossen, doch der Fall des Herrn Fink hat noch gar nicht begonnen, vielleicht wird er gar nicht fallen; Sie haben also noch Glück, der Fink hat das alles noch vor sich und darf sich freuen. Sechs Jahre wird Ihr Fall mindestens währen, vielleicht länger, und das ist noch kurz, gemessen an der Ewigkeit. Oder, nur so eine Idee, was lange währt, wird endlich gut: Gründen Sie selbst die Steuerfirma Hoch/Tiefbau und dann die Firma Flachbau. Sie können auch eine Karten- und Bezahlfirma gründen, Sie werden rasch merken, daß Sie damit keinen Kredit bekommen und Ihnen auch nichts bezahlt werden wird. Das Geld ist jetzt weg. All diese Firmen werden keine Firmentätigkeit mehr ausüben. Machen Sie sich einen Termin mit mir, ich sage Ihnen, wo ich bin, nicht dort, wo Sie sind jedenfalls. Sie glauben mir nicht? Na dann ... Glauben Sie halt jemand anderem.

Wir stellen Sie gern auch dem Volke vor, wie Jesus einst dem Volk vorgestellt wurde, während der Herrscher badete, nein, nicht betete, zu wem denn? Der hat sich nur die Hände gewaschen, das ist für uns nicht nötig, wir haben uns die Hände an diesem Herrn, welcher zu Recht spendete, und zu mehr Rechten auch noch, nicht schmutzig gemacht, warum sollen wir sie dann dauernd waschen? Und wenn doch Schmutz vorhanden, wen kümmerts, vom vielen Händewaschen in Unschuld geht Deutschland sowieso schon bald das Wasser aus, alle Viertelstunde müssen die Hände ins Wasser und unter das Joch der Seife, da hilft nichts. Jetzt ist die Zeit für Festnahmen und Maßnahmen. You go to jail, sagte ein Mann, der immerhin der amerikanische Präsident wurde. Er sagte es nicht zu Ihnen, er kennt Sie gar nicht. Er sagt, Sie dürfen bei ihm nicht einreisen und nicht vorstellig werden? Na, dann tun Sie das halt nicht!
So. Jesus wird dem Volke vorgestellt, damit es sich eine Vorstellung von ihm machen kann, wer später für ihn stimmen wird; es

haben ihn ja viele, aber auch wieder nicht jeder gekannt, nicht jeder einzelne. Und nachdem der Herr seinem abtrünnigen Volk die Ursachen seiner Verwerfung und Zerstreuung, also einen Propheten, der König sein will, vorgestellt hat, fährt Er fort, Er spricht jetzt zum Normalbürger, dem einzigen, der ihm noch zuhört: «Darum siehe, Tage kommen, Tage gehen, wir aber rechnen jetzt die Vorauszahlungen aus, welche Sie zu leisten haben, Jesus hat schließlich auch beträchtliche Vorleistungen erbracht, damit sie ihn ermorden konnten, das macht ja alles Arbeit, was glauben Sie denn?»

Ja, das tut mir doch auch alles leid, mimimi, ich persönlich hätte Jesus nicht umgebracht, niemals, nicht einmal, wenn ich Hunger nach seinem Leib gehabt hätte, nicht einmal seinen Propheten hätte ich abgekriegt, zu groß die Konkurrenz, ja, nun zu mir, obwohl diese Nachbarschaft mir gewiß nicht zusteht: Ich bin krank, ich bin krank im Kopf, wie mein liebster Plüschaffe immer sagt, und kein Jesus kann mich heilen, kein Gott kann mich erlösen, denn er ist schon damit beschäftigt, den Herrn Fink und mehrere Stars zu erlösen und seine Erlöse zu verteilen an die Rechtgläubigen, und ich? Glauben Sie mir, aber mir glaubt ja niemand: Lieber wäre ich nicht krank und stünde in kurzen Hosen und zarten T-Shirts, welche gut leserlich bedruckt wären wie meine Papiere, in den Flip-Flop-Schlangen am Flughafen, mit Freuden würde ich dort einem vor Freude strahlenden Schirm mein etwas gebrauchtes Skelett, das ich aber noch brauche, vorzeigen und den Inhalt meiner Habe, den ich vorweisen könnte, sogar müßte, das macht nichts, sogar meine Schuhe würde ich ausziehen, trotz der toten Ratten, die hier herumliegen, das macht mir gar nichts, ich dürfte ja bald weg von hier, ich dürfte in wunderbare fremde Länder, nicht in die bedürftigen, nein, in die dürftigen, weil meine Habe mich dort wieder beruhigen würde, andre aber nicht, Länder, die mir dann nicht mehr fremd sein werden und wo ich mein Vermögen besser absichern könnte, ach, hier bin ich ja schon, hier bin ich sicher, wer, der bei Verstand ist und den Bestand seiner Ersparnisse sicherstellen möchte, würde sich außerhalb der Schweiz auch nur kurz hinlegen und die Augen vor den Tatsachen verschließen wollen? Oder gar noch was anlegen?

Nein, mit der Schweiz dürfen Sie sich nicht anlegen, außer Sie sind ganz Amerika, dann dürfen Sie alles. Wenn Sie die amerikanische Steuer vertreten, dann ist alles erlaubt, auch das Steuer zu verreißen und noch die paar Ratten, die kaum mehr gehen können, plattzumachen. Wer sich auch nur kurz hinlegt, stünde schon mit nichts aus dem Nichts wieder auf und wäre fassungslos, weil ihm ein Stein aus der Krone gebrochen wäre und weil die Staatsverschuldung hier so gering ist, wie freut ihn das!, und daher auch keine Verschuldungsprobleme parteiübergreifend zu lösen sind, sondern ausschließlich auf seinem Rücken ausgetragen werden. So spricht der rechte Bürger und sieht einen freisinnigen Bürgersinn darin, welcher ihn anstarrt wie das tote Tier vorhin ihn, als es noch gelebt hat.

Das Bezahlen, leider manchmal nötig, ich führe es auf Umwegen ins Unwegsame. Das Bankgeheimnis, ich erkläre es für abgeschafft. Mein eigen Phone benütze ich nicht, niemals, doch es will unbedingt mich, ausgerechnet mich, zum Zahlen benützen, die Bezahlverfahren treten sich schon gegenseitig auf die Zehen. Einer will schneller als der andre beim Herrchen sein und den Ball dem Herren hinspucken, der wird schon wissen, was er damit macht. Die Leute schauen ja alle Pornos und spielen Glück. Und genau dort, wo es so schön ist, hat sich die Bezahlfirma festgesetzt und begonnen, die Börsenleiter hochzusteigen, um sich auch den Himmel zu erschließen. Es muß nicht immer Geld fehlen. Es kann auch Geld, das es nie gab, fehlen. Wo the fuck ist jetzt diese Milliarde, wo ist ihr Schwesterchen, die zweite Milliarde, welche auf den Philippinen aufgeschienen ist, bis die Nacht hereinbrach? Hauptsache, der Staat weiß, daß er Sie endlich aus dem Zahlungsverkehr ziehen möchte, lieber heute als morgen, dabei hat diese Milliarde ja nicht Ihnen gehört, es gab sie gar nicht! Aber bevor Sie sie wegschmeißen, können Sie sie gern mir anvertrauen, bevor die Russen sie kriegen. Kontrolle ist nicht besser, sage ich ausdrücklich, besser kann ich es leider nicht ausdrücken. Aber da hat doch schon längst der Staat die Hand drauf, er schlägt zu, aber da ist nichts mehr. Ihr Besitzer, welcher sie aber auch nicht hat, diese Milliarde, auch die zweite nicht, die wir nicht unter den Tisch fallen lassen wollen, sonst bücken sich zwei gleichzeitig nach ihr und hauen sich die Köpfe aneinander an, ihr Besitzer hat sich abgemeldet. Diese Milliarde, welche nicht existiert, die hat sich vorher nicht abgemeldet, wir wissen nicht, wo ihr Besitzer, der Besitzer von nichts, das aber Einzug in die Bücher gehalten hat, ein Bestseller!, wo das Herrchen dieser Milliarden derzeit aufhältig ist und dort vielleicht schon wieder die Hände aufhält. Vielleicht kommt doch noch die eine oder andre Milliarde zu ihm, das muß er dann aushalten.

Wird auch auf Ihrem Rücken soviel ausgetragen? Haben Sie zu viel auf dem Buckel? Dann legen Sie es hier ab, ja, hier, in die Ablage, wie schon ihr Name sagt, dort liegt es gut. Menschen, die die Kühnheit lieben, fahren jederzeit mit der Bahn, sie fahren mit ihrem Auto, sie fahren mit Kuverts, sie fahren mit Plastiksackerln und mit Sporttaschen, aus denen zur Tarnung Tennisschläger hervorstechen, sie fahren leer hin und kommen bepackt wieder zurück. Bitte zur Kenntnis nehmen: Der Herr will hier kein Asyl, Sie geben es ihm trotzdem. Sie zwingen es ihm auf, und dann ist es Ihnen erst zu wenig, was er zu bieten hat. Sie überbieten ihn. Nein, Sie nehmen wir nicht, Ihr Asyl nehmen wir nicht, und wir geben Ihnen auch keins. Wir haben nichts zu geben. Wie Sie wollen, aber zupfen Sie nicht an unsren Mitleidsseiten herum, kann sein, daß die schwach sind und reißen wie unsre Geduldsfäden. Ihr Geld hat uns lange gereicht, jetzt reicht es uns bei weitem nicht mehr. Wir füllen es in diesen Plastiksack, dann können Sie es Ihrer Schwiegermutter bringen, wenn Sie wollen. Ach, von dort kommen Sie grade? Das ist was andres. Doch was hier steht, interessiert uns jetzt nicht, hier kann jeder stehn. Was hier liegt, interessiert uns schon mehr.

Bei einem Verfahren nehmen wir Ihnen die Vorfahrt, damit wir vor Ihnen dort sind, und dort sehen wir uns auch wieder. Was Ihre Vorfahren hier angelegt haben, das sehen wir gar nicht, was Ihre Verwandten Ihnen geben, das sehen wir auch nicht, obwohl Sie es hätten angeben müssen. Unsre toten Augen sehen nichts, nichts!, und wenn wir Sie noch gar nicht gesehen haben, oder nur kurz, dann sehen wir Sie auch jetzt nicht, Sie sind uns zu kurz und zu klein, hier bringen Sie nichts vor, und wir tragen Ihnen nichts nach, nicht hier und nicht jetzt, höchstens es füllt ein Köfferchen oder eine Sporttasche, dann tragen wir es Ihnen nach. Vielleicht glaubt Ihnen ja der Richter, wir glauben es nicht. Wir wissen gar nicht, was wir glauben sollen. Glauben Sie, wir haben nichts Besseres zu tun, als Ihnen zu glauben? Bei Ihnen zu Hause glaubt man Ihnen vielleicht, hier glauben wir Ihnen gar nichts. Ist das hier Ihr Wort, oder kann das weg? Warum geben Sie uns Ihr Wort, wenn Sie es doch wieder mitnehmen wollen? Sie sind kein Gegner für uns. Sie sind gar nichts im Vergleich zur Menschheit, die eine Katastrophe ist, welche auch bei uns einst zu Gast war und alles aufgefressen hat, was ihr nicht gehört und nie gehören wird.

Der Mensch muß drei Dinge beherrschen, damit er überhaupt etwas beherrschen kann, sich selbst, dann das Schwimmen, das Fahrradfahren und das Rudern?, nein, was war das Dritte? Autofahren? Hab nachgeschaut, es war das Skifahren! Ich hatte es glatt vergessen, wie ich alles vergesse, glatt geht das meistens nicht, aber jetzt weiß ich es wieder, das war das Dritte, das jeder Mensch können muß, stimmt!: Skifahren. Mit dem Rad auch upwardly mobile, mit dem Ski nur downwardly, aber man kommt aus Eis und Schnee wieder runter in den Klimawandel, wo man besser hätte gleich bleiben sollen, denn der ist überall gleich, nur manchmal gleicher, wenn die Menschen vor lauter

Geld schon jetzt nicht mehr atmen können. Dann können sie natürlich immer noch krank werden. So wie die Touristen, welche am Arlberg ihre Skier weggeworfen haben, um schneller vor dem Virus flüchten zu können, das Monate zuvor aus einem unschuldigen, nichtsahnenden Tier ausgebrochen war, wenn das Tier gewußt hätte, wie krank es ist, wäre es doch nicht aus dem Haus gegangen! Ihm können Sie nicht die Schuld geben! Überall tote Skier, die liegen hier nur so herum, brauchen Sie welche? So viele schöne Stunden hatten sie den Brettln zu verdanken, aber als sie flohen, als der Kleinbus nicht länger warten wollte, da war ihr liebes Arbeits- und Sportgerät ihnen plötzlich im Weg. Die Menschen sind so untreu! Die Bretter werden unter den Einheimischen verteilt wie das Gewand des Herrn, der gestern noch in der Après-Ski-Bar, wie heißt das Loch?, Arschloch?, Kitzloch?, egal, jedenfalls der big spender war, jetzt spendet er den Engeln, nein, das habe ich erfunden. Ich habe keinen Beleg dafür. Sie aber! Und im Flugzeug kommen wir dann alle wieder zusammen und stecken uns an unserem Atem an. Dort wird alles zusammengeworfen, was der Mensch getrennt hat.

Sie sind hinter mir her, bis ich über meine eigenen Worte drüberfalle. Blah! Jetzt verrate ich Ihnen ein Geheimnis, obwohl Sie meine Geheimnisse nicht verdienen, dafür müssen Sie aber auch keine Steuern zahlen, also für meine Worte: sicher nicht, Sie verdienen was andres?, dann müssen Sie natürlich dafür zahlen. Hätte ich Verstand, würde ich Ihnen mein Geld, besser und gern noch dazu das Doppelte von dem, was ich besitze, aus Dankbarkeit überantworten, dann können wir über noch mehr Fragen reden. Wenn Sie nichts mehr haben, können auch wir reden, aber dann wird es nichts mehr zu reden geben. Es gibt Besuchszeiten, da können Sie Ihr Geld besuchen, sobald wir öffnen, können Sie rein, aber so nicht. Diese Tür wird nicht eingetreten, und Sie selbst dürfen erst morgen wieder eintreten. So nicht! So reden wir nicht miteinander! Blah! Blah! Blah! Mit dem Geld ist es immer schwierig, und mit der Wirtschaft erst! Keine Ahnung, wovon die Rede ist, nein, eher ein Schrei in der Nacht. Ja, also schwimmen kann ich nicht mehr, und Fahrradfahren, das den Menschen mobil macht und in diesem Zustand erhält, das kann ich auch nicht. Was war das Dritte, das man können muß?, schon wieder vergessen!, egal, das kann ich gewiß genausowenig, hab ich verlernt, vielleicht finde ich noch eine alte Nummer dieser Zeitschrift, in der man lernt, was vorgeht und was nachgeht, meine Uhr: vor, ich: nach, dort in der Zeitschrift, die immer auf Linie ist, kann ich alles nachschlagen, sie schreiben ja auch über alles, vor allem die sogenannten Dönermorde, lange, lange, lang ists her, bevor Sie es besser wußten, ich habe jede Zeile verschlungen, alles geglaubt, beim zweiten Mal, da Sie auch gelogen haben, glaubte ich Ihnen wie im Fieber die unglaublichsten Sachen, sogar daß man zehn Sekunden die Luft anhalten sollte, und dann sieht man, ob man das neue Virus hat oder nicht, alles erfunden!, und dennoch, wer es nur neun Sekunden schafft, ist tot, ja, jetzt schreiben Sie andre verschlungene, verschlagene Zeilen, als hätten Sie nie tote Türken und einen toten Griechen beschmutzt, Sie Deutsche Sie!, als wäre da nie etwas andres gewesen, so schreibt es die etwas andere Zeitung ab, anders deswegen, weil wir ihr immer glauben, und ich glaube sowieso alles; ich schlage also nach, was das ausgeschlossene Dritte war, vorhin habe ich es genannt, voreilig wie immer, doch es stimmt, das Dritte, Skifahren, ist wahr, Menschen gewinnen Preise damit. Das hätte ich jetzt nicht gedacht.

Ein Plüschtier vielleicht, mit einer Sporttasche, mir doch egal, irgendwann wird es schon wieder gehen:

Wir messen und zählen, wir wägen und nehmen mit einem Löffelchen etwas raus und geben etwas andres rein, und schon haben wir Sie! Aber wir haben Sie ja immer in der Hand, wir sind die Staatsmacht, das proklamiere ich hier ohne Bedenken, weil ich nicht zu ihr und auch sonst nirgendwo dazugehöre und eine Macht brauche, zu der ich aufsehen und von der ich mich unterjochen lassen kann, das ist der angenehme Teil daran. Der Staat ist nicht unser Feind, wir sind seiner. Außer Sie sind Liechtensteiner, dort können Sie als diskrete Geldanlage beim Fürsten eine Lebensversicherung abschließen, Ihr Leben müssen Sie deswegen nicht abschließen, das kommt erst noch, das ist der Witz dabei; ja, sehr diskret. Der Anleger muß bei einer Bank kein legitimiertes Konto eröffnen, die Versicherungsgesellschaft eröffnet ein Konto zum Beispiel auf Lebensversicherung Polizze Nr. soundso, Nummer folgt sogleich, wenn auch nicht hier, ich bin nicht so blöd, Ihnen die zu sagen. Auf dieses Konto können Sie als Anleger eine Einmalanlage einzahlen, die gehört dann nur Ihnen, und ich gehör nur einer allein, nur mir. London sogar noch besser, und es wird noch viel besser, wenn das Geld erst mal weg ist aus unsrem Gesichtskreis! Schon geschehn. Es ist weg und nur noch für wenige sichtbar. Bloß ihr Anführer schreit noch herum. Es kann nur besser werden, ist aber jetzt schon sehr gut. Eine Steueroase? Jein. Nicht-Domizilanten müssen eventuell in einem Land, in dem sie die Gewinne erwirtschaften, Steuern bezahlen. Viele von ihnen zahlen aber, halten Sie sich fest, obwohl es recht gemütlich weitergeht!, weltweit überhaupt keine Steuern, weil sie völlig legal Offshore-Gesellschaften in Nullsteuer-Oasen verwenden. Und noch dazu, das ist eine Fleißaufgabe, nirgends aufhältig sind. Wer würde die auch aushalten! Sie sind einfach nirgendwo. Fliegende Holländer, die aber nicht zwingend Holländer sein müssen. Sie haben Geld? Dann wissen Sie eh, was Sie damit machen können: Sie können mich mal! Ihr Geld kann mehr!, es kann irgendwo, aber praktischerweise auch gleich problemlos in den nahezu eigenen, ganz eigenen Offshore Limiteds auf den Kanalinseln steuerschonend verpackt und verräumt werden, außerdem auf der Isle of The Man, der berühmten Menscheninsel, denn nach ihnen ist sie benannt, nach dem Menschen und seinem Sohn, jeder und sein Sohn wollen dorthin, eine Insel, die jeder ist, jeder einzelne, ja, und in Gibraltar, kein Wunder, daß die Britannier das behalten wollen wie sich selbst. Und jetzt haben sie sich, jetzt haben sie ihren eigenen Staat ganz für sich allein, ist das nicht fein? Der Staat. Braucht ihn jemand? Wer braucht den schon? Man braucht ihn, um sein Geld in einem total andren Staat anzulegen, denn gäbe es keinen Unterschied zwischen dem einen und dem andren Staat, wüßten Sie ja nicht, wohin mit Ihrem Geld. Das Geld selbst weiß ja nichts. Es ist dumm. Der Staat ist eine Macht, er hat keine Zähne mehr, aber wenn er jemanden sieht, der ihm nicht schmeckt, dann zieht er sofort sein Gebiß aus dem Glas und setzt es sich ein, damit er jeden, den er will, fressen kann. Wir sind die Staatsmacht, sagt er, oje, und ich bin nicht bißfest. Aua, jetzt hat er mir ein Stück herausgerissen, das ich noch gebraucht hätte, eine Hälfte fehlt mir eh schon. Was, der andre Staat will sie auch? Machen Sie was draus! Sie können sich umworben fühlen! Jetzt streiten sie sich wieder endlos. Na sowas, Ihr Testament lebt! Jetzt wollen wir es mit Sinn in einem Trust erfüllen, der wird der einzige sein, der Ihnen traut. Ich traue mich nichts, und ich traue niemand. Ich trauere höchstens ab und zu. Mir glaubt man höchstens, daß es mich gibt. Sonst glaubt man mir nichts.

Dem Tennisspieler haben Sie auch nicht geglaubt, der war in Monaco und gleichzeitig im Zweitmonaco München, anderer Staat, wo er aber ebenfalls nichts gezahlt hat; die beiden hat er vielleicht verwechselt, ja, München, dort war er, dort, wo seine Wasserspülung rauschte wie der Wildbach, und das haben die Steuermänner dann genau gemessen. Das muß man, wenn man richtig steuern will. Abwägen, zählen, messen. Wieviel Wasser so ein Klo verbraucht! Das ist einfach unmöglich, wenn man nicht dort wohnt. Es sind ja keine Elfen, die die Spülung betätigen. Es wurde ein Urteil gefällt, viele Bäume wurden gefällt, auf die der Borkenkäfer schon wartete, und ich weiß nicht, zu wem ich gehöre, ich glaube, ich gehör nur mir allein. Das habe ich bereits gesagt, das zahlt mir niemand noch mal. Ja, aber dafür müssen Sie auch was zahlen. Der Staat muß die Hand aufhalten, in jedem Land eine, der Leviathan, vor dessen Macht jede Hand sofort abfällt, außer sie will ihm etwas reichen, damit es noch reicher wird, dieses Ungeheuer. Also ich, ich kann gut ohne Staat leben, ja, ohne Gesetz auch, ohne alles kann ich leben, dazu müßte ich allerdings allein auf der Welt sein, was mir gut gefiele. Doch nach der Epidemie werde ich gewiß nicht als einzige übrigbleiben. Das wird nicht passieren.

Hören Sie, der Sie von Verlangen, Furcht und Vernunft bestimmt werden, wie Wikipedia es Ihnen bestimmt hat, hören Sie zu, denn dieses Staatsungeheuer wird nicht auf Sie hören, dafür hören Sie jetzt auf mich: Vergessen Sie, wo Ihre Skier liegen, die Sie vorhin weggeschmissen haben, bei der Flucht im Kleinbus hätten sie gestört, die treuen, teuren Sportgeräte, ex und hopp, sie sind nicht verschwunden, Ihre Skier, die haben jetzt nur andere. Das ist wie mit dem Geld. Sie wollten natürlich die Hände frei haben, dort unten in jenem Tale, welches dem Berge folgt und wo die Menge den andren Mengen in die Après-Ski-Bars folgt, wo sie sich auch etwas abholen können, frage nicht. Da kann man nichts machen. Nur die Steuerbehörden können da noch was machen. Nur die können sogar meinem leeren Gerede noch etwas entnehmen. Sagen Sie jetzt nichts, denn auch wenn Sie glauben, Sie bringen etwas zu Ihrer Verteidigung vor, werden wir Ihnen nicht glauben. Nur der Zeit können wir glauben, sonst niemandem, das hat der Tennisspieler damals nicht gewußt. So, die Zeit ist jetzt verjährt, der Tag ist vertagt, die kurze Aufenthaltsdauer auch verfallen, die lange, die drei Jahre längerer Aufenthalt sind es nicht, diese Jährlinge ziehen wir auf und berechnen wir Ihnen voll. Sie leben beim Ehemann und aus, weil er Ihr Mann ist und aus, da kann das Licht absterben, der Tag vergehn. Ich höre ein Heulen über den Himmel kommen, eher ein Röhren, nein, eher ein Röhrchen mit Spucke, ein Anzeige-Täfelchen mit Rotz, nein, es ist die Stimme dieser berühmten Sängerin, die eine Röhre hat, aus der es sprudelt, und sie singt: Ich gehör nur dir. Und von da, von hier, von wo?, keine Ahnung, lächeln wir zu Ihnen herunter und freuen uns schon, daß wir das öffentlich tun können, bald, Sie werden es noch erwarten können. Wir sehen uns dann beim Prozeß, sagt der Herr Staatsanwalt, der auch gerne berühmt wäre, aber irgendwie langt es nie dafür. Daran bin aber doch ich nicht schuld! Beim Prozeß sehen wir uns wieder, wir freuen uns schon! Derzeit sehen wir Sie nicht, wir haben Sie sogar noch nie gesehen, dann aber sehen wir Sie endlich, Sie müssen dort nämlich persönlich erscheinen, und dann werden wir, in strahlendes Licht getaucht, miteinander in den Spalten der vielen Blätter, die es gibt, und in einer leckeren Soße aus Elektronen uns auflösen, so wie es wutschäumend das Badesalz der Erde macht, das wir sind, und wir werden alle sauber sein, aber nicht mehr atmen können und verschwinden, ein jeder anders als der andere, drücken Sie, wischen Sie, wir erscheinen oder verschwinden, ganz nach Belieben, wir erscheinen mit total anderen und neuen Bildern, man weiß schon nicht mehr, wohin man schauen soll.

Die Toten kann man nicht essen, die Lebendigen schon. Oder unter unseren Augen eingehen, das können sie, in einem bunten Weltblatt, welches aus Deutschland angereist ist, bis es dann gemerkt hat, daß es immer noch in Deutschland war. Höre ich bei diesem Wort Menschen schreien? Wieso schreien die so? Eine Lawine von schreienden Menschen? Wir kehren gemeinsam vom Berge zurück, sprach Abraham zu seinem Sohn, warum sind wir dann überhaupt raufgestiegen, wenn wir ohnedies wieder runtermüssen, das fragen sie sich und tragen dann das Surfbrettl zur Welle im Eisbach hin, ja, genau, ich und mein Sohn, sprach Abraham, doch vorher sprach Gott zu ihm und hat ihm erklärt, daß er das Opfer gar nicht annehmen würde, alles andre ist gegen die Juden gerichtet und kann hier nicht weiter verbreitet werden, weil es schon zu weit verbreitet wurde. Alles ist gegen die gerichtet, sogar ihr Geld kehrt um, in einen Schweizer Tresor, wo es auf Nimmerwiedersehn verschwindet, seine Besitzer sehen wir ja auch nicht wieder, ich aber, ich aber, der

Herr Anwalt eines Staates, der so verbrecherisch ist, daß er ständig einen Anwalt braucht, ich werde durch Sie einen strahlenden Aufstieg und eine noch strahlendere Talfahrt hinlegen, eine Schußfahrt sogar, ohne Schuß, so, da ist er jetzt, im Tal, der Herr Staatsanwalt, sogar, grüß Gott, ohne daß er aufgestiegen wäre. Die Zukunft hat gesprochen, ich greife mir vor, finde dort aber nichts, die ganze Zukunft ist weg, Sie haben sie glatt verloren, tut mir echt leid. Er spricht, viel mehr können wir Menschen alle nicht, außer denjenigen, die auch noch Sport betreiben, und ich muß mich doch sehr wundern, daß das nicht das Vierte ist, das jeder Mensch können muß, um sein Inneres mobil zu halten wie sein Fahrrad: jawohl, sprechen, genau!, das ist es. Sprechen sollte man unbedingt können. Und der Herr Staatsanwalt spricht nicht, denkt es sich aber, er denkt sich: Oh, gäbe es die Schweiz nicht, dann könnten wir das sein, dann könnten wir die Schweiz sein!, wir alle, das Geld würde dann bei uns bleiben, anstatt dauernd wegzumarschieren. Meine Anlagen sind leider nicht so geschickt, die tun gar nichts. Die tun nichts, nicht einmal spielen wollen sie. Der Phantasie sind keine Grenzen gesetzt, aber nein, das Geschick will nicht, es nimmt das Geld und tut überhaupt nichts damit. Das Geld tut von sich aus überhaupt nichts. Ich würde ja auch nichts tun, wenn ich nicht müßte.

Sie dürfen sich dann vor einen Herrn Richter, der aber auch eine Frau sein kann, setzen, welcher vorher den Durchsuchungsbefehl unterschrieb, nein, das ist immer ein andrer, man nennt das Gewaltenteilung, nein, so nennt man es nicht, schon gut, setzen! Doch Ihr Sitz wird tiefergelegt sein wie ein getuntes Auto, so ergeht es Angeklagten vor dem Gericht, sicher wurde auch Jesus damals tiefergelegt vor dem Hohen Richter, ein Sitz, der Ihnen derzeit leider, an uns liegt es nicht!, noch nicht zugeteilt ist, obwohl Sie ja ständig Urteile über eh alles aussprechen, das ist typisch für Sie und macht Ihr Sprechen ja so langweilig und unsere Begründungen so langwierig, doch wir freuen uns trotzdem! Wichtig ist, daß endlich einmal einer auf Sie herabschaut anstatt umgekehrt, denn dann sind Sie ganz unten, auf der Sünderbank, und der Richter ist an der Reihe zu sprechen, wir hören schon seine Biedermännerei wie den Tannhäuser-Marsch (ist ja gut, Herr Nietzsche, bis zum Schluß werden Sie versuchen, sich hier reinzudrängen, es wird Ihnen nicht gelingen; einige nehmen es Ihnen jetzt schon übel) mit schweren Tritten herannahen, nicht mit einem Nachen wie der Schwanenritter, und er wird Sie auch nicht, wie die Musik, hypnotisieren, aber er wird Ihre Not ausnützen, jeder macht das, der einen andren Menschen in seine Gewalt gebracht hat, das ist verführerisch, keine Zärtlichkeiten, kein Trost, kein TikTok, kein Glück, guck!, das tut die Staatsmacht, sie richtet fleißig die Augen, ob sie einen erwischt. Was? Sie wollen echt, daß der Herr, der keine Milliarden hat, sie aber immerhin erfand, was ja auch Arbeit macht, jetzt sitzen geht?, das passiert, wenn man etwas, unberufen, nicht aussitzen kann. Der Mensch von der Bezahlplattform sitzt jetzt in Moskau oder verwandten Städten, definitiv in einem andren Land, wo es auch Wasser unter den Brücken gibt, und aus, von mir aus. Sie wollen den ausnehmen wie ein totes Tier oder lebendig ausbeindeln wie diesen Journalisten, aber Ausnahme wollen sie für ihn keine machen. Der Mann mit seiner Milliarde wird auf der ganzen Welt gesucht. Milliarden sind kein Grund zu trauern, außer wenn man sie nicht hat. Sie wollen ihn erlegen und erledigen. Da hätten sie früher aufstehen sollen. Meine Sätze sind auch schon fleißig. Jeder von ihnen greift über, über sich hinaus, er greift nach dem nächsten, jetzt wird er auch noch übergriffig! Ich muß mir selbst vorausdenken, aber das ist doch immer so, oder?, der Satz will immer alles, was er sieht; alles, was er sieht, will er gleich haben, deswegen wird das Meinige immer so lang. Jeder Satz will, was mir nicht zusteht, die Steuereinnehmer wollen auch dauernd was, sie wollen genau alles, weniger nehmen sie nicht, ein bisserl was wird dann schon hängenbleiben. Jeder dieser Sätze greift also über sich hinaus, sage ich, ich will es so, die eine Hand weiß nicht, was die andre tut, waschen?, bei einer effektiven Geldwäsche müssen aber beide Hände zusammenarbeiten, vor allem, wenn es das Geld, die zwei Milliarden von neulich, fast sind sie heute schon veraltet, man hört schon länger nichts mehr von ihnen, wenn es also den ganzen Haufen Kies gar nicht gibt, nein, auch nicht auf den Philippinen, nirgends, was mach ich dann noch hier? Dieses Geld gibt es nicht, weil es nie da war, das Geld, das nie geboren, das Geld, das schon immer nicht da war, war der Schubert nicht schon mal da? Ich erinnere mich ganz deutlich, schon oft hat er uns besucht, dem laß ich seine ewige Ruhe nicht!, egal, jedenfalls ist er wieder gegangen, er ist von uns gegangen, sein Glas kann er jetzt nicht mehr füllen, das hat er doch so gern gemacht mit seinem Kranz aus Freunden, ja, auch dieser andre Mann in seinem schloßartigen Anwesen, jetzt immer noch nicht hinter Schloß und Riegel, der oberste Vertreter der berühmten Kartenfirma, auf die Deutschland so stolz war, weil dort so selten jemand richtig großes, vieles Geld verdienen kann, nur große Autos errichten, das können sie, deshalb ist eine wichtige Hand jetzt abhanden gekommen, die andre muß sich vor Gericht schon selbst reinwaschen, was ihr kaum gelingen wird, wenn ihr die zweite Hand auch noch fehlt. Mein andrer gemischter Satz weiß auch nicht, was der andre zu bedeuten hat, sie hören nicht auf mich, sie hören nicht, was ich sage, sie hören ja nicht einmal aufeinander. Sie fühlen nicht, was ich höre, die blöden Sätze, nein, umgekehrt, sie hören nicht, was ich fühle, sie sagen etwas, sie sagen etwas dagegen, ich habe nichts dagegen. Jeder User ist frei zu sagen, was er will. Wahrscheinlich bin ich überbezahlt. Das höre ich oft.

Die Polizei darf nicht alles, falls Sie das glauben, sind Sie im Irrtum. Die Steuerfahndung darf alles? Ja, die schon. Für Beweise ist das Gericht zuständig, welchem wir Sie bald zuführen werden, dort können Sie dann alles vorbringen, auch Beweise oder das, was Sie dafür halten, meist sind das ja gar keine, man glaubt nur, daß etwas ein Beweis ist und daß ein Beweis einen sicher macht; alles kann ein Beweis sein, sogar die Wasserspülung vom

Klo. Der Wasserzähler treibt sich noch im Haus herum, er zählt alles und erzählt alles. Sie jedoch dürfen nur sprechen, wenn Sie gefragt werden. Sie wollen sich nicht belasten? Würde und Pflicht verbieten es Ihnen? Die Zeigenden sind die Dichter? Und was sind dann Sie? Warum zeigen Sie immer auf andere? Gucki und Apfel und die Amazonen können wir nicht befragen, Sie aber schon. Diese Kraken opfern ihre Arme, damit ihnen woanders noch schönere, kräftigere nachwachsen, nein, wir opfern bloß unsere Armen. Wir strebsamen Staatsdiener, die wir nur auf uns und unsere innere Stimme hören, die aber genauso lügt, wie alle lügen, und das ist dann Gesetz. Wir tun doch gar nichts, aber wenn es ans Sterben geht, die Seuche wird sich ja auch welche von uns holen, keine Frage, dann sagen wir, jeder von uns sagt zu sich oder zu dem, der halt da ist: Ich habe zu nichts mehr Zeit gehabt. Sie haben mit sich getrödelt bis zum Schluß. Immer mußte man Ihnen sagen, was Sie zu tun hatten. Wir haben ein Gesetz, und nach diesem Gesetz haben wir jetzt Sie festgesetzt, ein Gesetz, das hier recht bekommen wird. Sie werden das Recht jedoch nicht bekommen, es wurde bereits weitergegeben, damit wir auch in andre Menschen hineinblicken können, dazu brauchen wir es nämlich, und es ist recht flexibel. Das werden Sie schon sehen, und der Zuhörer Seelen werden aufmerken, nicht des Jüngsten Gerichts, das kommt erst noch, da wird erst was los sein! Die Presse wird uns gar nicht nachkommen, wir werden aber extra für sie anhalten, wir werden uns nicht aufhalten auf unserem Weg zum Herrn, der uns dort gezeigt werden soll. Zeugen Jehovas, Adventanhänger und ein paar andre Anhänger glauben, das passiert schon nächste Woche. Uns genügt das irdische Gericht, das uns Eil- und Express-Beförderungen einbringen wird, bevor das Verfahren totgeschlagen wird. Dieser Postmensch kannte sich mit sowas aus, wir haben ihn trotzdem geschnappt. Sehen Sie! Die Staatsanwältin war vorher noch beim Friseur, das Fernsehn ist auch da, die hat doch gewußt, wann die Häscher kommen, sie hat sie ja herbeigeholt! Jetzt kennt jeder ihr Gesicht und ihre neue Frisur.

Wer Ohren hat, zu hören, der sollte sie nicht mit dem Schmalz von Heimatliebe verschließen, sondern sagen, was sein Gewissen ihm von sparender Nähe erzählt, nein, ich glaube, das Gewissen ist es nicht, das Wissen ists, das diesmal spricht, denn es gibt in dieser sterbenden Bank noch 400 anonyme Überbringersparbücher, die es gar nicht geben dürfte, die Bücher wurden in der Familie aufgeteilt, jeder bekam eins für die Einlagensicherung, jeder konnte sagen: Diese Hunderttausend gehören mir, die andren Hunderttausend gehören jemand anderem, welcher aber mit uns verwandt oder verschwägert ist, jeder kriegt eins, wer hat noch keins, hier bitte, da sind die knapp Hunderttausend drauf, mehr dürfens nicht sein, die ich Ihnen vorhin draufgespielt habe, damit daraus ein Schuh wird, der diese Einlagen unbedingt braucht, sonst ist das Standbein zu kurz, auf dem Sie stehen. Wenn das noch nicht genügt, greifen Sie nach den Sternen, die ganz woanders sind. Denken Sie größer! Stellen Sie sich auf den längeren Fuß, also: Eine Auslandsholding kann die steuergünstig thesaurierten Kapitalien wieder in Form von Krediten an die Tochterunternehmen vergeben! Wer hat denn noch Sparbücher! Ihre Uroma vielleicht! Die hat auch Hunderttausend bekommen, es bleibt ja in der Familie, die Einlagensicherung rotiert, keiner schämt sich, jeder weiß, wohin er schauen soll. Geradeaus nach vorn, bis er eine bessere Lösung findet, nämlich diese: Die Money-Box wird dadurch zur Kapitaldrehscheibe oder zur finanziellen Töpferscheibe, man kann praktisch nach Belieben, finanziell gesehen, wie wir ja alles sehen, formen und gestalten. Der Steuerspareffekt ergibt sich dadurch, daß die Tochtergesellschaften im Inland die Zinsen für diese Kredite vom zu versteuernden Einkommen abziehen können, während bei der Finanzierungsgesellschaft in einer Steueroase oder in einem fremden Land, das spezielle Steuerpräferenzen für solche Unternehmen bietet, kaum zusätzliche Steuern oder Gebühren anfallen, mehr oder weniger. Eher weniger. Vorsicht, Sie selbst dürfen natürlich nicht fallen! Was wollen Sie mit Ihrem Sparbuch? Dort drüben können Sie es einlösen, aber der

Erlöser muß auch eine Bank sein. Er wird es schon richten, der ewige Richter.

Und wie so ein Prozeß wohl ausginge, was meinen Sie? Keine Ahnung. Fangen Sie den Todesengel ein, noch ist er etwas klein, er wird aber gewiß noch wachsen, die Schwingen ausbreiten und Sie in den Himmel tragen, spätestens nach der fünften Vertagung. Dann glaubt man Ihnen vielleicht, daß Sie unschuldig sind wie all diese Kindlein, bevor sie abgeschlachtet wurden in Bethlehem. Wenn Sie wollen, schmieren wir etwas Blut an Ihre Tür, das kostet aber extra, dann denkt man, Sie sind tot, gut so. Außer Sie machen ein Vereinskonstrukt. Es muß natürlich ein gemeinnütziger Verein sein, vielleicht ein Verein mit dem Zweck: Hilfestellungen beim Export, Erbringen von Beraterleistungen, na, das geht immer, das ist keine Kunst, jeder kann jeden beraten, ob der das dann macht, ist unwichtig für Sie, vielleicht doch wichtig, aber nur, falls Sie Politiker sind, Kleidung, Wohnen, Fahren, Essen oder Einladungen zum Essen, das wird alles bezahlt. Dann gibts noch, wenn Sie Glück haben und etwas mehr zusammenkratzen konnten, Optimierung von Handelstätigkeiten oder was in Ihrer Branche halt so gefragt ist und Gott gefällt, nein, Ihnen muß es gefallen. Dann zahlen Sie an diesen Verein Mitgliedsbeiträge. Diese sind zwar eindeutige Kosten Ihrer Firma, und beim Verein, fein!, da dieser ja der Gemeinde nützlich ist, sind die steuerfrei, jawohl. Da lohnt es sich doch gar nicht erst, zu sterben, nicht wahr? Ihr Tod würde Sie nur ablenken von sich selbst, und er wäre zum Beispiel etwas, das nur Sie anginge und nicht das Finanzamt. Alle Aufwendungen, Förderungen, Preise, Auszeichnungen und Honorare sind selbstverständlich, also ich verstehe es nicht, aber es versteht sich zum Glück selbst, betriebliche Kosten. Was, die Preise auch? Na, die haben doch auch irgendwen was gekostet. Es kostet alles was, nicht immer zahlen Sie, aber meistens. Und Sie wissen, was mit denen geschieht, die ihr Domizil in der Schweiz aufschlagen, bis sie, hart oder weich, je nachdem, wie lang sie gargekocht wurden, am Boden aufschlagen? Den Schweizern reicht es bereits heute, dauernd müssen sie über fremde Menschen steigen, wenn sie in die Bank wollen. Nichts geschieht. Ihnen aber, Ihnen geschieht etwas, dafür sorgen wir schon. Sie gehen uns was an, solange Sie Geld verdienen, gehören Sie schon uns, aber nicht zu uns, das nicht.

Gehören Sie nicht zur Gesellschaft, das ist ganz unnötig, seien Sie selbst eine! Die Finanzierungsgesellschaft in dieser Steueroase, welche Sie auswählten oder jemand in der Bank für Sie auswählte, die haben ja ihre eigenen Verbindungen, nicht wahr, die kann auch dazu benutzt werden, Kapital an den internationalen Finanzmärkten aufzunehmen und an Tochtergesellschaften in Form von Darlehen weiterzuleiten. Da schauen Sie, wie?! Nein, da schauen Sie weg, was?! Die in dieser Finanzierungsgesellschaft entstehenden Oasen-Gewinne, Zinsgewinne, da sind sie ja schon, die kleinen Racker!, tak tak tak, und das war der erste Streich, die werden wiederum nicht oder nur sehr niedrig besteuert. Sie jedoch sind Hochsteuer, über die Berge gekommen aus dem Hochsteuerland, die Hälfte ist bald fällig, und die andre vielleicht auch, wenn Sie sich nicht ordentlich beraten lassen, was ja auch wieder was kostet, das ziehen Sie dann ab. Sie können mit der Finanzverwaltung gern darüber streiten, bei der nächsten Prüfung, für die Sie viel gelernt haben, um auch viel zu behalten. Dann streiten Sie halt mit den Beamten, streiten Sie laut oder ruhig, je nachdem, damit binden und blockieren Sie einen Teil der Finanzverwaltung, die sind ja derweil mit Ihnen beschäftigt, und das kommt uns allen zugute, weil sie in dieser Zeit mit uns nicht machen können, was sie wollen. Und wenn doch, ja, dann kann man vielleicht einen unwichtigen Punkt im Prüfungsergebnis, an dem viele Menschen stundenlang gearbeitet haben, gegen einen für Sie viel unangenehmeren Punkt tauschen, der Sie womöglich in die Bredouille gebracht hätte und den man jetzt gar nicht mehr sieht. Es ist so viel an ihm herumgerieben worden, bis er verschwunden war, dieser Punkt, den lassen wir fallen. Und das machen Sie am besten zu Weihnachten, wenn alle nur nach Hause wollen. Alles in allem ein sehr gutes steuerliches Steuerinstrument, dort ist der Starter, hier müssen Sie aufs Gas treten, dort ist die Bremse, ansonsten geht alles automatisch, Sie fliegen auf die Schnauze und wissen, warum, zu viel Gas gegeben, und wo das Geld hingegangen ist, das wissen wir jetzt immer noch nicht. Am Gas müssen Sie immer sehr sensibel sein. Sorry. Ja, staunen Sie ruhig! Aber staunen Sie richtig! Mit uns staunen Sie richtig!

Was sagen Sie? Sie haben schon so viel geopfert, Sie wollen nicht noch mehr opfern? Sie haben Ihre Verwandten geopfert? Und als die Ihnen ausgingen, haben Sie willkürlich andre Leute geopfert? Wer hat das von Ihnen verlangt? Also das können Sie sich nun wirklich nicht zuschreiben, schreiben Sie was andres! Es könnte uns vielleicht von der Unruhe, die man Leben nennt, ablenken. Kennen Sie etwa den Ort, wo die Sterblichen den Unsterblichen begegnen? Und beide je in ihrer Weise zum Wirklichen sich verhalten? Sie sind gewohnt, daß die Natur Ihnen das Offene gewährt und Sie nur noch aussuchen müssen, was Sie wollen? Das Offene selbst ist das Unmittelbare? Aber Ihre Mittel, die baren oder die andren, die wollen Sie nicht offenbaren? Kein Mittelbares, es sei ein Gott oder ein Mensch, vermag je das Unmittelbare unmittelbar zu erreichen. Jetzt schauen Sie in meine Wesenstiefe? Hab ich Ihnen das erlaubt? Was sagen Sie? Sie dürfen alles, in alles hineinschauen, Sie glauben, da schaut auch etwas für Sie heraus? Ihre lieben toten Verwandten nützen Ihnen gar nichts, für die haben wir schon unsere eigenen Gedenkfeiern, da können Sie nicht mitreden, die Toten können Sie sich gern vorne hinhalten, die werden nicht vorhalten, die sind nicht schußsicher. Die liebe Familie war nicht schutzsicher, nicht stoßfest, und gegen das Gas haben die paar Leute, die paar Hanseln auch kein Gegenmittel gehabt. Keine Sorge, Ihren Verwandten nehmen wir nichts weg, wir ehren sie sogar. Das Parlament tritt zu einer Festsitzung zusammen, weil es dort nicht festsitzen muß, es kann danach nach Hause gehn. Nur die Toten bleiben da, wenn auch zum Glück nicht bei uns; wir sind absolut dafür, daß sie geehrt werden, Ihre Lieben, wir ehren jederzeit als erste, wenn es denn sein muß. Wir haben sie blöd sterben lassen, die lieben Toten, nein, sowas! Schon wieder sind sie da und halten die Hand auf, aber schenken tun wir ihnen nichts. Von den Toten haben wir zu ihrer Zeit alles genommen, jetzt kommen die Lebenden dran. Von mir aus.

Meiden Sie unbedingt Luxemburg!, das fällt mir grade so ein, sonst vergesse ich es über all den Toten, mit denen ich mich ständig schmücke. Ich hänge so an ihnen, doch sie nicht an mir. Deswegen schreibe ich es noch schnell hier hin: Meiden Sie eine Steueroase, die keine ist, weil sie Hausdurchsuchungen fremder Staatsorgane auf eigenem Staatsgebiet duldet, meiden Sie solche Oasen unbedingt!, suchen Sie sich andre, verdursten Sie lieber, bevor Ihr Geld verdunstet und Sie in einem kleinen vergitterten Raum selber dunsten müssen, Hohe fallen dort besonders tief; in diesem Zusammenhang sage ich nur: Sie haben Anspruch!, Sie haben Anspruch, dort Ihren Wohnsitz zu nehmen, wo Sie wollen, wenn Sie es sich leisten können, ja, auch in Monaco, aber in Ihrer Heimat dürfen Sie, wie gesagt, das Klo nicht zu oft spülen, die Finanzer messen nämlich den Druck, unter dem Sie und das Wasser stehen, und dann sind Sie, lieber Boris, dann waren Sie eben dran, selber schuld. Sie Ärmster! Kein Wunder, daß Sie jetzt wirklich arm geworden sind. Und das hat kein Staat vollbracht. Oder vielleicht eine gefällige Insel gefällig?, dort können Sie niemand anstecken, und niemand kann das mit Ihnen tun, Sie müssen nur die Zufahrtswege sperren. Sie wären hundertpro geschützt. Niemand ist eine Insel, nur eine Insel ist eine Insel. Gefallen würden Ihnen schon einige, schöne Eierländer, wo die Banken auch am Samstag öffnen, falls Sie welche brauchen, Bermuda, Gibraltar, ach, ich habe sie ja schon aufgezählt, Inseln halt!, meerumschlossen, Oasen, sandumkränzt. Bahrain! In den Steueroasen kann man nichts durchsuchen, dort kann man nichts machen, weil zu viel Wasser dazwischen ist und zu viel Wasser seit der Tat den Berg hinuntergeflossen ist. Alles ist verjährt, weil der Staat so lang gewartet hat, es ist für uns nicht greifbar und überhaupt. Es sind schon Gerichte zu Weihnachten geöffnet worden, nein, nicht Tiefkühlgerichte, und zwar weil ein Immo-Hai sich was Schönes kaufen wollte. Was Sie nicht sagen! Sagen Sie auf keinen Fall, wo Sie sind! Niemandem! Und Ihrer Partnerin schon gar nicht. Wenigstens schweigen sollten Sie können. Das ist das Fünfte, was jeder können sollte. Es sollten überhaupt alle schweigen, ich zuerst. Wenn sie, wer auch immer, schon nicht auf die Straße dürfen, sollen sie wenigstens schweigen. Ich sollte lieber auch nichts mehr sagen, die fehlenden Milliarden sagen ja auch nicht, wo sie sind. Wo nichts ist, wie kann man da seine Gewinne steigern? Gefälschte Rechnungen und Kontoauszüge, in denen Unternehmen auftauchen, zu denen Sie gar keine Geschäftsbeziehung haben, die liegen uns vor, warum gehen Sie diese Beziehung nicht endlich ein, geben es zu und machen das Geld wieder ehrlich? Trauen Sie sich! Da können Sie die Frau Bundeskanzlerin, da können Sie den Herrn Finanzminister, wen auch immer befragen, solang Sie wollen, die wissen auch nicht, die wissen nicht, wo das Geld liegt, sie sehen nur als Braut geschmückte Firmen, ihre Bräutigame, deren Ummantelung zu Staub zerfallen ist, nicht, daß es etwas zu bemänteln gibt, neinnein, die sehen sie schon verschwommener. Diese Firma hat gar keinen Partner, sie hat ihn nur erfunden, und den dort auch. Der Boden müßte längst bedeckt sein von Geld, das es gar nicht gibt, das für seinen Aufenthalt ins Ausland gefahren ist, eine Reise ohne Rückfahrschein, im Ausland finden wir aber auch niemand. Fahr nicht, du Müllersbursche oder wer du bist!, dieses Ticket ist für kritische Geister reserviert. Die Konten sind voll, doch sie gehören keinem mehr. Es gibt das Geld nicht, es gibt die Menschen nicht mehr, es gibt schon Menschen, aber diese halt nicht. Keiner da, der etwas zurückerhalten könnte. Keiner hat sich gemeldet. Und wenn sich niemand meldet, kriegt auch niemand was. Die Banken sind so zurückhaltend, daß sie eben alles zurückhalten, daß sie nicht einmal die Namen preisgeben, jedenfalls nur, wenn sie gezwungen werden, von einem schlichten kleinen Angestellten gezwungen, wie ist das möglich? Wo war ich?, nicht auf den Bergen jedenfalls, wo man hinter dem Berg hält, hinter den nächsten Berg, Berge, die dort in den Himmel wachsen, wo dafür die Menschen zurechtgestutzt werden.

Ich warne Sie: Sämtliche folgenden Vergleiche sind unzulässig. Ich mache sie trotzdem, es liegt an Ihnen, sie zuzulassen oder nicht. Ich bin entschlossen. Sie brauchen nicht so zu schauen! Wir sind also erschlossen. Alles ist lächerlich, wenn man an den Tod denkt? Aber denken hat noch keinem geschadet. Ich denke, also bin ich, denke ich zu Ende an das Ende, an das Sein zum Tode. Warum soll ich das nicht dürfen? Es muß ja nicht mein Tod sein. Ich kann in Toten geradezu wühlen. Von nichts gibt es so viel, nicht einmal von Geld. Ich werfe die Körper in die Luft, und noch immer bleiben Massen von ihnen übrig, da kommt schon der Caterpillar, um sie ordentlich zusammenzuschieben, damit man sie, vereint, entsorgen kann. Ich werde doch wohl vom Tod meiner Verwandten sprechen dürfen, für Sie sind es Fremde. Ich kann ja nichts dafür, daß meine Familie Ihnen fremd ist. Ein paar wenige von ihnen liegen ja auch dort!, andre liegen dort drüben, zu Schichten gestapelt, wenn man sie verbrennt, so wärmen sie nicht. Die Toten sind sinn- und nutzlos. Nein, ich darf nicht von ihnen sprechen, nicht, wenn ich mich selbst mit ihnen in Zusammenhang bringe. Ich will mich zu ihnen setzen, doch da ist keine Gelegenheit. Ich will mich zu ihnen hineinzwängen. Sie schließen die Reihen. Fahne haben sie keine, die sie hochhalten könnten. Das Zu-Ende-Sein des Daseins besagt: Sein zum Ende, also ein Vorlaufen in den Tod. Na, das möchte ich auch wieder nicht, ich möchte bitte noch ein bißchen Zeit fürs Herumbrowsen übrig haben, und dann möchte ich noch ein wenig Freizeit auch noch, welche ich fürs Herumbrowsen verwenden werde, viel ist es eh nicht, selbst wenn man alle

Zeiten, auch die vergangenen, zusammenzählt. Wie stehts mit dem Gewissen, ist es heute wenigstens aufgestanden? Es ist im Schongang waschbar, dazu müssen Sie aber katholisch sein oder ein, zwei andren Kirchen angehören, nein, nicht zugleich. Leider ist es derzeit weder telefonisch noch sonstwie erreichbar, es hat eine gewisse Scheu, sich zu artikulieren, dafür blöke ich immer alles heraus. Aufnahmegeräte und Atemgeräte dürfen da nicht in der Nähe sein, sonst muß Ihr Gesicht unkenntlich gemacht werden, Sie werden aber eh am Bauch liegen. Unkenntlichkeit käme mir sehr gelegen, bitte, können Sie das nicht gleich mit meinem Gesicht machen? Das ist auch der Grund, weshalb wir nichts erfahren oder viel zu spät. Man kennt uns nicht, doch man wird uns trotzdem erkennen. Wir werden andren zugestellt, die uns einfach wegwerfen. Sie kennen wiederum unsre Namen nicht. Nein, die Ergebnisse sind noch nicht vollständig da. Und das in die Existenz geworfene und aus der Existenz entworfene eigentliche Ganz-sein-Können des Daseins, was ist mit dem? Ich verstehe es nicht, doch irgendwo muß es ja hin. Könnte ich, indem mir mein eigenes Sein zum Tode bewußt wird und ich die Entschlossenheit habe, dies hier auch auszusprechen, in der Gewißheit, daß mich endlich alle verstehen, könnte ich jetzt eine pekuniäre oder andre Einschränkung erfahren? Oder nur durch die Seuche, die uns alles abfordert? Könnte ich mich jetzt noch einbremsen, oder trete ich aufs Gas? Die Entschlossenheit, mich hier unter all den Toten gemütlich hinzuhauen und fernzuschauen, ist begreiflich, denn in der Nähe sind die ja nicht mehr, sie sind nicht greifbar. Ich bin immerhin noch angreifbar, das bedeutet, daß ich mir Angst zumute. Aber auch wenn ich sie mir nicht zumute, kommt sie, sie kommt immer, sie kommt unweigerlich zu mir, jeden Tag pünktlich mit dem Aufstehen ist sie da, und ich mute sie auch andren zu, die sollen auch einmal sehen, wie das ist, weil ja auch bei denen, inmitten der Seuche, schon die kleinste Besorgung zu größter Besorgnis führt. Ich stelle bei andren einen Zustand her, dem ich seit jeher unterliege, den Zustand der Angst, der ich unterliege, immer wieder.

Inzwischen gebe ich kampflos auf. So fällt es mir leicht, andre anzuklagen, mich mit anderen wiederum zu brüsten, mit dem Finger zu zeigen, als ein verschwiegenes Mich-Entwerfen (meint das Heidegger? Nichts von dem hier meint er, meine ich) auf das eigenste Schuldigsein. Will ich, während ich noch meine eigene Blöße und Blödheit mit meinen toten Verwandten zu verdekken suche, von meinem eigenen Schuldigsein ablenken? Oder gar von meiner noch viel lächerlicheren Unschuld, die ich mir anmaße, denn Kleidung ist mir wichtig, sie sollte sitzen, wenn schon die meisten Täter nicht sitzen mußten, Aribert Heim fällt mir da ein? Mengele auf Badeurlaub, nie gehört, nie gesehen? Der Herr Brunner, ein gerngesehener Botschaftsgast im Orient? Er ist tot, verstehen Sie das endlich! Natürlich habe ich Verständnis. Ich? Ich möchte doch sogar mit meinem schlechten Gewissen noch prunken! Und überhaupt. Angeberei ist meine zweite Natur, gebe ich zu.

Was meinen Sie, sagen Sie es! Sie meinen, das zum Sein des Daseins gehörende «schuldig» läßt weder Vermehrung noch Verminderung zu? Fangen wir mit dem Minderen an, die Vermehrung haben wir uns ja verwehrt, wir sind schon genug, wir sind weniger, doch wir sind genug. Durch diese Krankheit, die inzwischen ein Hit ist, sind wir dezimiert worden, im unteren Dezimalbereich. Schauen Sie sich die Nachkommen-, nein, die Nachkommastellen einmal in Ruhe an! Überall ist von der Krankheit die Rede, wir zählen ihre Stimmen, wieder ein paar weniger, weniger geworden, die Stimmchen, nein, ich meine weniger Menschen, wir haben genug, wir zählen die Stimmen noch einmal nach, allein von mir kann ich gar nicht genug kriegen. Pudeln Sie sich nicht so auf! Sind Sie etwa eine deutsche Steuerbürgerin?, werde ich oft gefragt, bis andre es beantworten. Sie wissen es noch weniger, aber ich hoffe, Sie wissen wenigstens, was Sie an Deutschland haben, denn Deutschland hat jetzt Sie. Unter Deutschlands Radar kommen Sie normalerweise ja nicht durch, die Kamera nimmt die Menschen aufs Korn, dieser

Todesschütze allerdings auch. Eine eherne, nein, eicherne Tür wird abgesperrt, viele drängen sich noch hinein, weil sie glauben, dort sicher zu sein. Augenblick, ich verbinde, da sind aber doch schon so viele, die verbunden werden müssen! Keine Sorge, Sie quetschen wir noch hinein! Wir kennen uns damit aus, das genügt, sprechen Sie in Ihr Gerät, das kennt keine Sorge, und Ihre Sorgen will es schon gar nicht kennen.

Na schön, meine Schuld ist kaum vollzogen, da kommt schon wieder was Neues daher, das aber alt ist und abgelegen: Mein Cousin Walter, ja, staunen Sie, einen Cousin, der älter ist, als mein Vater je wurde, den habe ich aufzubieten, wer bietet mehr?, nein, den hatte ich, Sie müssen mir schon glauben, nicht müssen, Sie sollten es aber, Sie werden noch von ihm hören, aber er kann sich nicht mehr persönlich melden, er ist verstorben. Es ist bei uns alles eine Generation verschoben, ich bin die Jüngste unter den Alten, eigentlich bin ich die Älteste unter den Jungen, dazwischen fehlt was, weil der Hitler ganze Generationen von uns nicht mochte, gar nicht, die fielen dann aus, oh Schmerz, aber Geld haben wir nicht verschoben, Ehrenwort, wir sind ja keine Fußballer!, wir sind überhaupt keine Sportler. Wir sind Anwälte! Wir müssen Anwälte sein, anders ginge es gar nicht. Wären wir nur Verderber der Jugend, wie Sokrates, so müßten wir im Keller einer Pizzeria irgendwas machen, an das ich mich nicht mehr erinnern kann. Es wurde aber aufgeschrieben. Ach ja, Blut aus Kindern saugen, die jetzt nicht mehr zum Klavier- oder Geigenunterricht müssen, Blut saufen, um jung zu bleiben, wer würde das nicht! Ja. Ich weiß doch auch nur, daß dort Blut getrunken wird. Wer das macht, das weiß ich nicht mehr. Aber Sie werden doch noch wissen, ob Sie Papiere in diesem Tresor im Keller haben! Leider weiß ich es nicht mehr genau.

Der Herr Seyß-Inquart – nein, herkommen kann der jetzt nicht, auch nicht Ihnen zuliebe, und mir zuliebe macht er es schon gar nicht –, der zum Beispiel würde das auch sagen. Daß der was mit uns zu tun hatte, wer hätte es geahnt? Wäre er nicht selbst Anwalt gewesen, wäre er jetzt genauso tot, was er auch ist. Wir kriegen alles wieder zurück und mehr, und am Ende kriegen wir sogar den Tod, der ist uns neu, begrüßen wir ihn mit der Knappenverbeugung! Wir nehmen den Tod an, hohes Gericht, wir haben auf seine Kosten ja auch gelebt, Hauptsache, gut gelebt!, warum ihn also jetzt nicht selbst annehmen? Nichts Werktätiges ist an uns, wir nehmen das Urteil mit einer kleinen Verbeugung zur Kenntnis. Wie das Bürgertum, das sich Kenntnisse, die es gebraucht hat, auch die unnützen, immer verschaffen kann, etwas zur Kenntnis nimmt, das es billigen muß, denn billig waren sie nicht, die Menschenversuche. Sie waren recht, aber nicht billig. Es ist nur recht und billig, daß die sich ihre Verbrechen hart erkämpfen mußten. Wir sind ein Anwalt, aber nicht für jeden. Wir, die wir meinen, wenn wir wir sagen, sind keine Anwälte, wir sind nur Anwälte unsrer selbst. Wir haben nichts getan, wir kriegen aber alles zurück, was wir nicht getan haben, nein, eher ist wahr: Wir kriegen nicht, was wir gesät haben, soviel kriegen wir natürlich nicht zurück, das ist unmöglich, denken Sie an die Vögel des Himmels, die leben auch im Unrecht, sie säen nicht, sie ernten nicht, sie wärmen uns nicht, außer man stopft ihre Schutzhülle in einen Mantel, und werden dafür zur Strafe immer weniger, weil wir ihnen das Futter gekürzt haben. Wir aber, wir bekommen stets, was wir gar nicht ernten wollten. Wir haben Familie, die müssen wir ernähren. Bitte, wer nicht?

Der Baldur von Schirach, um nur einen von ihnen zu nennen, der hatte ganz viel Familie, bis heute. Nachkommen um Nachkommen. Wir nicht. Sie greifen zu, und sie greifen auf etwas zurück. Sie können immer auf das Gesetz zurückgreifen, darauf können sie sich verlassen. Aber ich? Was soll ich machen? Die von Schirachs – wir haben nichts mit ihnen zu tun, das freut mich so, und zwar für sie! –, die haben die Habe ihrer Familie am schönen Alpensee vom stolzen Bayernstaat wieder zurückbekommen, durch praktisches Verhalten haben sie es in die Hand genommen und gewonnen. Anwalt war der Baldur nicht, da habe ich mich geirrt, vielleicht absichtlich?, weil es mir so gut in den Kram gepaßt hat wegen dem lieben Walter, der ihn aber gar nicht gekannt hat?, weil ich dem Baldur, kurz B. genannt, alles in die Schuhe schieben wollte, und falls das nicht gereicht hätte, dann seiner Familie und allen seinen Nachkommen noch dazu? Wir warten sogar, bis sie auch uns nachkommen. Was, den Schuh soll sich ein andrer anziehn? Nein, ich habe wirklich keine Ahnung! Ich irre mich ständig. Schlamperei! Geltungssucht! Angeberei! Ich habe einem Falschen etwas Falsches zugeschoben und, als der es nicht nehmen wollte, es einem Dritten aus der Todesschwadron auf den Totenkopf zugesagt. Der war dann endlich der richtige Anwalt, nach langer Suche und Interviews im Familienkreis. Der wars, kein Zweifel möglich! Denjenigen, den ich beschuldigt hatte, den Reichsjugendführer, der auch heute mit den radikalen Religiösen viel zu tun hätte, er müßte sie nämlich führen, um sie wieder zu Heiden zu machen, diesen Führer meine ich jetzt nicht mehr. Ab jetzt ist er ein andrer. Während ich dies hier schreibe, ist er schon verschwunden, und der andre ist aufgetaucht. So. Jetzt stimmts wieder. Jetzt, da ich den offiziellen Jugendfreund brauchen könnte, kann ich nicht mehr mit dem Finger auf ihn zeigen. Ich stolpere dahin, jemand gibt mir einen Rippenstoß, um mich aufzumuntern und aufzumunitionieren. Ich falle um. Dabei war ich immer so aufrecht! Dabei hab ich ein braunes Loch in mein weißes Hemd gebrannt. Immerhin, aus Wien sind die Juden jetzt weg, das hat der Baldur geschafft. Das ist halt leider meine Spezialität: Opfer suchen und, wenn keine vorhanden, dann Opfer sein!, ich will Spezi von Opfern sein, wenn ich nicht das Opfer selbst sein kann! Laßt mich das Opfer auch noch spielen! Wenigstens eine Freundin der Opfer, ja, das tut nicht weh, das will ich sein. Genau! Nur hinsehen ist mir zu wenig. Ich spreche für sie, als kleine Stimme, doch so viele Tote, die wollen ja auch was sagen, die wollen mit einer Stimme sprechen, aber nicht mit meiner, wird mir soeben mitgeteilt. Dafür sagen Tausende andre dasselbe, nur mit andren Worten, die wieder was andres ergeben. Sprechen. Spielen und Sprechen. Im Klagen könnte ich sofort zur Weltmeisterschaft antreten. Nur weil diese beiden Leute, der Anwalt, Arthur Seyß-Inquart, ja, genau, kurz A. genannt, der andre nicht, kein Anwalt der andre, B., welcher eher die Jugend kennt und schätzt, weil die beiden sich also um mindestens tausend Jahre verschätzt haben. Ist das klar? Lasset die Kleinen zu mir kommen!, sie suchen heute noch die Trümmer von ihrem Haus des Seins, was wollte ich sagen, was soll das hier werden? Tschuldigung! Schuldig, Euer Ehrlosen!, schuldig, ihr Treulosen, geht bitte endlich ins Feuer, Jungs, und nehmt jeden mit, den ihr finden könnt, dies ist der Endkampf, keine Sorge, das Feuer reicht für euch alle. Beeilt euch, sonst ist der Krieg aus, und ihr seid nicht unter den Opfern, da wollt ihr doch dabeisein! Das dürfen andre sagen, deshalb darf ich doch wohl auch selbst unschuldig sein und dafür andre beschuldigen, oder? Ich muß doch auch was davon haben, daß ich davongekommen bin, weil ich gar nicht da war, nicht zu dieser Zeit. Ich bin noch ganz weg von ihr.

Anwälte sind aber doch das Gegenteil von schuldig, sie sind unschuldig, oder? Sie! Weil Sie ja immer alles dramatisieren müssen! Sie beschäftigen sich nur mit Schuldigen, ja, mit Unschuldigen auch, so nebenbei, wer fragt danach. Die Schuldigen leben ganz in einer beliebten Doppelrolle, Anwalt oder Verurteilter, manchmal teilen sie sich diese Rolle mit sich selbst. Dieser Anwalt war aber trotzdem wer, er war selbst Zeuge, er war sein eigener Zeuge, ich bin erst im letzten Prozeßabschnitt hier dazugekommen, der Anwalt hat auf andre gezeigt, weil er selbst es nicht war. Er war der andere. Jetzt weiß ich endlich, wer. Ich hatte es vergessen. Entschuldigen Sie, doch in schlichten Worten, die mir nicht so zu Gebote stehen wie die schwierigeren, gestehe ich, bevor man mich auch noch anklagt: Ich habe eine entsetzliche Verwechslung zwischen zwei Entsetzlichen vorgenommen, es tut mir ja so leid. Das kommt davon, wenn so viele nicht davonkommen, dann verirrt man sich im

Menschenwald und hört nur noch von fern die Axt-Anschläge, die eigentlich ich hätte machen sollen. Der Mann, den ich ursprünglich meinte, war gar kein Anwalt. Er war Lehrer. Na ja, sowas Ähnliches. Ein Lehrer der Jugend. Nicht in der Volkshochschule, wo auch Erwachsene lernen dürfen. Er hat die Jugend unterrichtet, daß sie ihr Ding machen soll, bevor er das tut. Er hat sich Dinge herausgenommen, und dann hat er sie wieder eingesteckt. Er war für die Jugend, ihr leidenschaftlicher Freund, das steht fest wie Kruppstahl, und, gut durchgekaut, wird alles zäh wie Leder.

Nein, kein Anwalt, der Herr von Schirach, der Anwalt ist immer ein andrer, der Angeklagte ist man stets selbst, in diesem Fall ich. Ich klage mich also der Verwechslung zweier Verbrecher an, das tut mir nicht weh, und, wie soll ich sagen, vielleicht ist das nicht so schlimm, denn jeder ist ja ein andrer, aber eindeutig, den man mit einem Dritten verwechseln kann, nur fehlt mir der Dritte immer noch. Ich verwechsle leider auch andre Personen ständig, schon wenn es ans Grüßen geht, deswegen teile ich mein Sprechen ja nicht auf sie auf, ich wüßte nie, wer welcher ist und was er vorhin gesagt hat, und das ist gar nicht gut im Theater, man sollte sie immer unterscheiden können, auch wenn beide so böse sind, daß sie kaum gemeinsam auf die Bühne draufgehen und daher auch nicht auf ihr draufgehen können. Dafür gibts andre Dramen! Sie möchten lieber ein Königsdrama sehen? Aber nicht jeder kann ein König sein, nur wer froh ist, der ist König. Millionen Tote! Und ich verwechsle sogar die Täter, wo es doch in diesem Fall nur zwei sind. Natürlich verwechsle ich nicht die Opfer, die können die Plätze ja nicht mehr tauschen, die meine ich nicht, obwohl ich mich so gern an sie anschmiege, damit etwas von ihrem Ruhm, nein, ihrem ewigen Ruhn auf mich abfärbt. Die muß man nicht unterscheiden, und man kann es auch nur selten. Oder können Sie Millionen Menschen voneinander unterscheiden?

Widerstehen heißt, an einem bestimmten Ort verbleiben, den ich leider bis jetzt nicht gefunden habe. Härte kann auch als Widerstand gefaßt werden, in diesem Fall aber nicht, solange sie nicht ein selbst Erfahrenes ist und durch diese Selbsterfahrung bestimmbar, in diesem Fall aber nicht. Wie gut, daß ich keine Erfahrungen mache, in diesem Fall ganz besonders nicht, weil ich mich von meinem Stand- und Liege-Ort niemals wegrühre, und zwar aus Angst, wie schon gesagt; andrerseits ist es auch wieder nicht gut, denn ich kann ohne Erfahrung nichts bestimmen, deswegen passieren mir ja solche Sachen: zu wenig Erfahrung mit Menschen, vor allem mit solchen, die ich gar nicht kenne. Erfahrungen, die kommen mir nicht ins Haus, ich hab schon genug Möbel, ich hab schon abgesperrt, es ist jetzt acht Uhr abends, Sperrstunde, morgen wird es was andres sein. Nichts Bestimmbares weiß man nicht. Ich weiß nichts, das ist meine eigene Schuld. Deshalb habe ich mich beim Hörensagen geirrt und beim Sagen dann noch mehr. Ich war einfach überwältigt von mir, weil ich so brav angeklagt habe, und zwar die Richtigen! Ich hab mich echt reingehaut, in die Bresche geworfen: ein guter Mensch, der böse wird, wenn sich jemand über seine Gutmenschlichkeit stellt. Ist das schon Widerstand, mit dem ich mich brüsten könnte?, nein, ist es auch wieder nicht. Was muß ich machen, daß man mich auch beachtet? Die Menschen widerstehen mir. Widerstand leiste ich nur, wenn es mich nicht zu viel Anstrengung kostet, von andren Kosten mal abgesehen. All die Menschen, die Widerstand geleistet haben, sind inzwischen tot oder schwer verletzt. Ganz Altötting lacht darüber, wenn noch immer Leute auf Knien angekrochen kommen. Was soll ich sagen, ich könnte auch was ganz andres sagen, die Dinge wechseln in einer solchen Geschwindigkeit den Ort, daß die Menschen sie beneiden; die Toten, von denen leider gar nichts übriggeblieben ist, beneiden dafür uns, weil wir uns neue Schuhe kaufen können. Bei mir dauerts gewiß nicht mehr lang, dann können sie mich kennenlernen, die guten Toten, leider sind die bösen auch dabei. Vielleicht können sie mich ihrerseits mit einer andren verwechseln, die Toten. Wo war ich?, ich war woanders, Menschen und Dinge also haben in solcher Geschwindigkeit ihren Ort gewechselt, daß ich sie nicht mehr verfolgen kann. Dabei ist meine Verfolgungslust noch längst nicht gestillt.

Ein anderer taucht nun also empor, Fruchtwasser spritzt, der kommt allein, der traut sich was!, er ist zwar wie der eine, aber doch ein andrer, den ich besser kenne, den B., den ich für den einen, A. gehalten habe. Wer B. sagt, muß auch A. sagen, nein, er muß gar nichts. Man kann sie auch einzeln buchen. Einer allein würde schon genügen! Es ist unverzeihlich, doch ich verzeihe mir. Bitte, es zählt doch letztlich nur, wer wen umgebracht hat, und da haben beide Herren, A. und B., in Nürnberg beim Prozeß folgten ihre Namen ja auch aufeinander, sie selbst waren die ganze Zeit einem andren gefolgt, die haben gewiß schon zu Lebzeiten den Überblick verloren, warum soll man sie dann nicht verwechseln, wo sie doch beide so gut waren im Töten? Es waren so viele, so viele, daß es nicht einmal Verwechslungen geben kann, und zwar wegen der großen Masse an Menschen insgesamt. Sowas gelingt wirklich nur mir. In dieser riesigen Menge kann ich nicht einmal zwei auseinanderhalten. Typisch! Eindrücklichkeit und Ausdrücklichkeit von Herrschaft kann geschichtshaft wechseln, von der Geschichte in die Haft, aber nicht in die Haftung, die lassen wir jetzt aus. Da waren so viele, so viele, die sich gefunden hatten, alle, aus verschiedenen Richtungen, aber mit einem einzigen lohnenden Ziel vor sich. In sich selbst aufgehen wollten sie in dieser neuen praktischen Welt, die sie damals halt vorfanden, in welcher der Tod keinerlei Mühe mehr machte. Die sind in eine Art Mengenrausch geraten. Sie hätten verschiedene Möglichkeiten gehabt, aber nein, sie wollten nur Leute umbringen oder umbringen lassen, woanders, wo sie es nicht mitansehen mußten und stark bleiben konnten bei dieser gigantischen Herausforderung. Dafür hätten sie ihren Ort nicht verlassen müssen, das wäre praktisch gewesen, sie hätten keinen Ortswechsel erleiden müssen mit all seinen Unannehmlichkeiten, die andre auf sich nahmen.

Ich bin ich? Wer sagt das bitte? Ich bin keine andre, doch ich bin ich auch wieder nicht, mehr als eine andre bin ich nicht, ich kann nichts dafür, mehr Ich wäre schon fein, dann könnte ich mich mit meiner Armee, für die mein Ich mühelos reichen würde, dem Lauf der Geschichte entgegenstemmen oder zumindest einen kleinen Damm gegen sie errichten, es wird sich schon herausstellen, wofür oder wogegen ich dann wäre. Ich warte noch ab. Könnte ich bitte noch Nachschlag von mir haben?, ich kann von mir nicht genug kriegen, denn immerhin, mit mir selbst verwechsle ich mich nie, doch von mir soll jetzt nicht die Rede sein, obwohl ich natürlich dauernd von mir rede, nur anders, als wär ichs nicht. Erst als Opfer könnte es mit mir was werden, hab ich mir gedacht. Das muß doch funktionieren! Es sind einfach zu viele Menschen da, auch wenn sie maskiert sind, sieht man sie doch, wie soll man da noch etwas erkennen? Ich schiebe Menschen herum, weil ich sie für dieses Theaterstück benötige und vielleicht noch ein andres – fuchteln Sie nicht so in der Luft rum, im Zuge dessen könnten Keime kommen! –, und dann sind es die falschen, noch dazu am falschen Ort, und ich schiebe sie ins Nichts, wo ich sie doch ans Licht der Sonne bringen wollte. Da kann sich nicht einer hinter dem andren verstekken. Ich aber. Ich habe munter verdeckt und verdunkelt, verblödet von meiner Gier, auch hier, am besten überall, mit meinem eigenen Leid vorkommen zu dürfen, was ich mir selbst schon oft verboten habe, andren aber auch. Was sagt der Denker dazu, da muß er aber fest nachdenken? Er sagt dazu: Härte und Widerstand zeigen sich überhaupt nicht, wenn nicht Seiendes ist von der Seinsart des Daseins oder, ja, jetzt kommts, nein, jetzt kommt es nicht. Jetzt mache ich einen Punkt. Ab hier stimmt es nicht mehr mit dem Denken überein, zum Glück ist es eh nicht meins, nicht mein Denken, nicht dran zu denken!, das mit gar nichts übereinstimmt und vor allem nicht stimmt, und deswegen sage ich jetzt nichts. Schön wärs. Das hat mir der Herr am Telefon, welcher meine Habe bis ins kleinste durchsuchte, auch dringend geraten. Ab hier stimmt nichts mehr, weil ich mich selbst nicht hätte einholen dürfen oder mich aus dem Netz hätte fallenlassen müssen. Aber besser vorher ein Loch reinschneiden! Und die Seinsart des Daseins stimmt schon gar nicht, ich hätte zwei hier zu vergeben, doch Herrchen waren sie, Herrchen ihrer selbst, nicht Hirten des Seins, weit entfernt, oder zum mindesten eines Lebenden Hirten?, wenigstens eines einzigen?, nein?, nichts gehirtet? Einsperren ist natürlich einfacher als hirten, was viel Arbeit bedeutet.

So, jetzt können Sie das Licht in Ihrem Oberstübchen abdrehen! Und lüften. Das soll man jede Stunde mindestens einmal machen, weil sonst die Schimmel kommen. Die Aerosole sind schon da und warten darauf, uns umzubringen. Diese Mörder sind inzwischen recht klein geworden, sie schlüpfen problemlos in unsren Lungen unter. Jedenfalls, das wollte ich sagen, der langen Rede kurzer Sinn: Den Cousin Walter samt Gemahlin hat damals Herr Seyß-Inquart, ja, der, jetzt stimmts, der standhafte Arthur, A., mit dem stimmt jetzt alles, der hätte damals meine Familie abräumen wollen wie einen Christbaum, sie alle vom Spielfeld nehmen, so hätte es ihm in den Kram gepaßt, welcher nicht so wertvoll ist wie jener, den dieser Baldur damals still und beständig angehäuft hat. Nur kann ich B. für meine ständigen Schuldbezeugungen jetzt nicht brauchen. Noch nicht. Später vielleicht. Dieser A. hat meinen Cousin, den lieben Walter, 101 ist er geworden, wenn auch nicht bei uns, in die Flucht getrieben, den hat der Anwalt A. (wie Arthur) vertrieben, weil er den Walter sonst hätte umbringen müssen, und nicht der Anwalt B. (wie Baldur), der gar kein Anwalt war, der den Walter gar nicht gekannt hat, bitte schreiben Sie es sich auf, sonst muß ich das alles noch einmal machen. Die deutsche Geschichte macht mich noch wahnsinnig. Der Baldur hat dem Walter nichts getan, Tausenden andren, aber nicht unsrem Walter; der Arthur, der schon. Und Walter war sein Prophet. Als der Anwalt jedoch auf die Welt kam und Karriere machte, da brauchte er keinen Propheten mehr, er war eh ganz oben, und Walter war überflüssig. Ich rede jetzt wieder von A., Arthur Seyß-Inquart, sein Name soll gleich wieder vergessen sein, ist auch schwer zu merken. Er hat längst ein gebrochenes Genick, noch von seiner Verurteilung her, aber er wäre, würde er noch leben, vollkommen ungebrochen, da bin ich mir sicher. Der würde uns schurigeln, ein echter Sir, so wird er beschrieben, so wird zumindest berichtet, ich verlasse mich auf gar nichts mehr, sehr wohl, stets korrekt, kleine Verbeugung, ich nehme das Todesurteil an, bitte, danke, hat er gesagt, in Nürnberg, dieser Ort stimmt.

Sieger der Geschichte, tut mir leid, Sieger schauen anders aus. Ich wäre lieber selbst Sieger, doch ich bin ein fairer Sportler und nehme das Urteil an, sagte Herr A., obwohl ich ja Anwalt bin und das Urteil nur vermitteln soll, es ist fraglich, ob ein andrer es annimmt. Diesmal bin ich es selbst. Der Anwalt fragt, der Klient antwortet, oft nicht wahrheitsgemäß, aber doch. Aber wenn der Anwalt selbst befragt wird, muß er das Urteil annehmen, welches danach gesprochen wird. Auch er hat eine Verteidigung durch wieder einen andren Anwalt verdient, seine Verdienste waren allerdings nicht zu übersehen. Das ist dann ein Sturmfall, wie alles Große, für das er sich immer noch hält. Beruhigend war der nicht, und beruhigt war er schon gar nicht, mein Cousin Walter, den hätte der Anwalt – ich werde ihn nie mehr verwechseln, er hat sich tief in mich eingebrannt, ich meine, sein Name, der wurde inzwischen am Halse aufgehängt, nein, nicht nur der Name, bis daß der Tod eintrat und ihn mitnahm – der hätte meine Verwandten und die Verwandten andrer und die Verwandten von Verwandten andrer, die mir völlig fremd sind, doch glatt alle umgebracht, und er hätte noch mehr, immer mehr Fremde umgebracht, vorausgeschickt in den Tod, ein Mord mehr oder weniger hätte nichts für ihn gezählt, das wäre gar nichts für ihn gewesen, er hätte den lieben Walter wie eine Mücke erschlagen. Der Herr Dr. Seyß-Inquart, der hat meinen Cous... vertrieben, das genügt mir schon, der andre, B., hatte seine eigenen Verwandten und war noch dazu für die Herzensbildung von ganz Wien zuständig. Der A. hat, ohne B zu sagen, seine Pflicht getan und die Leute in Waggons gestopft, und Abfahrt! Aber das hat der andre doch auch gemacht, ganz genauso, genauso wirkungsvoll, nur halt woanders, woandershin, die Richtung hat jedenfalls gestimmt, nein, nicht einmal die, die einen von Osten, die andren vom Westen, wo die Westen, nein, die Westerner leben. Wenn man standhaft ist, dann stimmt auch die Richtung.

Und schon wieder findet eine Feier für die Toten statt, die Menschen feiern halt gern. Nur keine Wellen! Geht jetzt endlich was weiter hier?, nein. Mein lieber Cousin Walter wurde also vertrieben, aber nein, er ist von selbst gegangen, nein, geflogen, der hat sich damals schon zu fliegen getraut. Ich trau mich das heute noch nicht. Soviel Mühe hätte er sich gemacht, der Herr Anwalt, doch mein Cousin ging von allein, nein, mit der Gemahlin, der wußte, was ihm blühte, das heißt, er floh, nein, er flog. Bevor er rausgeflogen wäre, flog er lieber selbst. Wenn ich die Wahl habe zwischen Umgebrachtwerden und einer Fernreise, und wäre sie auch verhältnismäßig nah, dann eindeutig: letzteres! Obwohl ich gar nicht gern reise.

Folgen Sie jetzt meiner Leidkultur! Die Kultur können Sie weglassen. Die sind vielleicht gerannt, meine Verwandten, sie haben verschiedene Länder bereist, bevor sie ansässig wurden. Vor keinem Geringeren als dem A. sind sie geflüchtet, obwohl es noch Geringere gegeben hätte, die auch sehr gefährlich waren. Doch sie konnten es sich nicht aussuchen, vor wem sie wegrannten, Walter samt Gattin geflohen, geflogen mit dem Flugzeug in die Schweiz, das hatte hölzerne Türflügel wie die Synagoge, welche von solch guten, festen Türflügeln gerettet worden ist, oder nein, meinen Cousin retteten eher Tragflügel oder wie die heißen, es wurde für sie wenigstens nicht ihr Grab in den

Wolken, dem sind sie knapp, aber wirklich arschknapp entkommen, sie befanden sich über den Wolkengräbern, die haben sie nicht gekriegt, die Wolken, die haben die beiden messerscharf durchpflügt, dort wächst kein Gras mehr. Die ganze Schweiz hat sie dann gerettet, wenn auch ungern, trotzdem: Danke vielmals, ich bedanke mich hier offiziell, habe aber keine Berechtigung, auch für andre in der Familie zu sprechen: Zufluchtsort Schweiz, die Schweiz ist nicht so böse, wie man oft sagt, ich sage es ohnedies nicht, und Gräber befinden sich dort, weil sich Gräber halt überall befinden, man dreht sich einmal um, schon steigt man auf eins drauf. Die Schweiz ist ja immer noch überirdisch, die braucht gar keine Gräber, dort ist alles überirdisch schön und sauber und reich und reinlich, wenn man auch nicht immer willkommen ist, falls man von auswärts kommt, das ist aber überall so; die andren Gräber sind, mitsamt meinen Ahnen, einfach woanders, also die sind überhaupt irgendwie anders, sie sind nicht aufzufinden, sie sind Staub, nur am Zentralfriedhof und in Hütteldorf finden Sie noch welche. Ich kann es nicht anders sagen, Verzeihung!, wir sind leider alle anders, jeder von uns ist anders. Manche Familien sind halt schwer zusammenzuhalten, auch wenn sie zusammenhalten, was in unsrer erst seit kurzer Zeit gebräuchlich ist.

Warum sollten uns die Untaten und Untoten unserer Unfallfahrer, ich meine unserer Vorfahren, welche die Vorfahrt nicht beachteten, jeder Weg führte ja ins Jenseits, mancher bergauf, mancher bergab, warum also sollte uns das interessieren? Ich sage es Ihnen nicht, es ist wirklich nur für mich interessant, für sonst keinen, und deswegen darf nur ich das hier lesen, weil ich es ja auch geschrieben habe. Ich habe ein Anrecht darauf, da ich es ja selber zu verantworten habe. Wenigstens ein paar Verwandte haben es damals ins Ausland geschafft, sage ich mir, immerhin, obwohl das Ausland schon längst voll war und das auch ordnungsgemäß rechtzeitig gemeldet hatte, wie heutzutage die Intensivstationen: Wir sind leider nicht besetzt worden, aber aufnahmefähig sind wir auch nicht mehr, außer für Geld und Gold, die sich in der Schweiz rechtzeitig Niederlassungsfreiheit gesichert haben. Also ich nicht, wie meinen Sie?, ich nicht, ich befinde mich nicht dort, ich befinde mich wohl, gehabe mich auch so, obwohl ich überall hätte hin können und immer noch kann. Wohin soll ich mich wenden, wenn Gram und Schmerz mich drücken? Wem künd ich mein Entzücken, wenn freudig pocht mein Herz? Kusch, Schubert, du bist jetzt nicht dran! Ausgerechnet zu Ihnen mußte ich kommen, ins deutsche Land, es hat aber nur zum südlichen Zipfel gereicht, doch das hat schon genügt. Es stellen sich schon viele wieder an, die einen beim Ausreise-, die andren beim Einreiseschalter, die dritten beim Hals-Nasen-Test, aber die zählen nicht, die wollen ja leben und fürchten sich sehr vor dem Tod. Andre haben dafür keine Zeit, sie wollen rasch weiter. Diese Gruppen sind auch nicht identisch, jedenfalls nicht gleichzeitig. Der eine geht rein, die andre kommt raus. Die einen halten es nicht aus, die andren wollen auch raus. Hier sitzt die Seuche, geduldig und aufmerksam, wartet auf eine Rückkehr dorthin, von wo sie abgeflogen ist. Sie ist sich so sicher wie die Weltordnung selbst. Es war richtig, daß sie verreisen wollte.

Bitte, höre ich von einem Kritiker rufen, nein, nicht direkt von dem, aber von irgendeinem kritischen Menschen: Wovor floh denn Ihr Verwandter überhaupt, denn das sagen Sie ja nicht? Wieso ist der weg? Wäre er hiergeblieben, er hätte vielleicht auch jemanden umbringen können wie der Anwalt, genauso, wie es damals so oft vorgemacht wurde. Wieso immer wir? Das macht doch alles Arbeit, wer bezahlt einem das? Ich weiß es nicht. Wer hat was davon? Wir nicht. Wir haben doch auch gelitten, während Sie bloß nicht gelitten waren. Und jetzt müssen wir als Statisten in Ihrem schmalen Dichterpanorama, Ihrem kleinen Rundhorizont dienen, wo kein Baum in den Himmel wächst, weil solche Leute eben nicht in den Himmel kommen. Sie kommen nicht rauf, obwohl es in der Nachbildung wirklich klein ist, das Panorama. Die Geschichte ist zu klein ausgefallen, nein, sie ist überhaupt ausgefallen, und Sie holen die Opfer her, schieben sie einfach so herum, dorthin, wo Sie sie brauchen, Sie Schreiberin Sie, und dann bürden Sie ihnen Ihr eigenes Realitätsproblem auf. Nur weil Sie nicht leben, heißt das noch nicht, daß auch andre nicht leben dürfen. Aber bitte. So meine ich das doch nicht! Ich will doch für die Opfer sprechen! Ich weiß, daß sie damals, in dieser schrecklichen Zeit, anders schrecklich als die derzeitige, nicht leben sollten, und möchte das jetzt an dieser Stelle irgendwie ausgleichen, ohne mich aber an ihre Stelle zu setzen, das wäre zutiefst unmoralisch, da werden Sie mir wohl recht geben. Wenn Sie das leugnen, sind Sie ein Leugner, nein, ein Lügner, und wo die hingehören, das wissen Sie ja. In die tiefste Hölle, während andere durch einen amerikanischen Präsidenten in den Himmel kommen werden, während dieser selbst bereits wieder vom kapitolinischen Hügel absteigen mußte. Es sollte sie nicht geben, die Opfer, die mußten weg, wer will die schon sehn. Der Herr Präsident wäre nie Opfer geworden, das steht nicht in seinem Handbuch. Ein Herr S., Punkt, Bindestrich, I, Punkt, wahr! Der war es, der Anwalt, der immer andre vertreten hat, genau der war es, ich möchte mich in dieser Frage bitte selbst vertreten: Dieser Anwalt mit einem jüdischen Freund, dem Walter F., das ging nicht, das hätte ihm unfaßbar geschadet, der durfte natürlich keinen jüdischen Freund haben, niemals, nicht einmal mit ihm spazierengehen!, auch heute würde ich noch nicht dazu raten, da Sie mit ihm gemeinsam verdroschen werden könnten, und das wäre noch das mindeste.

Mein lieber Cousin Walter war sein Humor, das auch, aber er war eher sein Homer, der Homer des Dr. Scheiß-Inquart, wie meine Mutter und halb Wien zu sagen pflegten. Er sang seinen Song und ging seinen Irrweg, der gute Walter, er sollte sämtliche Großtaten über den Anwalt A. zählen und dann öffentlich verkündigen, wie hoch diese Zahl wieder war, jedes Jahr wieder neue hohe Zahlen, das laß ich hier so stehn, es wird schon nicht wegrennen. Ein humorvoller Mensch, unser Walter, ja, Herr Anwalt, Sie Heutiger, Enkel vom B., der sich hier unberufen, in die Berufung kann er später gehen, wieder reindrängt, Sie auch Anwalt? Echt? Ist das denn zu glauben? Ob Ihre Ahnen das geahnt haben, obwohl sie gar keine Anwälte waren, höchstens Anwärter auf irgendwas, das sie dann auch bekommen haben? Grüß Gott, das freut mich aber für Sie, nur herein!, sehr gut, nicht nur ich richte, obwohl ich nicht einmal meine Hunde richtig abrichten konnte, nein, in meiner Familie gab es Prozeßrechner, die aus dem Gericht berichtet haben, sie wußten da noch nicht, daß sie sich damit verrechnet hatten, wer schreibt, der bleibt leider trotzdem nicht immer. Es hängt von andren ab. Nicht wahr. Sie schreiben selbst, Herr Anwalt? Sie anwalten nicht mehr Ihres Amtes? Damals schrieb aber er, der liebe Walter, er schrieb lustige Glossen über das Gericht, nicht das Jüngste, das kannte er nicht. Die Feuer brannten ohne ihn. Er brannte ihnen rechtzeitig durch. Er schrieb also und schrieb, über den andren Anwalt, den Walter damit berühmt gemacht hatte? Ich habe keine Ahnung. Das wäre doch nicht nötig gewesen. Jeder kannte und fürchtete den sehr. Doch der allerletzte Prozeß wurde dann ihm gemacht. Mein Cousin Walter war sein Chroniker, ich sagte es schon, unser Walter mußte von Schlachten singen, er stand dem Schlachter persönlich gegenüber und wußte nicht, ahnte jedoch, daß es bald ein Schlachtfest geben würde. Walter und Schlachten, das geht schon mal nicht zusammen, von Männern und Schlachten singen, von Männern und vom Schlachten.

Also wie während eines Prozesses ein Herr im Blaumann hereinkam, das hat der Walter beschrieben, übrigens auch die Uniform meines Onkel Poldls im Versteck, ja, hat sich immer bewährt, das Ehrenkleid des Arbeiters, daran erkennt man ihn immer, nein, heute nicht mehr, weil alle das gleiche anhaben, so, und der blaue Herr ist also hereingekommen, hat eine Leiter aufgestellt, und während der Prozeß lief und lief und nirgendwo ankam, genau wie dies hier, alle waren schon eingeschlafen und bemerkten nichts um sich herum, hat dieser Mann die Uhr im Gerichtssaal abmontiert und mitgenommen, einfach geklaut, auf die Leiter rauf und einfach weggetragen die gute Uhr, die noch gut selber gehen konnte; danke vielmals und auf Wiedersehen. Er hatte sich dorthin begeben, wohin er nicht gerufen worden war, aber er hat was draus gemacht, der kluge Uhrendieb, fragt sich nur, was! Mein Cousin Walter hat es aufgeschrieben, ja, alles hat er aufgeschrieben, damals hatten die Menschen noch Schicksale und waren sogar an den Schicksalen von anderen interessiert oder sogar selbst beteiligt, wenn auch nicht sehr. Doch aufschreiben hätten sie sie nicht wollen. Als sie den anderen ihr Schicksal zubereiteten, hat es sie schon nicht mehr so interessiert.

Und auch Sie könnten noch viel mehr Bücher schreiben, Herr Anwalt, Anwalt auch Sie, andrer Anwalt, andrer Gerichtsort, überhaupt andrer Ort, andre Zeit, andre Menschen, die alten waren schon verbraucht, neue mußten hergestellt werden, alles jetzt anders, endlich!, gut so. Sie Anwalt der Heutigen, welcher Sie Gedankenspiele um tote Menschen erdichten, ganze Fußballstadien leeren oder leben lassen, ganz nach Wunsch, aber auch interessante Einzelpersonen, welche sich unbedingt selbst umbringen und das keinem andren, dem sie nicht vertrauen, überlassen wollen, um jeden Preis, sogar das Gift wollen sie gern bezahlen, doch reisen wollen auch sie nicht mehr, nimmermehr, nicht einmal zum letzten Mal. Die Selbsttöter müssen dann aber schon sehr interessant sein, sonst laufen ihnen die Mörder gleich wieder den Rang ab, welche meist aufregender sind, ich rege mich ja auch dauernd über sie auf, und sie kommen mühelos an den Opfern vorbei, welche sie beiseite drängen, um schneller vorwärts zu kommen, rein in die Geschichtsbücher.

Fußballstadien?, was fällt Ihnen dazu ein? Fremdrassige Menschen, aber mit echten Gesichtern darin, die in anthropologischer Vermessenheit vermessen und abgegossen werden sollten für die Nachwelt, welche nicht mehr wissen wird, was so ein Fremdrassiger überhaupt ist und wie er aussieht und wo er gewohnt hat, im Tarnówer Ghetto hat so einer gewohnt, wurde bestimmt, das können Sie jetzt selber googeln. Daher sollten die Abdrücke, die er hinterließ, die alle seine Mitbewohner hinterließen, aufbewahrt werden in einer Art Bibliothek, in einer Menschensammlung, nein, nicht Menschenansammlung. Ja, das ist wirklich passiert, ich lüge Sie doch nicht an! Die Sammlung gibt es! So haben wir dem Publikum mittels Abdruck von Antlitzen und der Vermessung von Leibern gezeigt, wie die einmal ausgesehen haben, aber kein zweites Mal, das wäre vermessen gewesen: alle weg, alle weg, alle umgebracht, auch diejenigen, die die Gesichter mit dem Bade ausgegossen und die Modelle dann zerbrochen hatten, alle weg, was solls, alle müssen sterben, alle, wirklich alle, oder doch nicht?, weniger als alle? Na ja, manche wollen sich heute dabei halt helfen lassen, das verstehe ich gut, ich lasse mir inzwischen ja schon beim Einkaufen helfen. Wir sind beliefert. Sie wollen, daß das erlaubt wird, daß die Selbsttötung gestattet wird. Jetzt einmal einen kräftigen Applaus vom Saalpublikum, in dem sogar zwei Juristikstudentinnen nicht einer einzigen Meinung sind, die wollen nicht teilen. Wenn man will, daß etwas ordentlich gemacht wird, muß man es selber machen. Die Leute sind begeistert und stimmen fleißig über fiktive Leben ab, die ihnen gar nicht gehören und die sie auch nicht haben wollten, wären sie zu vergeben, weil sie frei geworden sind; und dann stimmen sie über ihr eigenes ab, weil es irgendwie nicht mehr stimmt und ungerecht ist, daß es einmal enden soll. Ich weiß jetzt nicht, warum, aber assistieren möchte ich dabei auch nicht. Ich möchte keinem Dichter assistieren, ich möchte lieber selbst einer sein. Deswegen wollen wir nun also darüber abstimmen und bestimmen, denn wer A. sagt, muß auch B. sagen, wie gesagt. Das ist allgemein so ausgemacht. Jetzt stimmts endlich wieder, uff. Jeder darf mitmachen, fit, mach mit!, da können sie schon mal üben, bis es wieder soweit ist, und es ist ja völlig folgenlos, nur ein Gedankenexperiment, wer darf überleben? Sagen Sie es, genieren Sie sich nicht! Diese Anwälte heutzutage: so tolerant!, wer nicht leben darf, na, sagen Sies uns, das Saalpublikum entscheidet dann, es gilt die einfache Mehrheit; was, Sie wollen gar nicht?, Sie sitzen gar nicht im Theater, sondern zu Hause vorm Fernseher, trotzdem, dort können Sie auch abstimmen, jede Stimme stimmt. Entscheiden Sie selbst, jeder hat ja so eine Stimme, bis sie halt erstickt werden muß, jeder Mensch, der eine Theaterkarte gekauft hat, darf beim geschmack- und geruchlosen, nein, gehaltvollen Anwaltsstück mitspielen und über Leben abstimmen, die es gar nicht gibt. Oder das eigene wegschmeißen dürfen, wofür Hilfen zur Verfügung gestellt werden sollen, wie die Familienbeihilfen, die dem gegenteiligen Zweck dienen. Am Anfang und am Ende werden Sie geholfen.

Ach, wäre Deutschland das damals doch eingefallen! Leben herausdividieren, die ohnehin nirgends geschrieben standen im Buch des Lebens. So mußte man sie nicht erst mühsam ausradieren. Sie waren einfach weg. Da hat Ihr Opa echt was Produktiveres geleistet, er hat Vorarbeit geleistet für die ganze Kultur, sehr geehrter Herr Anwalt, das ist heute noch teilweise gültig, was der Jugendberater damals gesagt hat, werter Gerichts-Schreiber, doch das Gericht sind diesmal wir!, welcher diese schreckliche Zeit nicht erlebte, genau wie ich, ich doch auch nicht!, nein, natürlich auch nicht erbte!, Sie erbten was anderes, nicht Ihre Schuld, ich weiß, Ihre Unschuld wird Ihnen hiermit schriftlich bescheinigt, was gar nicht nötig wäre, jeder weiß es. Also Ihr Opa, für den können Sie nichts, der wußte, was man mit Menschen machen kann, man kann viel mit ihnen anstellen, und sie stellen auch oft selbst was an, die kleinen Schlingel, ja, und dann brauchen sie einen Anwalt. Manchmal haben sie so Flecken, blinde Flecken, die sich bald zu Pusteln und Beulen vergrößern, aufwölben können, ohne jeden Grund aufbrechen und eklige Flüssigkeiten absondern, oder sich gar selbst auskotzen, seine

Lunge ausspucken, also wenigstens eine Hälfte, das nennt man dann Seuche, mal was andres als die Qualen, die Menschen sonst gewohnt sind. Dann brauchen sie einen Arzt.

So, die Körper stellen sich schon an, reihenweise, um geprügelt oder sonstwie gequält und abgeschafft zu werden, meine Tante, mit Knüppel auf den nackten Arsch geschlagen, nicht angenehm, nein, nicht in Wien, aber das gibt mir Gelegenheit, von Wien zu berichten, was gibt es Neues? Ich bin ja derzeit nicht dort. Wien wird jetzt ganz neu, bleibt aber lieber alt, damit es mehr verdienen kann, was gibt es von Wien zu erzählen, der Stadt der Musik?, ich kann auch originell sein, wenn ich will. Na ja, die beste Musik überhaupt, weltweit, das kann ich beschwören, weil andre es auch tun, dafür gibt es außerdem Beweise, doch verhauen tun sie einen dort nicht mehr, sie verprügeln einen einfach nur so. Den Bruder vom Leon Askin, ja, dem berühmten Schauspieler, haben sie in einem öffentlichen Klo erschlagen. Den haben sie also auch noch gekriegt. Bei allen Bemühungen kommt man manchmal eben doch zu spät. Aber jeder kommt dran.

Auf wen soll ich jetzt mit dem Fingerchen zeigen? Das mach ich doch so gern. Sie Enkerl, Sie, Sie Engerl! Sie könnten noch viel mehr Bücher schreiben, hätten Sie die Aufzeichnungen meines Cousins Walter Felsenburg, Sie kennen den Namen inzwischen vielleicht, eh nur von mir, sonst kennt ihn ja keiner, wenn Sie ihn sich nicht gemerkt haben, macht es auch nichts, Sie verstehen schon richtig, verstehen Sie mich richtig oder gar nicht! Ich habe meinen eigenen lieben Verwandten mit dem falschen Menschen verbunden, wen interessierts. Wo man hinschaut: Verbrecher. Man muß nur am Boden kratzen, schon kichert irgendwer, den man nicht sieht, als hätte man ihn gekitzelt. Niemand interessiert das, ich weiß, ich habe eine sadistische Ader, ich schreibe das mit solcher Wonne hin, ich schreibe es auf für keinen, für niemanden, für nichts, ins Wasser, in die dicke Luft, welche hier herrscht, ich muß aber aufpassen, daß ich nicht selbst reinfalle, wenn die Grube einmal fertig ist. Andrerseits hat es so viel Mühe gemacht, sie zu graben, daß ich sie keinem andren gönne. Ich habe einen Ruf zu schädigen, da bin ich unermüdlich, einen Ruf, den ich allerdings nie gehört habe, wahrscheinlich galt er nicht mir, einen inzwischen eingefrorenen Ruf: Er lautet, daß ich nichts von mir geben sollte, was ich nicht selbst gegessen habe, okay, wo ist mein Verteidiger jetzt wieder hin?, tot ist er jedenfalls nicht, brauchen tu ich ihn im Moment auch nicht, aber bitte, hören Sie, nur das eine noch, aber bei dem wirds wahrscheinlich nicht bleiben, hoffentlich bleibts dafür bei dem einen: Mein Onkel Adalbert, der Vater vom Walter, falls es jemand ganz genau wissen will, war einer, den sie sofort, gleich am Anfang, nach Dachau expediert, exportiert haben, darin waren sie Weltmeister, rein in den Zug, raus aus dem Zug, dem Zug der Zeit folgend, und auf gehts, nein, Abgang, zum Abgesang gehts hier lang. In unsrer Familie gehts zu, Handel und Wandel, da ist es in Ihrer Familie ruhiger, könnte ich mir vorstellen, Anwalt, Sie, walten Sie endlich, retten Sie das Andenken an meinen Onkel, und wenn Sie schon dabei sind, das an seinen Sohn bitte auch, das macht nicht viel mehr Arbeit, sonst würde ich es ja nicht tun, es geht in einem, wenn Sie schon dabei sind. Da bei Ihnen reden nicht alle ständig durcheinander, da reden nur Sie, es steht in diesem Buch hier. Manche reden gar nicht mehr. Sagen Sie bloß, was Sie wissen, was Sie nicht wissen, braucht niemand zu erfahren. Vielleicht wissen Sies gar nicht, vielleicht wissen Sie nichts, ich höre Sie trotzdem, alle hören Sie, wie Sie da auf dem Misthaufen, nein, dem Nibelungenschatz am Tegernsee hocken und was ausbrüten, muß jetzt googeln, ob der See stimmt, damit ich nicht auch noch zwei Seen miteinander verwechsle, an dem Ihre Vorfahren in Limousinen vorfuhren und ihre Limos oder was auch immer tranken, immer war es sicher nicht Limo, beim Ernst Jünger waren es Pfirsiche in Rotwein oder was ähnlich Köstliches, ich glaube, eher Erdbeeren, genau, wohlauf noch getrunken den köstlichen Wein!, ade nun, ihr Lieben, geschieden muß sein, oh, alte Burschenherrlichkeit, soviel Zeit muß sein. Kommt Zeit, kommt irgendwas dabei raus, also die haben alles zurückgekriegt, Ihre lieben Angehörigen, das ist wohl die ausgleichende Gerechtigkeit, die sich aber immer auf die falsche Seite stellt, und alles stürzt wieder mal ab, weil die Waagschale sich geneigt oder jemand seinen Finger draufgelegt hat. Bitte, mein Papa hat seine Stellung wiedergekriegt, immerhin, und das wars auch schon. Das ist ja nicht nichts. Die Stadt hat sich, allerdings ein paar Jahre zu spät, doch gütig und nachsichtig gezeigt, und wir zeigen sie heute den Fremden, die uns besuchen, in ihrem Glanz, und gut ists.

So, jetzt hab ich endlich den blöden See am Schlafittchen, danke, Gucki!, noch mal Glück gehabt!, Verwechslung nicht mehr nötig, hier breitet er sich aus, der See, still ruht er, er ist schon ganz blau, obwohl niemand ihn gewürgt oder verprügelt hat. Es war nicht, ich wiederhole: nicht der Tegernsee!, wenden Sie sich von diesem ab, sonst machen Sie denselben Fehler wie ich! Es war der Knochensee, nein, der Kochelsee, ich kochele vor Wut, doch es nützt mir nichts. Verbrechen und Strafe? Nichts davon. 4.312 beste Quadratmeter, bestes Wassergrundstück mit Blockhaus, wo der Ahne des Anwalts, Sie ahnen schon, wen ich meine, nein, nicht den andren, wo der Nichtsahnende sich also von der anstrengenden Arbeit fürs Wilde Wütende Reich manchmal ausruhen konnte. Als Reichsjugendführer hat man ja den Stress, daß die jungen Schutzbefohlenen und jene, die aus dem Schutz leider hinausbefördert werden müssen, immer älter werden, älter als zum Beispiel die Pfaffen sie noch genießen wollten; kaum hat man sich an einen aus der Bundesjugend gewöhnt, kaum hat man sich in ihm vergangen, bis die Nebel kamen, kaum hat man ihm den wertvollen Bundesjugendring angesteckt, schon ist er ein Bundeserwachsener und der Obhut des Familienvaters, des Ahnherrn von Anwälten, immer, wenn man einen braucht, ist einer da, schon ist der Enkel ihm entwachsen, sowas ist schon hart. Man sieht den Enkel gar nicht.

Das ist ein schreckliches Schicksal. Voll die Härte. Aber vielleicht sieht man ihn doch? Vielleicht erlebt man noch den Enkel, obwohl man fest, also zur Festungshaft, nicht einmal das stimmt, Festung war das keine, fest verurteilt worden ist. Stellen Sie sich vor, Bayern will kassieren, aber es ist keiner da, der was hergibt.

Bitte, weil Sie Bayern sagen, aber da ist nichts zu holen. Bayern München läßt einen in Ruh, damit wir sie in Ruh lassen, außer wenn sie ein Heimspiel haben, die haben selbst schon genug Geld gedruckt, daß es für drei Leben reicht. Alles tobt. Alles tobt sich aus. Ja, die Bayern, das schöne ländliche Land, es nimmt die alten Spieler vom Feld und holt sich neue, die noch teurer sind, die alten haben schon genug verdient, kriegen den Hals aber nicht voll. Bayern: so wie es die idyllisch gelegenen Besitztümer des Jugendfürsten Baldur von Schirach einkassiert und wieder hergegeben hat, Respekt! Diese Bürokratie beherrscht ihr Handwerk, da wird keiner in einen Glaskasten gesteckt, und die Bayerngesichter werden auch nicht abgegossen und ausgestellt, sonst müßte man diese tüchtigen Sportler danach womöglich auch noch umbringen, ihre schlechte Form von heute einfach zerbrechen, gut, daß diese Zeit vorbei ist, jede Zeit, sogar die, in der ich das gesagt habe. Man kann sich die Leute auch so anschauen, springlebendig, wenn sie in den Mannschaftsbus einsteigen, Fußballer interessieren alle.

Die Witwe des Baldur – wer B. sagt, muß auch A. sagen, sonst kennt er sich beim Urteil von Nürnberg nicht aus, wer jetzt tot sein soll und wer nur zwanzig Jahre sitzen muß, da saßen sie beide, wenn auch nicht nebeneinander, und beim Urteil mußten sie dann beide gemeinsam aufstehen, überlebt hat von ihnen nur der B., damit ihn später der Alkohol langsam verzehren konnte –, die Witwe Henriette also bekam das Grundstück fast geschenkt wieder zurück, für einen Symbolbetrag oder wie man das nennt, weit unter Wert, ja, gedrückt, wenn auch nicht geschlagen. Was man billig einkauft, das kann man teuer verkaufen. Soweit verstehe ich die Wirtschaft, viel mehr weiß ich nicht über sie. Ich bin gerührt, aber es schüttelt mich. Das geht beides auf einmal. Auf einmal geht so manches. Aber es geht sich nie aus. Die Seuche holt sich nur die Alten, Schwachen und Kranken. Denn keiner ist zu gering, daß er nicht umgebracht werden könnte. Warum sage ich das jetzt? Ich weiß es nicht. Es gibt immer ein Geben und Nehmen. Warum sage ich das jetzt? Ich weiß es nicht. Der Witwe Schirach, einer Ausnahmeerscheinung, aber eine Ausnahme war sie nicht, wurde gegeben und gegeben und gegeben. Irgendwie geht sich das alles aus. Eine Angabezahlung wäre von mir erwünscht, ich leiste sie aber nicht, nur die Angeberei. Erheben Sie sich von Ihrem Lager, hoppauf!, bringen Sie etwas ins Licht, das Sie selber gern sehen würden, ein Licht, das die Unsterblichen den Sterblichen bringen, sprechen Sie mit Ihrem Stromanbieter, ob er es nicht billiger gibt, wo es der andre dort doch auch tut! Nein, da schlafe sogar ich ein, wenn ich die Spiele dieser Angeber, die immer falsche Angaben machen, nachrechnen soll. Leider gehöre auch ich dazu. Ich habe hier falsche Angaben gemacht und daher nichts rausbekommen, jedenfalls nichts Richtiges, gebe es aber trotzdem weiter.

Betrachten Sie das beliebte bayerische Schuheplattln, nein, nicht das Besohlen, das Versohlen!, und bewundern Sie das bayerische Maulschellenspiel am Marienplatz, lassen Sie sich begeistern! Die Geister selbst dürfen zu Hause bleiben. Das kann doch nicht so schwer sein. Der Tourismus bringt mit der einen Hand das Geld, mit der andren die Seuche. Wo waren wir? Das Seegrundstück, welches seinen Wert für die Bayern, wie der von der Bayern ältestem Spieler, rapide verloren zu haben schien, gewann diesen Wert alsbald wieder zurück. So schnell können Sie gar nicht schauen, schon bekommen Sie was. Der Grund, den keiner kennt, wird billig eingekauft, die Nachgeborenen sitzen im selben Boot, mampfen an ihrer Nachgeburt und angeln Talerlein wie Dagobert Duck. Es wird das alles danach ja wieder teuer verkauft, kaufen und verkaufen, das ist das Prinzip jeden Geschäfts, und so geschah es, daß man in Bethlehem bis aufs Hemd ausgezogen wurde oder daß man einen großen Schriftsteller aufziehen durfte, bloß schrieb der gar nicht darüber, schreiben mußten es wieder mal andere. Es fanden hier am See, nein, nicht am See Genezareth, ein stattliches Geschäft und ein Gegengeschäft statt, welche dann abgeschlossen waren, als der Wert über den großgeformten See hinweg seine Angel auswarf und mit reicher Beute eingeholt wurde, denn diese Leute werden selbst ja nie eingeholt, so schnell sind sie unterwegs, von der Gerechtigkeit schon gar nicht eingeholt, wie hätten Sie entschieden? Natürlich für die Gerechtigkeit der Gegengeschäftlichkeit. Doch den Gewinnern winkt nichts, sonst würden ja auch andre auf den Gewinn aufmerksam und könnten selbst einen wollen. Die Oma Schirach also, die Henriette, die hat das Geschäft ihres Lebens mit robuster Hilfe der Bayern gemacht, die es heute von lebenden Menschen nehmen und ihren Schulen und Spitälern geben oder es in die Frostbeulen der Straßen hineinstecken, das gute Alpenvolk, es hat sich weiterentwickelt und lebt ganz im Hier und Heute, gestern hier, morgen dort. Der Herr Baron von Finck, die Stars alle, die Erdroßler, die Schläger und die Rückschläger, alle, alle sitzen sie an und auf diesen Seen, und wo bleiben wir? Wie ist das Baurecht in dieser Gegend so? Kann man verhandeln? Geht da noch was? Ist da jemand? Wie komme ich dazu, daß ich den See überhaupt nicht aus der Nähe begutachten kann? Und den dort auch nicht? Weil die Ufer alle schon jemandem gehören. Wir warten noch auf den Schätzer, denn daß Sie diesen See schätzen, das wissen wir doch, hören wir mal, was ein andrer dazu sagt. Und so geschah es, schauen Sie oben nach, was; das Leben ist ein Hin und Her, ein Geben und Nehmen, und es beruhigt einen dann doch, daß man die Sachen auch wieder los wird, die man erwarb, falls man sie nicht mehr benötigt. Ja, die Henriette, die von Schirach kam, war geschäftstüchtig, und sie wurde unterstützt, sie wurde beim Verkauf mit 100 % Reibach unterstützt, entschuldigen Sie das häßliche Wort, das Wort, welches am Anfang war und danach herumirrte, noch be-hier alles auf Anfang gestellt wurde, das Wort gehört denen Juden, denen auch sonst viel mehr gehören würde, bekämen sie es je wieder zurück, da müßten aber behämmerte Tresore aufgestemmt werden. Eine kleine Rente wird sich schon ausgehen, und die Lebenslichter werden irgendwann alle ausgehen, Schattenbilder für Schatten, und dann wollen die immer noch was, die melden sich schon wieder, denen haben wir das Lebenslicht nicht richtig ausgeblasen, da glimmt noch was, es reicht, um in Berlin damit anzugeben oder in der Halle an der Saale, vor dem Ännchen von Tharau zu prunken, das war das Lieblingslied meines kaputten Vaters, hat ihn aber auch nicht mehr heil machen können; ich glaubs nicht, da leben immer noch ein paar! Erweisen wir ihnen Ehrerbietung, die können sie behalten, und gibt man ihnen den kleinen Finger, so wollen sie gleich ihr ganzes Leben zurück, das können wir uns nicht leisten, damals gings ja nach Stückzahlen und Waggons von der Eisenbahn, da kommen schon ein paar Leben zusammen; also, wo war ich, was wollte ich sagen, Wut verdunkelt wie üblich meinen Blick, aber irgendwas wollte ich sagen, also noch mal: Die Henriette vom Schirach, die Gattin Baldurs, nicht wahr – sie ist ja nur ein Beispiel, ich weiß nicht recht, wofür, aber immerhin ist sie mir zur Hand, die deutsche Frau, welche eine Scheidung von einem deutschen Jungscharführer vom Fähnlein Fieselschweif wütend abgelehnt hätte, hätte jemand sie danach gefragt oder es gar von ihr verlangt –, die hat auch geschrieben, in dieser Familie schreiben wohl alle, und alle schreiben sie die Wahrheit, und die Wahrheit lautet, frisch aus dem See von Kochel, daß Hitler ein gemütlicher Österreicher war, ja, so hat sie ihn immer gesehen und beschrieben und benannt, was kann man da machen. Nichts. So hat sie es gesagt. Mach ich es mir halt selbst gemütlich. Warum soll man da was machen? Es gibt nichts. Bloß hier gibts noch mehr. Es gibt zwar keine Wahrheit, doch meine gibts, und sogar billig, hören Sie zu, das kann auch für Sie wichtig werden: Gewinne eines Unternehmens eines Vertragsstaats dürfen nur in diesem

Staat besteuert werden, es sei denn, das Unternehmen übt seine Tätigkeit in einem anderen Vertragsstaat durch eine dort gelegene Betriebsstätte aus. Jawohl! Darauf habe ich nur gewartet! Das ist entscheidend! In einer stillen Gesellschaft verliert der seine Beteiligung, der zuerst die Augen bewegt oder spricht. Ich sage nur: Der hier verwendete Ausdruck «Gewinne» umfaßt auch Gewinne eines Gesellschafters aus seiner Beteiligung an einer Personengesellschaft, einschließlich der Beteiligung an einer, ja, an einer stillen Gesellschaft. Stille, stille, kein Geräusch gemacht! Wieso macht die Gesellschaft dauernd solchen Krach? Die Bürokraten wollen doch auch einmal schlafen, doch etwas läßt ihnen keine Ruhe!

Die Gesellschaft der Gläubigen, die ungläubig auf ihre Kontoauszüge starrt, sie soll sich leise und ruhig verhalten, als hätte sie grade das Virus. Man kann mir jetzt etwas dafür zahlen, daß von diesen Leuten nicht mehr die Rede sein wird, ich wiederum, wenn ich ihn erst habe, werde diesen Gewinn hernach auf Zypern versteuern, wohin ich die zu versteuernden Gewinne abschieben werde. Die fallen in der riesigen Menge an Menschen, die genauso abgeschoben werden wie Geld, nur macht das mehr Mühe, die fallen gar nicht auf, aber sie machen dennoch von sich reden, nein, nicht die Gewinne, die Flüchtigen, die Toten, und zwar alle, wirklich alle, aus ihrem trockenen oder dem nassen Grab heraus, in die Staatskasse hinein, auch wenn Sie mir was zahlen wollen, was Sie ja gar nicht wollen, ganz im Gegenteil.

Haben die Bayern damals eigentlich etwas von dem Verkaufspreis in Sachen Oma von Schirach einbehalten?, als Steuer, Abgaben, Zehent?, fragen Sie mich was Leichteres!, fragen Sie wen andren!, nein, es ist immer mehr als der Zehent, es ist die Hälfte, welche bei den Bayern aber kleiner ausfällt als gewöhnliche Hälften und später anfängt als bei den Ösen, fragen Sie mich nichts!, die Antwort wird nicht stimmen. Ich sage jetzt nichts, und eine freiwillige Gabe nehmen sie auch noch, das wird natürlich alles verbucht und vermerkt, damit sie einen endlich in Ruhe lassen können, für sie ist das ja auch Arbeit, die Bürokratie ist gerade aufgewacht, nachdem sie gar nicht geschlafen hat, doch gemach, falls Sie diese Gabe nicht geben, stemmen die sie mit einem Brecheisen aus Ihnen heraus. Ein Zehent, wie es jetzt öfter verlangt wird, ist es nicht, das weiß ich sicher, was weiß ich?, haben sie, haben sie nicht? Oder haben sie es im schäumenden See verkochelt, die von Schirachs? Ich verinnere mich, weil ich mich so oft falsch erinnere. Aber ich hasse hasse hasse, ich hasse viel zuviel, das zehrt einen auf, kann ich Ihnen sagen, weil Sie mir immer vorwerfen, daß ich dafür eigens mein moralisches Mäntelchen um die Schultern hänge, nicht anziehe, damit es sich nach dem Wind drehen kann, und das ich schnell wieder abwerfe, falls sich jemand dran gestoßen hat. Ach, wüßte ich nur, wen ich hasse, wenn sich ein Freiwilliger meldet, hasse ich gern auch ihn, auf einen zusätzlich kommts mir nicht an, es sind so viele, Geduld, etliche sind noch vor Ihnen dran, ich kann sie gar nicht mehr alle auflisten. Und dann verwechselte ich einmal zwei Personen, zwei Verbrecher, das ist gut, denn dann kann ich doppelt hassen, sie sind ja auch einer wie der andre. Ja, und, bevor ichs vergesse, denn sie wird bald von einer andren verdrängt werden: die Frau in der Schlange vor mir an der Kasse kommt auch noch dazu. Ich sehe ihr steinernes Gesicht, das sie sich aufgesetzt hat, damit ihr der Mundschutz nicht gleich wieder runterfällt, also ich sehe nur die Umrisse des Gesichts, aus Stein, aus Eisen, was weiß ich, doch dieses trotzige Gesicht, welches nach einer der fünf Tonnen Klopapier greift, die sie in ihrem Wägelchen stapeln möchte, dieses Antlitz, zumindest das, was ich davon sehen kann, ruft in mir verwitterte Bilder dessen wach, was der Mensch einst gewesen. Danke, Herr Camus, Sie sind hier anwesend, machen Sie sich wegen Ihres Tods keine Sorgen, der war schon! Aber nicht hier.

Was ganz andres, auch ein Beispiel, wenn auch nicht beispielhaft: Hätte meine Mutter sich scheiden lassen wie diese

Henriette nicht, meine Mutter, welcher dies dringend nahegelegt wurde, die jedoch selbst mit einem gefälschten Ariernachweis unterwegs war, hätte Mama sich scheiden lassen, was dann dem Papa passiert wäre, will ich mir nicht vorstellen. Ihm wäre so eine Scheidung in Gut und Böse nicht bekommen, jeder, welcher schon mal geschieden war, weiß, daß man danach nichts mehr bekommt, sondern das meiste hergeben muß, das man sich erwirtschaftete, der weiß, wie man sich ausrechnet, ob das überhaupt geht, ob man es sich leisten kann, so ein Scheiden vom Leben. Das hätte meinem Papa durchaus passieren können, doch der Mann war so geizig, der hätte nicht einmal sein Leben hergegeben, wenn man es von ihm verlangt hätte. Die Mama war ohnedies nicht recht zufrieden mit dem Gatten, die war allerdings mit nichts zufrieden, niemand in meiner Familie ist je zufrieden, Zufriedenheit kennen wir gar nicht, und keiner hätte auch Grund dazu, jedenfalls, was wollte ich sagen: Hätte ich mich, nein, Moment, hätte die von Schirach Henriette sich von ihrem Schirach scheiden lassen, hätte sie die Schirachschen Latifundien nicht wiedergekriegt, eine Profiteurin, eine Herrenreiterin, kein Zweifel, ich weiß nicht, welche Herren sie geritten hat und wer oder was sie geritten hat. Wie hat dieser Satz überhaupt begonnen? Ganz harmlos, gewiß. Besser, ich fange noch einmal von vorn an. Ja, doch! Ruhe! Hätte ich mich scheiden lassen, hätte man mir nichts genommen, nur wahrscheinlich rückwirkend für die Zeit, da ich nicht geschieden gewesen wäre, oder? Nein. Diese Zeit wäre verjährt gewesen, es hätten aber wirklich ein paar Jahre vergehen müssen. Danach ist es für alles zu spät. Das ist wie bei den Schwänen, nach einem Jahr sind sie ganz weiß, und ihre Eltern sind immer noch verheiratet. Ich hätte nichts gekriegt, aber man hätte mir auch nichts genommen. So gleicht sich alles aus, und man muß nicht in den Ausgleich gehen, kennen Sie dies österreichische Wort, nein?, macht nichts. Wir haben keinen Osten und keinen Westen, weil wir dafür zu klein sind. Wieso? Die Schweiz ist doch auch klein, und es geht ihr glänzend, alles Gold, altes Gold. Ich gönne es ihr. Ich bin jetzt in dem Alter, in dem man nur noch mit seinem Ableben rechnen und es mit den gesamten Armen aller Länder teilen muß. Wieso hab ich dann immer noch so viel, und die Armen haben so wenig? Weg mit ihnen! Das ist alles nur ein Beispiel.

Meinem Papi wurde nichts zurückgezahlt, aber heimgezahlt wird mir. Dann wächst hier kein Gras mehr, außer ich hätte meinen Wohnsitz in die Schweiz verlegt, dort müßte man wohnen, das gilt auch für Sie, das gilt für jeden! Wer dort wohnt, hat es richtig gemacht. Schade, daß ich das versäumt habe. Ich könnte meine eigene Angestellte werden, ich könnte eine Aktiengesellschaft gründen, doch niemand würde meine Aktien kaufen, nein, das nicht, das wäre auch nicht nötig; ich will, daß man sich bei mir anstellt, nicht, daß ich gleich bei mir Angestellte werde, das nicht. Ich könnte eine Briefkastenfirma gründen oder einen schicken, der das für mich tut, einen inhaltslosen Firmenmantel erwerben, den ich dann nach Belieben ausfüllen würde. Dann könnte ich mich dort anstellen lassen, und dann lasse ich anschließend einen Dienstleister, hallo, Dienstmann!, beauftragen, für diese Firmen, praktisch auch nur für mich selbst, nur für mich allein, ein Betriebspensionsmodell auszuarbeiten. Ich werde dann vielleicht auch wertvolles Immobilienvermögen oder Unternehmensbeteiligungen mein eigen nennen, mein Feld wäre unbegrenzt, und es würden nahrhafte Früchte darauf wachsen, dieses Vermögen bliebe vertraulich, das ist ja überhaupt das Allerbeste daran. Ich weiß gar nicht, ob das alles stimmt, ich habe es jedenfalls nicht erfunden; es kommt mir knüppeldick, es regnet mir herein, wenn ich nicht sofort in der Schweiz lebe, überlege ich mir das mal?, was meinen Sie dazu?, wollen Sie mich?, dann kriegen Sie mich! Sie kriegen mich! So muß ich denn wahrscheinlich in diesen schrecklichen, von ihrer Schuld dauerhaft niedergedrückten Ländern Austria und Germany bleiben? In der Schweiz leben, das machen viele und haben enorme Ersparnisse angehäuft, die auch wieder ein andrer zahlen mußte, das Sozialsystem ufert schon aus, die Leute gehen baden, und ich leiste einen unangenehm hohen Beitrag dazu, davon können Sie fünf Bademeister und dreihundert Paar Schwimmflügerl bezahlen, nein, das habe ich jetzt nicht gesagt, ich zahle ja, andre zahlen dafür gar nicht, so geht es sich wieder aus. Nur für den Rest der nicht so Begabten, nicht so Fleißigen wird es leider kälter werden. Diese Armseligen, welche wohl nie mehr selig sein werden, und zwar weil sie keinen Glauben haben, ich glaubs ja auch nicht, die müssen sich eben an winterliche Tage im Hochsommer gewöhnen, außer der Klimawandel sagt im Sommer: jetzt ist Winter, und im Winter: jetzt ist einmal Sommer, und auch daran werden sie sich gewöhnen müssen, von mir aus. Man wird das Sozialsystem auch überdenken müssen, was derzeit bereits geschieht, vielen Dank, daß Sie es mir sagen, ich hätte es nicht gewußt.

So viele Leute denken schon nach, wie sie uns wieder mal hereinlegen könnten, aber ich werde in der Schweiz sein, oder ich werde nicht mehr sein und dafür dann ganz sicher auch wieder zahlen müssen. Diejenigen, die nicht mehr sind, haben schließlich auch einmal gezahlt, außer natürlich die von Schirachs ehedem. Nur keinen Neid! Und was machen wir mit den paar Zerquetschten, die übrigblieben, aber nicht uns, uns fehlen sie nicht? Sie haben sich blöd angestellt und wurden neutralisiert, nein, nicht wie die Schweiz, die war vorher schon neutral.
Die hatten nur selbst ihr kleines Leben zu geben, das war nun wirklich nichts wert, als ihre Herren mit ihnen fertig waren, nicht einmal die Haare, nicht einmal die Haut hat man ihnen gelassen. Das wurde alles gesammelt. Die Mörder haben sich gedacht: Vielleicht brauchen wir das noch, man kann nie wissen. Keiner fragt, was die Beseitigung für Kosten verursacht hätte, die kostet ja auch was. Und auch ihre Knochen waren danach nicht wiederzuerkennen und nicht zu gebrauchen, vor allem für ihre Besitzer nicht, sie waren pulverisiert und wurden einfach ausgestreut. Auch an Sachinvestitionen für Privatpersonen denken sie nicht, denn damals gab es keine Privatpersonen,

denen irgendwas übriggeblieben wäre. Es gab nur Bürokratie in den Büros, welche immer nur die einen vor sich schützt, die andren nicht.

Die Deutschen, die Deutschen heute, ja, die kommen bei mir auch dran, unter vielen anderen, ja, genau die, welche sich inzwischen wieder in ihrem eigenen Land befinden, nachdem man sie zusammengeschoben hat. Innerhalb ihrer eigenen, etwas erweiterten Grenzen haben sie sich jetzt das Aufenthaltsrecht erkämpft, dort gehören sie hin, von mir aus sollen sie bleiben. Nur unterbrochen wird das Leben der meisten Deutschen von interessanten Fernreisen in Länder unter ferner liefen, weil dort sonst niemand hinkommt außer tausend andre, oder in andre Länder, aus denen niemand wieder zurückkommt, aus denen Infektionen kommen, Länder, in die Infektionen getragen werden, doch nur die Deutschen, die einfach überall hinkommen, die verehre ich. Entweder ich hole mir etwas von ihnen, oder sie holen sich was von mir. Die fliegen herum wie die Hornissen. Sie werden nun leider etwas eingedämmt, nichts kommt ihnen mehr rein, mir dämmert was: Ja, ja, die Deutschen, in ihrem neuen, schönen, großen Land haben sie genug damit zu tun, zu Hause zu bleiben, die Seuche befiehlt es ihnen, doch es fällt ihnen schwer. Es gibt die Schönredner, ich gehöre nicht dazu, die uns Bittstellern in die Ohren blasen, bis wir fast taub sind, daß wir bald wieder in die Clubs dürfen, es muß ja nicht Tirol sein, das heilige Land, nein, das Heilige Land mit seiner Rachsucht, die allen andren den Tod wünscht, muß es auch nicht sein. Die Tiroler, dürfen sie das?, die uns versichern, es werde sich nur um eine vorübergehende Unannehmlichkeit handeln, Annahme verweigert. Die anderen werden aber noch mehr Schaden anrichten können. Sie werden die Seuche aus Italien mitbringen. Ja, schicke Schuhe auch. Was sie tun können, werden sie tun. Dort, wo sie sind, können auch die Bayern von mir aus bleiben, ich finde das großzügig von mir. Sie können bleiben, bis sie ihren König Ludwig wieder reanimiert oder geklont oder wenigstens in 3-D-Technik wiederhergestellt haben. Mit dem werden sie garantiert wieder in die Gewinnzone kommen, was ihre Autos schon bald nicht mehr schaffen werden. Die Natur wird dagegen sein. Menschen werden hereinströmen, sobald sie es wieder dürfen. Sie werden ungeduldig draußen warten und an die Tür und auf ihr Recht pochen, das sie nicht haben. Das deutsche ist einfach das größere und bedeutendere Volk, bedeutender als jedes, das Land hat mehr Verbindungen als alle, die ich kenne, per Zug, Bahn oder Bus, sogar Flieger, man kann genauso mit dem eigenen Pkw überallhin fahren, nur dauert das länger und gefällt der lieben kleinen Schwedin nicht.

Stellen Sie sich vor: Jetzt bekommen Sie in Deutschland sogar gratis eine Identifikationsnummer zu dem dazu, was immer Sie grade machen! Dann kann das nicht mehr passieren, was mir passiert ist, daß ich nämlich den einen Mörder mit einem andren verwechselt habe, der die Jugend des Reichs angeführt hat. Ja, angeführt, das war sie, die Jugend. In den Kampf geführt auch, ja. Wer sich in Gefahr begibt, kommt darin um. Diese Identitätsnummer also, die oft abgespielt wurde, aber immer noch gut ist, ja, auch Sie sind eine Nummer, aber wirklich nur eine, die gilt auf der ganzen Welt, aber da bin ich mir nicht sicher und gebe das auch zu, jedenfalls von Geburt an, ein Leben lang. Ja, dieser Staat kann auch geben, er hat der Henriette von Schirach ihren See, na ja, nicht ganz, ihr Seegrundstück samt Blockhaus zu einem symbolischen Preis zurückverkauft, eigentlich hätten sie es ihr schenken müssen, nach all den Wohltaten, welcher ihr Mann dem Staate und seinen Bürgern, allerdings nicht allen, ein paar sind ihm entkommen, leistete, und was man enteignet, das sollte man wieder zurückeignen, zueignen, nicht wahr. Das See-Haus wird sicher in der Zwischenzeit etwas heruntergekommen sein, wie die Menschen, welche zur Gänze unter die Erde kamen oder verblasen wurden, man konnte sie nicht mehr vom Erdboden unterscheiden, doch eingestürzt scheint es nicht zu sein, das Blockhaus ohne Blockwart, das Haus ohne Hüter, den hat es nicht gebraucht, wer klaut schon das alte Graffel. So war es, ich schwöre, das ist wahr: Die Gattin vom Schirach hat das ungenießbare Seefilet, das wertlose Seegrundstück zurückgekauft, für lau, wie der Deutsche sagt, heiß war die Sache ja nicht, und warum sollte sie es denn nicht zurückkriegen von denen Bayern, die Jugendschutzwarte, die Reichsjugendführer samt den Anwälten, den Beschützern des Rechts und des Reichs, die haben ja nichts getan, nicht wahr, außer jung zu sein, das waren wir alle einmal. Viele wurden gar nicht mehr älter. So war das halt damals. Daß sie den Führer für einen netten, gemütlichen Österreicher gehalten haben, kann man verstehen, die meisten Österreicher sind nett, genau wie der Führer. Das kann ich von mir aus bestätigen. Wie der ganze Fremdenverkehr derzeit möchte auch ich dafür entschädigt werden, daß ich sowas sage.

Ihre Herrschaft, jede Herrschaft, jede anständige Herrschaft dauert immer noch an, bis sie abgesagt wird, das stelle ich mal so in den Raum, welcher zum großen Teil von einem Schreibtisch samt Schreibgerät eingenommen wird, in das ich dies hier hineinhacke, auf das ich sinnlos einhacke wie eine alte Krähe auf einen Tennisball, der ihr aber immer wieder wegrollt. Ich hole mir jetzt nichts zurück, es gäbe mir auch keiner was. Ich muß mir alles verdienen. Der Baldur zum Beispiel, der mußte das ja auch, er hat nicht bekommen, was er verdient hat, er hat nichts bekommen, was er nicht auch verdient hätte. Gut. Wo waren wir? Die Gesellschaft der Lebenden fürchtet jeden Tag, der Gesellschaft der Toten den Vortritt lassen zu müssen, so vernünftig spricht Camus von und mit der Seuche. Sie können jetzt Ihre Telefonfrage stellen, doch sobald Sie sie stellen, wird sie schon nicht mehr Ihnen gehören, sondern uns allen.

Also, ich höre, doch ich spreche nicht: Sie haben gar nichts zu sagen, seien Sie ruhig, so wurde mir abschätzig und dann abschlägig beschieden, der Bescheid ergeht per Post. Seien Sie jetzt ruhig, seien Sie mit Ihren Worten bescheiden, denn alles, was Sie jetzt sagen, kann vor Gericht gegen Sie verwendet werden, und Sie werden keinen Anwalt A. kriegen! B. haben Sie ja schon gesagt, doch der war kein Anwalt, der Sie wieder raushaut und dann noch ein paarmal auf Sie draufhaut, falls Sie dann noch da sind, den könnten jetzt auch Sie dringend brauchen. Nein, sagen Sie jetzt nichts! Wir gehen, von keinem Anwalt behindert, nun sorgfältig durch Ihre Wohnung, heften, wie die Lieb, fleißig die Augen und nehmen alles mit, was wir wollen und was Sie, gewiß widerrechtlich, angehäuft haben. Was? Seien Sie ruhig, sagen Sie? Weil das, was ich sage, gegen mich verwendet werden kann? Guter Mann, schon immer ist das, was ich sage, gegen mich verwendet worden, das bin ich gewöhnt! Das interessiert uns nicht, wir verwenden alles, wenn es nur gegen Sie ist, gegen Sie zeugt, wie Ihre offensichtlich falsch mit dunklen Dingen zusammen gewaschenen Unterhosen. Jammer, unermeßlicher Jammer, ich hab doch nichts gemacht! Ich habe nie etwas gemacht! Besser, Sie erzählen uns nichts, sondern bringen es dann später beim Verfahren vor, bei dem Sie sich gründlich verfahren werden, weil dort kein andrer Führerschein als unsrer gilt, und den haben Sie nicht. Da, halten Sie ihm nur die heiße Hand, dem Staat, dessen Bürgerin Sie sind, er wird trotzdem nicht für Sie bürgen, neinnein, das macht er nicht, im Gegenteil, und die Stange wird er Ihnen auch nicht halten! Wir nageln Sie fest, ein Kreuz werden wir dafür nicht brauchen, dieses finden Sie in unserem Gerichtssaal vor, nebst zwei Stück Kerzen und keinem Kopftuchmädel, denn falls Sie zufällig einen Eid ablegen müssen, können wir eine falsche Religion nicht brauchen. Nein, den Anwalt, für den damals Ihr Cousin geschrieben hat, den kriegen Sie auch nicht mehr, den haben sie in Nürnberg aufgehängt, und zwar genau nach dem Urteil von Nürnberg, ja, dem aus dem Film. Oje! Den hats also erwischt. Niemand mag Gesetze, weil er vorher trainiert haben muß, drüber hinwegzukommen. Sie zu überspringen. Als Anwalt wissen Sie ja, wo die Gesetze am niedrigsten sind. Wollen Sie ein

kleines Theaterstück, um sich abzulenken? Natürlich wollen S
es nicht, daher bekommen Sie es auch nicht. Das können Sie sich selber schreiben.

Die große Form in kleiner Münze: BLAH

Liegt Ihnen übrigens eine Anzeige, nein, eine Sachverhaltsdarstellung gegen die Bank des ehrlichen Kaufmanns und deren wohlerzogener Antigua-Tochter vor? Ja, so eine Darstellung liegt uns zufällig derzeit vor. Wir wissen aber noch nicht, was wir damit anfangen werden. Dazu wäre viel zu sagen, aber ich trau mich nicht anzufangen. Nur soviel: vier Briefkästen, wo andren schon einer reicht, vollgestopft mit Konten, die ich jetzt nicht zuordnen kann, wieso ich?, keiner kann es. Wir untersuchen noch, das dauert Jahre. Mit nichts werden wir wieder zurückkehren, mit Cum und dann Ex, also mit nichts und weg. Der Dividendenstichtag kommt und geht wieder, rund um ihn herum herrscht reges Treiben, Messer fliegen, Gläser klirren, Menschen trinken und kotzen alles gleich wieder aus, alles ist schon zu viel, Heilige setzen all ihre Erfahrung ein, um mitmachen zu dürfen, so, und dann wird mehrfach rückerstattet, was doch nur einmal hereinkam. Doch was reinkommt, muß auch wieder raus, in diesem Fall mehrfach. Das ist doch fein. Das, wenn ich früher gewußt hätte! Ich hätte mir so viele Steuern rückerstatten lassen, wie ich sie gar nicht hätte zahlen können. Diese Steuern sind rückerstattungsfähig gewesen, und so geschah es auch. Das Wort gibt es nicht, oder? Die Menschen vergessen irgendwann ihre Rückerstattungen, weil sie so viel zahlen müssen.

Der warme Atem der Bank des ehrlichen Kaufmanns bläst uns ins Genick, Ihnen, gute Frau, werden wir daher vorne, wo Ihr Ventil auf Ihrer Charaktermaske sitzt und klappert, die Luft abdrehen, wir hüten uns vor Zugluft, zum Glück wagt keiner, sie für uns zu erzeugen. Es wird hier kein Fenster geöffnet, es wird hier keine Luft eingeschleust, sonst kommt die Antigua-Tochter, die wir grade losgeworden sind, zur Hintertür wieder herein und läßt die Tür offen für die Söhne und Töchter andrer Wohltäter, und dann ist er wieder da, der Zug, für Sie ist der allerdings schon abgefahren. Wir kriegen Sie, sagt der Herr Staatsanwalt. Wir werden vielleicht keinen Richter brauchen, aber einen Staatsanwalt immer, was würde denn der Staat ohne Anwalt machen, da doch schon wirklich jeder einen hat? Einer muß immer dasein, der auch den armen kleinen, hilflosen Staat vertritt, damit der nicht selber zutritt, damit er sich nicht unrechtmäßig Zutritt verschafft, damit er die Anzeige wegen Geldwäscherei und wegen dem Dreck, der nach der Wäsche immer noch unterm Kragen klebt, entgegennehmen kann, mehr muß er dann nicht machen, der Staatsanwalt, er hat schon genug getan, nein, nicht dieser, ein andrer, dessen Saat aufgegangen sein wird, das erste Grün zeigt sich schon, die Toten sinken ins Gras, und sein Stern steht hoch am Himmel und steigt noch höher und hält den Kurs, mal sehn, wer noch einen Kurs abhält, weil man jetzt nicht mehr aus dem Haus darf, und was da noch rauskommt, was hier und ein bißchen dort, wir können hier und dort gar nicht auseinanderhalten, was halt so wächst? Muß ja nichts Besondres sein. Wenn ich befördert worden bin, sagt der Mann des Gesetzes, welches aber lieber ledig geblieben wäre, wenn ich also befördert bin, hinein, nicht hinaus, dann aber! Fürs Hinaus haben wir nämlich in unseren Haftungsanstalten keine Tür eingebaut.

Es gibt viele hilflose Menschen, die den Mächtigen ausgeliefert sind, so wie diese Karibik-Bank keinen Zugang zum internationalen Zahlungsverkehr hatte, sie war davon ausgeschlossen, weshalb die Bank des ehrlichen Kaufmanns einspringen mußte und diese Transaktionen abgewickelt hat, vollkommen gratis natürlich, es war reine Gefälligkeit, die einen kamen nicht rein, die andren waren schon drin, mit ihren Spitznamen unkenntlich gemacht, sehr vernünftig! Die Schmiergelder seien für fiktive Rechnungen an Tochterunternehmen ins Ausland überwiesen worden, wie gesagt wird, ich glaubs ja nicht, und wer sollte sie zahlen, die Schmiergelder, die überall ihren schmierigen Abdruck hinterließen? Schütteln Sie keine Hand, die nicht Ihnen gehört, fassen Sie keinen Gegenstand an, der nicht Ihnen gehört, fahren Sie nicht in ein Haus, das nicht Ihnen gehört, gehen Sie mit keinem Menschen mit, der nicht Ihnen gehört. Sonst fahren Sie ein. Sonst gehen Sie ein. Wenn hier etwas von Ihnen in die Luft gelangt, so kontaminieren Sie bereits eine Oberfläche. Das kann passieren, wenn Sie in die Hände husten, weil Sie Ihren Ellbogen im Mantel vergessen haben. Sorgen Sie dafür, daß nach Ihnen keiner mehr diesen Handgriff anfaßt, denn Sie könnten bereits krank sein. Mehr kann ich nicht mehr angeben, es ist zu kompliziert, für ein Beispiel ist das schon viel zu kompliziert, ich sollte es vereinfachen. Oder verstehen Sie, daß ein ehemaliger Mitarbeiter des Schmiergeldkonzerns sich jetzt abgesetzt hat, ja, der von diesem Konglomerat, in vielen Ländern tätig, auf vielen Kontinenten, ja, selbstverständlich auch in Afrika, verstehen Sie, daß ein Mitarbeiter dieses Konzerns, der nur auszahlt, und für ihn hat es sich mehr als ausgezahlt, daß der für die Auszahlungen eigens eine eigene Bank auf einer Insel, damit sie nicht so leicht wegrennen kann, die liebe Bank, erworben hat? Der hat sich also eine Bank gekauft, über welche die Schmiergeldzahlungen, na, sagen wir: Provisionen, dann abgewickelt wurden, in allen Ländern, das haben wir immer schon so gemacht. In meiner Heimat werden jetzt etliche Menschen, die nichts dafürkönnen, von überstürzt flüchtenden Fluggeräten erschlagen, die ihr Geld wert waren, nur haben sie es nicht bekommen, ihr Geld, das haben andre genommen. Das hätten sie sich gleich denken können. Dafür hätten sie nicht abschmieren müssen. Wer jetzt kein Haus hat, muß woanders schlafen. Wer jetzt keine eigene Partei hat, muß sich eine kaufen.

Über allen Meeren ist Ruh, außer es kommt ein Schiff, das deckt es zu und bringt Geld-Nachwuchs, nein, Geld-Nachschlag, nein, den Nachwuchs sollte man nicht schlagen. Es gibt unterschiedliche Angaben für das alles, und ich möchte nicht auch noch damit angeben. Danach sei die Herkunft der Gelder durch Überweisungen zwischen Briefkastenfirmen in vier Steuerparadiesen verschleiert worden, ja, die Klarnamen wurden auch verschleiert. Und dann noch ein Vorhang davor. Das sollte genügen. Wir, die wir auf unsere Herkunft so stolz sind, weil andere Menschen ärmer sind als wir, verbergen die Herkunft unserer Gelder so gern! Steuerparadiese werden bemüht, statt daß sich das Paradies um uns bemüht, es hat längst zu wenig Einnahmen, also müssen wir auf Erden ein neues errichten, nachdem wir aus dem ursprünglichen vertrieben wurden. Wie soll man Menschen, deren Kenntnisse einen reich machen könnten, ansprechen, wenn man ihre Namen nicht mal kennt? Was haben Sie zu sagen? Sagen Sie es mir, ich bin ja da. Mein einziger Briefkasten, mein Briefkasten bist du!, ist vor meinem Haus fest verankert, nein, er besitzt meines Wissens nach keine einzige Firma, nimmt aber manchmal für die eine oder andre Firma ein wenig Post entgegen. So. Manche Konten existieren, es ist aber nichts drauf, sie wurden bereits leer geräumt, andre wieder lösen Sparbücher ein, damit von seiten der Einlagensicherung was draufkommt. Sonst fallen Ihnen die Einlagen noch aus den Schuhen, so schnell rennen Sie weg. Was, Sie haben 200 Sparbücher, und auf jedem waren genau 98.000 Euro drauf? Von der Oma gespendet? Vom Onkel geschenkt? Wir kommen Ihnen schon noch drauf! Wir werden Ihnen das ersetzen, wenn auch ungern. Und wer hat eigentlich an all den Kampffliegern verdient? Wer will noch mal, wer hat noch nicht?

So. Der Richter ist eingetroffen, die Schöffen sind auch da, stehen Sie auf! Sitzen gehen werden dann nicht alle. In diesem Raum der Gerechtigkeit werden Sie gewogen, gemessen und für zu leicht befunden werden. Nicht so leicht wie diese Briefkästen in der Karibik, die zwar existierten, doch es war nichts drin, niemand hatte etwas davon, sogar die falschen Namen wurden ausgegeben und sind ihnen wieder ausgegangen, alles ist ausgegeben worden. Ach, ich wollte, ich würde einmal wirklich für zu leicht befunden werden! Ich bin selbstverständlich immer noch mit Leib und Seele dabei, welche leider mitgewogen werden. Was Ihnen geschieht, wenn Sie Ihre Beweise vorgebracht haben?, wir wissen es nicht. Keiner weiß mehr, was los ist. Es wird noch untersucht. Doch, jetzt fällt es mir wieder ein, aber nur, weil es mir gesagt worden ist: Vor Gericht sehen wir uns wieder, vielen Dank, ich freu mich schon. Bis dahin könnte ich drei von den vier toten, nein, lebendigen Briefkästen abmontiert haben, keiner würde es gesehen haben, darauf hätte ich geachtet, auch wenn mich niemand dafür achtet, und wenn, ist es egal, die Briefkästen gehören ja nicht mir, sie gehören über Umwege dieser Bank des ehrlichen Kaufmanns, deren Namen ich leider vergessen habe, welche als Korrespondenzbank genutzt wurde, eine muß es ja machen. Und einen, der schreiben kann, braucht man halt, nein, mich nicht, Sie haben vollkommen recht: So ist das alles auf uns und über uns gekommen, es wurden Zeugnisse abgelegt, unglaublich, wer da alles aufscheint, diese Postkästen erleuchten sich ja von selbst! Okay, soweit klar?, also mir nicht. Fragen Sie nicht Frau E.!, fragen Sie lieber den ehemaligen Finanzminister! Sein Schaf ist schon so lang im trockenen, daß es dauernd nach Wasser blökt. Wenn man fiktiven Schmierzahlungen aus fiktiven Banken nacheilen kann, so werden wir wohl auch wissen, wo Sie wohnen, denn dort werden wir eine Hausdurchsuchung einleiten müssen. Beim Herrn Finanzminister, dem von früher, nicht dem heutigen, der aber auch bald von gestern sein wird, haben wir das ebenfalls gemacht. Vor Gericht sind alle Menschen gleich, hier haben Sie den Beweis. Von wem ist dieses Kuvert? Das wissen Sie nicht? Da steht kein Name drauf, das ist sehr verdächtig. Wie ist es dann eingeliefert worden? Und dieser Tresor voll güldener Geheimnisse? Was, Geheimnisse sollen das sein? Das sind einfach so blöde Blöcke, die bewahren wir vor der

Blockabfertigung, die bleiben bei uns im Zillertal, hollaro, die müssen wir uns aufheben, wenn einmal alle von uns verhaftet sind, dann werden wir sie brauchen, die Goldböcke, es war doch das Zillertal, oder? Nein, dort wütete derweil das Virus, das einzige, das noch ausgehen durfte, das von dort ausging und dann verreist ist; es war in Osttirol, in der Pension Enzian haben wir unsre Goldböckchen aufbewahrt, von den wolligen Schafen, welche wir bereits geschoren hatten, geschieden. Die Blöcke von den Schafen geschieden, die sind einmal unser Lösungsgeld, wo soll da das Geheimnis sein? Daß wir es brauchen werden? Wir sind eine offene Partei. Wir brauchen alles, wir nehmen alles, wir geben alles wieder aus, brauchen aber Konserven, nein, Reserven. Haltbar ist beides. Wir öffnen unsere Konten für jeden. Hier klaffen sie auf, die Tresore, da ist echtes Gold drin! Das müssen Sie uns nicht sagen, wir haben es dort hineingetan, das Gold. Gold ist eine sichere Sache, das steht fest. Ja. Amen.

Jetzt sagen Sie uns: Hat diese Anklage Substanz oder nicht? Na, den Kopf wirds schon nicht kosten. Schauen Sie, der eine zieht hin, der andre zieht her; die Grenze wurde Ihnen hiermit aufgeschlossen, ja, aber bitte, wieso geht sie jetzt nicht mehr zu, die blöde Grenze? Weil Sie dort Leute mit Gewehren aufgestellt haben, damit nur Ihre Gewährsleute reindürfen? Also ich bin nicht die, welche hier fremde Grenzen überschreitet! Da sperren die eher mich ein als sich selbst.

Sie müssen zwar zustimmen, daß ein Unternehmen auf Ihre Daten zugreifen darf, das machen Sie jetzt, gut so, und Sie werden freiwillig alles herausgeben müssen, bis Sie am Ende nicht mehr glauben können, wer Sie überhaupt sind und was wer eingezahlt hat, das nur nebenbei, und wenn Sie nicht zustimmen, dann würde ich wetten, daß Sie keine Online-Dienste mehr angeboten kriegen und an Ihren eigenen Fingernägeln ersticken müssen, auf die Sie sich beißen, weil Sie Ihr Geld nicht mehr überweisen dürfen und es daher behalten müssen, bloß: Wo tun wir es hin? Bisher wissen die Banken ja alles über Sie, jetzt werden andre, Größere, Stärkere, alles über die Banken wissen, die alles über Sie wissen, man nennt das Zugriff, bitte, das ist erst der Anfang, am Ende, nachdem wir auf alles zugegriffen haben werden, wird dann allen alles gesagt werden, allen, nur nicht Ihnen. So, jetzt steht ein Treuhänder auf und dort auch einer. Er weiß von nichts. Er weiß nicht einmal, daß der dort auch Treuhänder ist. Die treuen Hände wissen nichts voneinander, aber treu, das sind sie, sie wissen nur nicht, wem. Die Treuhände stehen für sich und andre ein. Die Menschen sind es ja nicht einmal mehr selbst, und einstehen tun sie auch nicht füreinander! Sie sind Bürger, sogar Staatsbürger, doch bürgen tun sie für nichts. Ihre Hände werden ihnen abgehackt, doch sie kriegen bessere dafür. Nur Sie! Sie werden die Ausnahme sein, die Amazonen werden nichts bringen, sondern etwas abholen, das Ihnen nicht gefällt, sie werden alles auch über Sie abholen können, das ist viel mehr, als sie Ihnen bringen, sie werden das Recht erhalten, Ihre Kontodaten der letzten neunzig Tage abzurufen, und die Daten werden gelaufen kommen wie Hühner um Futter. Wo Widerstand nicht wächst, wo nichts mehr wächst, wird Gehorsam zur Pflicht.

Bitte, ich bin doch auch eine Königin Kunde, zählt das denn gar nichts? Aber wir zählen Sie doch!, nur keine Sorge, Sie sind schon oft gezählt worden, wir haben ein eigenes System dafür, auch wenn Sie sich in diesem System nicht wohl fühlen, was geht das uns an, wir bieten Ihnen hier eine für Sie maßgeschneiderte Buchungsvariante an, wir alle werden von diesem Wissen profitieren, das uns die Einzugsberechtigung über Sie verschafft. Wir können Sie vielleicht vernichten, aber nicht aus den Büchern löschen, egal von welcher Seite, es können auch beide Seiten zusammenarbeiten, nicht wahr? Wir können Sie abreißen von diesem Richtblock und dann nie wieder an andrer Stelle neu errichten, und zwar zum Schutz natürlicher Personen bei der Verarbeitung personenbezogener Daten, einer weniger ist einer mehr, nein, einer mehr ist einer weniger, weil er komplett durchsichtig geworden ist und nichts mehr zum Anziehen benötigt, sein Leben wird somit deutlich billiger!, sowas passiert nicht oft, außer man ist alt und klammert sich an Modeplattformen, damit man das nicht merkt. Die haben dann aber auch nichts mehr für Sie übrig. Und dann wird man nicht gesehen, egal, was man anhat. Die Amazonen kennen Sie und Ihre Zahlungs- und Rücksendefähigkeiten genau, jeder muß schließlich wissen, mit wem er es zu tun hat, mit einem Premium-Kunden, erste Sahne!, oder bezahlter Querulantin. Ich würde doch nie etwas an eine Firma schreiben, nein, auch keine Begutachtung, ich würde mich sogar da meines Geschriebenen schämen!

Gänzliche Anonymität gibt es klarerweise auch bei Offshore- und Nummernkonten nicht, nein, die gibt es nicht, oje, früher hatte die Schweiz noch einen Sinn, das waren schöne Zeiten. Jetzt hat sie immer noch alle ihre Sinne beisammen, aber nur für wenige, für gewisse Ausnahmen, diese Ausnahmemenschen kann man sich gar nicht vorstellen, kein Grund also, sich näher mit ihnen zu beschäftigen. Die lassen einen eh nicht an sich heran. Für sie ist die Schweiz eigens geöffnet worden, und sie öffnet auch nachts, wenn nötig, wenn Sie ein Kuvert abholen oder abgeben wollen. Falls es fett ist, öffnen sich überall die Pforten, falls sich ihnen ein Mensch oder ein Gott oder ein gottgewordener Mensch nähert. Das Heilige an ihm setzt alles Erfahren aus seiner Gewöhnung heraus und entzieht ihm so den Standort, nein, das Heilige zeigt seinen Standort erst gar nicht, es bleibt verborgen, und auch der Entsetzlichste bleibt hier verborgen in der Milde meines leichten Umfangens, nein, Unterfangens, etwas vom Konto in bar abzuheben. Noch ist das erlaubt. Wir wollen doch hoffen, daß es so bleibt. Sie werden kein Bargeld mehr dulden, aber erst, wenn andre Methoden ausgearbeitet sind. Ist Ausatmen gefährlich? Was Sie ausatmen, ist ein Gas, und das ist nicht gefährlich. Das Einatmen ist auch nicht gefährlicher als das Gas, sollte aber geübt werden. Ist Bargeld gefährlich? Fragen Sie Ihren Seuchen- oder Bankberater. Jeder wird Ihnen das gleiche sagen, und zwar: nein. Überhaupt ist Ansteckung auf unbelebten Oberflächen bisher nicht dokumentiert, Sie müssen also auf importierte Waren, Postsendungen, Gepäck, Geld, Schmierinfektionsgeld keineswegs verzichten. Wie verhält es sich mit Münzen oder Banknoten? Es gibt keinen Beleg, das ist immer am besten. Zahlen Sie nach Geschäftsschluß ein, dann gibt es keinen Beleg. Bargeld lacht. Darüber gibt es hier keine sinnvollen Auskünfte mehr, Sie wissen ja, woher es kommt. Und woher das kommt, da ist noch mehr.

Würden Sie Personen Ihr Kapital anvertrauen, also ich meine, wenn Sie die Schweiz sind, wenn Sie eine Bank sind, wenn Sie was-weiß-ich-wer sind, würden Sie irgend jemandem irgend etwas anvertrauen, den Sie nicht kennen? Das würden Sie nicht. Sie können nur jemand vertrauen, dem Sie vertrauen können. Was existiert noch? Keine Ahnung, aber andere werden es schon kennen. Sie sollten jetzt mich und mein Schicksal kennenlernen, Sie wollen nicht?, na, dann nicht, Sie müssen jedoch Zeugnis ablegen über das, was Sie außer Ihrer Zahnpasta und Ihrem Rasierapparat mit sich führen, falls Sie Künstler sind und über Grenzen schreiten wollen, um sich interessante fremde Länder anzuschauen, also Grenzen überschreiten, nein, nicht übergehen wollen, übergehen wird man andre, um die Sie sich nicht zu kümmern brauchen. Sie führen so einiges mit sich, ich schreibe es hier auf, als da sind: Barmittel, Wertpapiere, aufgeladene Debitkarten, Gold, Diamanten, menschliche Körperteile, die nicht an oder in Ihnen angewachsen sind, besitzen Sie oder besaßen Sie fremde Organe? Klar. Die hab ich mir grad günstig gekauft. Und der dort hat mir ein Organmandat ausgestellt, er hat aber vergessen, daß das heute nicht mehr so heißt. Kein Wunder, daß man ihn nicht verstanden hat. Sonstige human tissues? Man muß notfalls herausschneiden, was Sie mit sich führen, nein, Sie müssen es herausrücken, denn es darf einen Gesamtwert von 10.000 Euronen nicht überschreiten, fragen Sie den armen Herrn Gurlitt, gleich bei mir um die Ecke, den sie persönlich um die Ecke gebracht haben, also die Finanzkräfte in Bayern, ich glaube, in Augsburg, da sie ihn nicht und ihm nichts beschlagnahmen konnten, er war ja unter der erlaubten Höchstsumme für legale Grenzübertritte geblieben, wer wollte es ihm zum Vorwurf machen, daß er nicht in die vollen gegangen war?, keiner kann das! Nun, da nahm man ihm halt sein Leben, selbst wenn das noch etwas dauern kann, denn die Mitnahme von Bargeld ist grundsätzlich verdächtig, Geld muß andre Wege finden, nicht wahr? Alle Daten, alles wird an Ihr zuständiges Finanzamt weitergeleitet werden, okay, das Amt steht noch, Sie nicht mehr, das Geld steht Ihnen zu, doch es muß nun mit weiteren Ermittlungen gerechnet werden, rechnen können die, aber nur die Grundrechnungsarten, einen Grund brauchen sie nämlich. Und am Ende stand der Mord am greisen Herrn Gurlitt den andren zur Mahnung, daß sie besser jung sterben sollten, am besten als Kind noch, da sie noch nichts besitzen als zwei Tonnen Plastikschrott zum Spielen. Bei einem Kind weinen sie alle, bei einem Greis nur die nächsten Verwandten, die aber trotzdem nichts erben. Und Sie? Es wird Ihrem Heimatland Ihre Herkunft, nein, Heimkunft, nein, Einkunft mitgeteilt werden. Sie werden vorgeladen, und wir nehmen Ihnen alles und dann zur Strafe alles noch einmal, was Sie gar nicht mehr haben. Haben Sie das Virus, haben Sie es sich eingefangen? Dann stapeln Sie sich selbst zu Hause auf, vielleicht können Sie dort Brennstoff werden, ohne ins Krematorium zu müssen.

Die Verurteilung, nein, die nicht, die Verteilung von Vermögen und damit auch von Kapitaleinkommen unterliegt stets einer sehr viel stärkeren Konzentration als die Verteilung von Arbeitseinkommen. In allen bekannten Gesellschaften und Epochen besitzt die an Vermögen ärmste Hälfte der Bevölkerung fast nichts, im allgemeinen kaum 5 % des Gesamtvermögens, das oberste Dezil der Vermögenshierarchie dagegen den Großteil dessen, was es zu besitzen gibt, im allgemeinen mehr als 60 % des Gesamtvermögens. Einwand: Die dazwischen haben aber auch irgendwas, oder?, das ich mir hier schenke, oder?, das aber noch nicht auf meinem Konto eingetroffen ist. Wir haben ebenfalls bemerkt, na, ich nicht, aber ich muß mich auf Geschriebenes verlassen können, wir haben also bemerkt, daß die Entstehung einer vermögenden Mittelschicht, das heißt die Tatsache, daß diese mittlere Gruppe fortan deutlich reicher an Vermögen ist als die ärmste Hälfte der Gesellschaft und kollektiv zwischen einem Viertel und einem Drittel des Gesamtvermögens besitzt, auf lange Sicht zweifellos den gewichtigsten strukturellen Wandel der Wohlstandsverteilung darstellt. Da gehör ich hin, in diese Worte gehöre ich hinein, da fühl ich mich wohl, darin wälze ich mich, es gibt aber auch eine andre Möglichkeit, da gehabe ich mich hysterisch und fuchtle herum, ich verteile so heftig die Viren, daß der eigene Luftzug mich und andre glatt umschmeißt. Das ist alles so ungerecht! Aber Unrecht ist es auch wieder nicht. Ich ich ich ich ich! Kein Wunder, daß sie ein Auge auf mich geworfen haben. Andre werfen mit härteren Gegenständen.

Ich ziehe Bilanz, obwohl es dafür zu früh ist, ich zahle also das, was des Staats ist, ich zahle meine Steuern, das wird Ihnen jeder nachweisen können, der Ziffern voneinander unterscheiden kann. Ich zahle sie zum Spitzensteuersatz, der bei uns daheim einer der höchsten in Europa ist, höher als Ihrer, und früher anfängt, bei uns hält sich nämlich jeder für einsame Spitze!, höher als fast alle andren Länder, ich glaube, nur die Belgier sind noch vor uns, ohne uns voraus zu sein, und noch wer, die Ungarn, ausgerechnet!, daß die sich das gefallen lassen, wo die Menschen eh nichts verdienen und alles stehlen, während ihr Chef wiederum sie bestiehlt. Den Rest der Zeit verbringen sie damit, eine neue Sprache zu erlernen, die Sprache des Geldes, bloß neu ist sie nicht. Ich zahle, ich zahle leise, ich zahle laut klagend, ich zahle, ich zahle meinem Heimatstaat Österreich, meiner Heimatstadt Wien eine neue Schule, ein neues Spital und ein neues Hallenbad, weil die jetzt alle hin sind, die Bäder. Gestern hat wieder eins geschlossen. Mein Wien, das ist meins, ganz allein meins, meine liebe Heimatstadt!, und dort der achte Wiener Gemeindebezirk, wo ich aufwuchs, wo ich hingehöre, auch wenn ich nicht dort aufenthältig bin, sondern im Hüdorf, was eine Eingebung der Taxifahrer auf einen kleinen Bildschirm ist, damit der Weg nach Hütteldorf ihnen nicht zu lang wird. Man muß sich doch im Orient, nein, im Okzident, Hüdorf liegt im Westen, eindeutig, man muß sich doch an irgend etwas orientieren können. Und strahlend auf ihren kleinen Bildschirmen erscheint dieser grüne Bezirk am Stadtrand, fast geht nicht ganz drauf, was dort erscheint, ich wollte, ich könnte das auch, nicht ganz erscheinen und wieder verschwinden, doch ich werde nur so draufgehen, ganz normal, nicht einmal einen Unfall werde ich brauchen, ich komme jetzt zum Wesentlichen: Diese Taxiquittung ist falsch beschriftet! Der Herr, den Sie als Empfänger für sich an diesem Tag angeben, war zu jener Zeit im Ausland, und die Dame, mit der Sie im Restaurant waren, war damals schon verstorben, tut uns leid. Und wieso setzen Sie hier ein Begräbnis für zweihundert Personen ab? Ihnen ist doch gar niemand gestorben! Heimat ist, wo schon jeder war, ausgenommen jene, die nicht mehr da sind, mein Wien, jetzt ein andrer Bezirk, nicht mein achter, aber auch ein schöner, wenn auch ganz anders, mit mehr Grün, wo ich in meinem Heimathäuschen lebe, sicher kleiner als Ihres, aber es ist ganz, es ist noch ganz, bis auf die lästigen teuren Reparaturen.

Was? Sie wollen echt, daß ich woanders sitzen gehe?, das passiert, wenn man etwas, unberufen, nicht aussitzen kann. Ausgerechnet mich wollen sie ausnehmen wie ein totes Tier, das Sie waidmannsgerecht, aber welcher Waidmann ist schon gerecht?, erledigt haben. Es sind einfach zu viele Tiere hier, zu viele stolze Tiere, denen das Messer in die Kehle gestoßen wird. Mein Papi war auch stolz, als er Oberstadtbaurat wurde, eigentlich hätte er ja Senatsrat sein müssen, wenn ihm da die Deutschen nicht einen Strich durch die Rechnung meiner Mutter gemacht hätten, ihr wäre das sehr wichtig gewesen, das Rechnen war

Mamas Hobby und ihr Beruf. Ich soll in Deutschland leben, bitte kreuzen Sie an: ständig, anständig oder unanständig? Sie haben ja auch den Herrn Gurlitt, der hier in Sichtweite gewohnt hat, wie ich schon sagte, ausgenommen, Sie haben den alten Mann enteignet und erledigt, Sie haben ihm seine Bilder weggenommen, was Sie aus zwanzig Gründen nicht gedurft hätten, Sie Bayernnachtwächter Sie. Es gibt auch noch den Tag, morgen zum Beispiel! Wer fragt danach, ich glaube, jetzt endlich wird danach gefragt, der Herr ist ja tot. Die Seuche hätte ihn ein paar Jahre später ohnedies erwischt, doch genau diese Jahre haben ihm gefehlt. Erst töten, dann fragen, sein Herz wurde gebrochen, bitte, es war schon vorher nicht in Ordnung, kein Herr sah, daß das Herz gut war, keiner hat es angeschaut oder gar abgehört. Das beschleunigen wir doch, wir müssen alle zurück, die Natur verlangt es von uns, wir geben es ihr nicht. Sie kriegt uns. Da freut sie sich! Sie wollen, daß ich auch bald tot bin? Gewiß nicht. Denn dann stehen Ihnen Erbauseinandersetzungen, Zweckzuwendungen, Rechtsgeschäfte bevor, zum Teil der Form nach entbehrlicher noch als ich, weil sie nur neue Begehrlichkeiten wecken, nein, der Form nach entgeltlich, das wollte ich sagen, Rechts- und Linksgeschäfte und linke Geschäfte, entschuldigen Sie, aber was andres ist mir jetzt nicht eingefallen, egal, es ist nicht entschuldbar, daß nämlich Anhaltspunkte vorliegen könnten, daß eine Schenkung oder Zweckzuwendung unter Lebenden vorliegt. Wir nehmen die Anzeige entgegen, jede Anzeige, wir sind dazu verpflichtet, wissen Sie. Da bekommen wir Auskunft über Gründung, Kapitalerhöhung, Kapitalherabsetzung, Umwandlung oder Auflösung, na, die kommt von selber, Auflösung und Verfügung über Anteile der betreffenden Person, nein, natürlich nicht ihre Teile, ihre Anteile, sag ich doch!, die Angaben aus diesen genannten Vorgängen können wir überprüfen, wie wir Sie schon zu Lebzeiten überprüfen können, das haben wir fein gemacht, einer Toten kann man nämlich nicht mehr in die Taschen greifen. Wenn das kein Grund zum Überleben ist, dann weiß ich nicht.

Uuuund: Datenzugriff! Sagen Sie jetzt nichts, sagt schon wieder einer, der nach mir greifen will, doch er kann mich nur telefonisch erreichen. Sagen Sie jetzt nichts. Sagen Sie jetzt nichts. Aber ich sag doch gar nichts. Ja, aber vorhin haben Sie was gesagt, wollen Sie das leugnen? Ich soll also nur jetzt nichts sagen? Und später darf ich? Ja, später, wenn Sie es denn erleben und wir es erlauben, dürfen Sie. Wir können alles verwenden. Wählen Sie den mittelbaren Datenzugriff, oder wählen Sie die Datenträgerüberlassung? Haben schon gewählt? Sie laden sich meine Festplatte, die eh schon geladen genug ist, auf Ihre kleine tragbare, die beim Anblick meiner Daten gleich zu ächzen und zu stöhnen beginnt, herunter. Bitte nicht das auch noch! Und das auch noch mir! Das ist meine kleine Welt, die ist mein und ohne Sorgen, denn in meiner kleinen Welt freu ich mich schon auf den Morgen, singt ein froher Deutscher. Es darf sonst nichts mehr gesagt werden, schon gar nicht von mir. Man hat es mir verboten. Man hat mir verboten, mich zwecks Aufwertung meiner Person an die Seite meiner toten Verwandten zu stellen, die seit Jahrzehnten keiner mehr gesehen hat. Und die Verwandten rücken auch weiter von mir ab, bis in die Ewigkeit, und belästigen mich nicht mehr damit, daß ich ihr Leben aufschreiben soll, bevor es noch ganz verlorengeht. Sagen Sie jetzt nichts! Ja, ich höre? Sie dürfen es nur sagen, wenn Sie Terror finanzieren. Tun Sie das etwa? Dann müssen wir auch noch Ihr Bargeld kontrollieren, legen Sie es bitte auf den Tisch hier, damit wir darauf zugreifen können. Wir haben Finanzlöcher zu stopfen! Wir haben lockende, werbende Inserate zu bezahlen, mit denen wieder wir uns aufwerten wollen.

Kleines Zwischenspiel. Wenn Sie weniger Steuern zahlen, bilden Sie Kapital, aber leider nicht hier, hier kommen Sie auch mit viel Arbeit nicht viel weiter:

Schon wieder! Wie ist es denn zu diesem Vorfall gekommen? Atmen Sie jetzt auf, denn es passiert endlich was, das nicht hierher gehört, denn hier passiert sonst ja nie was, und nichts gehört hierher, trotzdem ist es da. Dies ist eine Ausnahme für kein Ausnahmetalent, dieses darf es aber auch konsumieren. Wie zu diesem Vorfall? Sagen Sie es uns. Ich hatte Lust auf Sex, na schön, verständlich. Dann habe ich sie dazu gezwungen, wie er in der Anklage beschrieben wird, warum soll ich da noch was dazu sagen? Der Tatort ist die Wohnung eines Trinkkumpans, arbeiten soll die Frau, weil man es nicht selbst tun kann, man kann schon, aber warum sollte man an seinem eigenen Schwanz saugen, wenn doch ohnedies eine Frau da ist? Da legt man den Hammer aus der Hand und benützt die Frau gleich selber, sie ist ja jetzt frei. Herr Magister, es folgt der Name, bitte in die entsprechende Rubrik einsetzen. Es tritt auf das Gericht. Seien wir fair, seien wir höflich, wahren wir die Unschuld, achten müssen wir sie nicht. Meine Herren. Mir ist nicht klar, was ich falsch gemacht habe. Ich leugne, mit dem Opfer sexuellen Kontakt gehabt zu haben, doch mein Sperma und weitere DNA-Spuren überführen mich, es ist nicht angenehm, überfahren zu werden. Und was wollten Sie, Zweitangeklagter? Ich wollte Frau A. einen Job besorgen, ich hätte einen in petto gehabt, als Reinigungskraft, solche Jobs sind schwer zu kriegen. Wir konsumierten Alkohol, gegen 23 Uhr kam es zu dem Verbrechen. Der Kollege verließ das Wohnzimmer, und ich zwang die Frau mit Schlägen und Drohungen zum Oralverkehr. Der Kollege kam zurück und sah zunächst fern. Was hat der Kollege zu sagen? Sagen Sie es uns in Ihren eigenen Worten! Sie hat ihm halt einen geblasen, und ich habe gesehen, wie mein Freund sie an den Haaren gezogen und geschlagen hat, erinnere ich mich.

Und warum hat er das gemacht, warum, glauben Sie?, interessiert sich der Vorsitzende dafür. DAMIT SIE BESSER BLÄST, mutmaßt der Zeuge. Fick sie, sie ist eh eine Hure, habe der Bekannte irgendwann gesagt, und er kam der Aufforderung rasch nach, also der, der zuvor nicht dran gewesen war. Achtung, wieder höchste Verwechslungsgefahr, Alarmstufe Rot! Ich war erregt und irgendwie verloren, habe mich jedoch rechtzeitig wiedergefunden, sprach der Fernseher, also der Mann, der währenddessen ferngesehen hatte, nicht wahr, so erfolgte die folgende Antwort auf die Frage der Privatbeteiligtenvertreterin. Hat die Frau geweint? Ich kann mich nicht mehr so gut erinnern, bleibt der Zweitverwerter, der Zweitficker vage. Sie hat nicht viel geweint, zu diesem Fazit kommt er. Was können wir dem Opfer vorwerfen? Dem Opfer können wir zumindest keine Lüge vorwerfen. Ich sehe nicht die Sonne, ich geh mal schauen, wo sie ist, danach werde ich mich ins Abgelegene, ich meine in die Ablage legen.

Das Proletariat ist hier nicht genügend vertreten? Dafür wird das Patriarchat bekämpft im längsten und lächerlichsten Kampf der Geschichte? Das Patriarchat müßte nicht kämpfen, es ist doch der Allzeit-Sieger, ich höre einen Kampfruf, rufe aber nicht zurück, obwohl ich es versprochen habe. Zahlt sich das alles aus? Ich frage nur, weil das Patriarchat sich schon wieder einen Bonus ausgezahlt hat und sogar gratis in die Heimat zurücktransportiert wird, es hat so tapfer gekämpft für seine Sache. Wäre es ein Virus, brächte man dessen Opfer ja auch zurück bis zum Brennofen, wo sie allerdings nicht in neuer Form erstehen werden. Das Außenministerium übernimmt die Kosten oder wer sie halt übernimmt, keine Ahnung. Die bekommen jetzt alle ihre Staatsbürgerschaft wieder zurück, bis auf jene, die sie schon haben. Ich mache derweil weiter das Patriarchat fertig, da gibts nicht viel für mich zu tun. Es wird kein Papa kommen, der ist tot, wir werden keinen Richter brauchen, der ist nicht da, und ansonsten wird keiner mich für meinen Lebenswandel tadeln können, ich habe keinen, ich habe nur eine Lebens-Gleichenfeier, die ist ohnegleichen.

Und so geschah es, daß am dritten Tage irgendwer von den Toten auferstand und eine glorreiche Himmelfahrt hatte. Ich dagegen habe einen mühsamen Abstieg genommen, vor lauter Denken ist mein Haar grau geworden, was man unter all der Farbe nicht sieht, einen Abstieg, der nicht ausgezeichnet, nicht markiert war, und ohne zuvor auf einem Berge gewesen zu sein, findet man ja keinen Abstieg. Es ist gesünder, wieder runterzukommen, es ist aber nicht unbedingt nötig. Ihre Bargeldbestände können über Nacht auch so abgebucht werden, die Voraussetzungen dafür sind gegeben. Man kann in der Nacht auch ein dikkes Kuvert in einer Bank abgeben, die Voraussetzungen dafür sind gegeben. 500.000 Eier sind drin, vorsichtig überreichen, damit sie nicht zerbrechen! Man kann abstürzen, etwa so wie der Bankcomputer, wenn man dies von ihm verlangt, oder die Festplatte, wenn man es von ihr verlangt, Geld kann seinen Wert verlieren oder behalten, ganz wie man es von ihm verlangt. Tja, Sie flotter Herr Sie, der Sie Ihre hilflose Festplatte mit all den schönen Daten drauf einfach haben abstürzen lassen, damit wir keinen Richter brauchen werden, mit Angaben, die wiederum der Richter nicht brauchen kann. Dem haben Sie nämlich Taxiquittungen und Essensbelege vorgelegt. Die braucht der Richter aber nicht, und den Richter konnten wiederum Sie nicht brauchen. Sie haben unbewegt zugeschaut, als ihr das passiert ist, Ihrer braven, fleißigen Platte, Sie haben sogar nachgeholfen! Ja, von Ihnen spreche ich! Vom tüchtigen Investor aus Amerika, der sich zu uns herabließ und im letzten Moment wieder hochziehen ließ, außerhalb unserer Reichweite. Er ließ die arme Platte abstürzen, abrauschen, untergehn. Alles, was recht ist: Alles, was drauf war, brachte er vorher noch in Sicherheit. Lungen kollabieren und gehen kaputt, oft auch vom Rauchen, Festplatten rauchen selbst, sie rauchen ab, aber das Geld ist ewig. Das Geld ist ewig, nur manchmal ist es weg. Es braucht den ewigen

Richter nicht, es braucht auch den irdischen Richter nicht. Wenn es verschwinden soll, dann verschwindet es, wie und wann man es von ihm verlangt. Keine Spur bleibt zurück, auch von diesen Milliarden nicht, auch von den andren dort drüben nicht, und wenn die Lunge sich vollständig zersetzt hat, bleiben von ihr ebenfalls nur noch Spuren. Das Geld aber ist ewig.

Sie wissen wohl nicht, von wem ich spreche. Seien Sie froh! Aber was soll ich machen? Ich beliefere ja nicht nur die Ösen, meine Interessen sind weit gesteckt, so weit, daß ich zu müde bin, sie dauernd im Auge zu behalten. Sie aber, Sie aber, der Sie nichts haben und nichts bekommen: Ihr Geld behalten, das können Sie trotzdem nicht, außer Sie folgen meinen Anweisungen, ich gebe hier an meinen Berater weiter. Ich frage: Papiergeld, wie soll ich es verwahren? Und das Gold erst! Wissen Sie, was das wiegt?! Und außerdem: Wer sollte es mir nehmen, das Display vom Bildschirm, das Gerät ist alles, was übrigblieb, als seine Seele, sein Herz, seine Platte verschwand, sein Gehirn, wie, was, auch weg? Das ist mir ganz neu! Er schaut aus wie Glas, der Schirm, ist es aber nicht, jedenfalls ist es auch schon ganz abgenutzt vom vielen Zurückschauen auf mich. Es versucht, die Augen vor mir zu verschließen, staubig ist er sowieso, der Schirm, auf dem ich Sie habe, es liegt ein Schleier drüber. Ach, Herr Sektionschef im Finanzministerium, warum haben Sie sich bloß in den jungen schönen Herrn Minister verknallt und nicht in mich? Na ja, das wäre auch nicht gleich nötig gewesen, aber einen Blick hätten Sie schon riskieren können, an mich vergeuden, schauen Sie nur, wieviel Spesen Ihre Ritter schon wieder vergeudet haben, als wäre da gar nichts gewesen! Die schmeißen alle mit dem Geld herum, das gibts nicht. Eine, zwei, drei Handtaschen für die Gattin sind erst der Anfang. Die passenden Schuhe dazu, die gehn ins Geld! Ich wäre es wert gewesen, na ja, ich kann viel behaupten, man behauptet immer noch mehr von mir; ach, Sie!, warum wollen Sie sich meine arme Haut um den Hals hängen, wo Sie doch diese schönen Krawatten in Ihrem Schrank und am

Hals haben, und zwar alle, wenn auch nicht gleichzeitig
Leute rufen schon Ihren Fernseher an, wo Sie die herh
Sie wollten, obwohl Sie alles haben, auch noch mich, für me...
Wohltun und dessen Zinsen wohl abschreiben, oder?, was ich selber besser kann, das Abschreiben, das Absetzen nicht, doch sehen wollten Sie mich nicht, Sie halten wohl meinen Anblick nicht aus, kommt mir vor, ohne Sie zu kennen. Ich habe immer brav gezahlt, was man von mir verlangt hat, bis auf den Grund bin ich durchsichtig wie Wasser, bis auf den Grund, sage ich, welcher mir aber nicht einleuchtet. Ich atme tief ein, oje, das war ja wirklich Wasser!

Ich halte mit aller Kraft das sonst frei herumirrende Unwesen meiner Sprache fest, das immer noch frei ist, während die Menschen schon virushalber zu Hause bleiben und auch sonst überall vorsichtig sein müssen; ich halte es fast gewaltsam hinter einer Absperrung angeleint, bis es so geladen ist, ja, auch mit Wut, mit Zorn, wie jetzt, wie hier, daß es diese Absperrung durchbricht und prompt ins Leere fällt. Der Schrei unterliegt dem Dopplereffekt, mein Vermögen dem Halbierungseffekt. Das bringt genau nichts. Hätte ich das vorher gewußt, ich hätte diese Absperrung respektiert. Ich hätte mindestens zwei Meter Abstand eingehalten anstatt der verlangten eineinhalb, denn ich bin eine ewige Vorzugschülerin. Wer weiß mehr? Die Leere? Die ist nicht so leer, wie Sie glauben. In dieser Leere ist für mich aber nichts drin, nichts übrig, das einen hält, in einer Leere, die nicht einmal imstande ist, jemanden krank zu machen, nicht einmal ein Vakuum wird erzeugt, das die Dinge in einer gewissen Haltbarkeit erhält, aber man muß ihnen vorher natürlich die Luft zum Atmen wegnehmen, damit sie von ihr nicht verdorben werden. Herrgott, sind diese Viren aber klein ausgefallen! Nehmen Sie diese Atemmaske in Beschlag, und wenn jemand Sie fragt, ob die was nützt, dann sagen Sie ehrlich: Nein, meine Brille beschlägt, sie würde jedoch bei andren Vertrauen erwecken, die Sauerstoffmaske. Deshalb müssen Sie die tragen. Aber darunter können Sie doch dann nicht mehr sprechen, wenn Ihnen die Luft in die Lungen gepreßt wird, können Sie nicht mal mehr atmen, denn Sie sind bewußtlos, es ist, als sprächen zwei Statuen miteinander, die Luft unter der Maske hebt sich und senkt sich, der Mundschutz flattert im Wind, weil Sie ihn abgenommen haben, taktvoll, wie Ihr Kontostand sich hebt und senkt, der jedoch im voraus schon besiegt ist wie die Seuche nicht. Die Menschen entgleiten einem unter den Händen, das ist auch eine interessante Parallele zum Geld, fällt mir gerade auf. Wo war ich? Sie kann gar nichts, diese Leere. Dort wächst auch nichts mehr. Ich sage also nicht, was die Leere ist, weil ich es nicht weiß. Sie ist mir zu groß. Alles, was ich spreche, reizt zu Widerspruch, es ist wie mit diesen Engländern, die jetzt schreiend wegrennen, bald sehen wir sie nur mehr von hinten, und schon ist es soweit!, die werden sich noch wundern, oder wie mit allen andren auch. Ach, hätte ich doch einen neuen Briefkasten, der mir als Anlegerin Anonymität gewährt!, dann könnten die reden, soviel sie wollten, ich wäre ihre verkörperte Widerrede, und sie könnten nichts machen, weil sie mich nicht sähen und mich auch nicht ernten könnten. Vielleicht meinen Körper beschlagnahmen? Sie hätten nur diesen Briefkasten, mein Körper wäre woanders, und ich gehe als Geschäftsführung gern an einen andren Ort, wo es schön warm ist.

Hier aber, ja, was ist hier? Ein Briefkasten mit was dran, mit nichts drin, drei Stock darüber. Ich habe hier keine Macht, weil ich es persönlich bin, was auch immer, es ist nicht statthaft, es wird nichts rückerstattet, außer Sie haben ein soeben erst erfundenes Geschäft gemacht, auf Cum mit Ex und Hopp, das in erstaunlich kurzer Zeit schon viele gemacht haben, und einen Dividendenstrip hingelegt. Sowas spricht sich herum. Es sind immer welche da, die es schneller kapieren als andre. Ich warne Sie davor. Nicht jeder will einen Strip von Ihnen sehen! So, jetzt sind Sie schon gewarnt. Sie sind gemeint und gewarnt. Gehen Sie lieber offshore, ich habe es Ihnen ja bereits empfohlen, dort ist alles legal, was bei uns verboten ist. Sie genießen dort vollkommene Anonymität, auch wenn Sie hier berühmt und sogar Fußballer sind, ja, dann ... Dann können Sie Steuern hinterziehen, soviel Sie wollen, Sie können Ihre Bücher festhalten oder wegschmeißen, denn Sie haben gar keine Buchführungspflicht! Wir helfen Ihnen tragen, wir haben ja diesen Buchführerschein, ja, Bücher haben wir auch. Wenn Sie dablieben, würden wir Ihnen nicht ertragen helfen, die Wahl müßte Ihnen leichtfallen, blieben Sie nämlich hier, müßten Sie Ihre Erträgnisse alle versteuern, alle!, ade!, kein Wunder, daß die gern zu den Inseln schwimmen würden, wo keine toten Kinder angeschwemmt werden und die Menschen nicht in ihrem eigenen Müll und Dreck hausen wie die Tiere, nein, lieber dort, wo bereits fünfzig Billionen Dollar oder so in der Größenordnung liegen, da fallen Sie gar nicht auf. Was den Staaten entgeht, wenn Sie gehen? Nicht viel, je nachdem, das hängt davon ab, Sie können sich dann sogar in Ihrem Heimatland, dem lieben, für das schon so viele gefallen sind, manche wurden auch gestoßen, also dort hätten Sie dann keine Stammeinlagenpflicht, wäre das nicht fein! Mit Ihrem Herzen könnten Sie gern auch dort sein, aber nicht mit Ihrem Firmensitz, der muß raus, der muß verlegt werden, aber so, daß Sie ihn noch finden, klar. Mieten Sie sich auf der Insel oder in der Oase also einen Briefkasten, Sie müssen ihn ja gar nicht kaufen, so schützen Sie Ihr Vermögen, bis in den kleinsten Teil, mieten Sie und verziehen Sie sich. Aus den Augen, aus dem Sinn, aus für die Versteuerung, ja, und suchen Sie sich zur Belohnung einen hübschen Firmennamen, keiner wird Ihnen den streitig machen, außer es gibt ihn schon. Niemand wird überhaupt mit Ihnen streiten, und Sie können baden gehen, sooft Sie wollen. Für das Badesalz, den Badezusatz, nein, für Ihren sitzungsgemäßen Satz, nein, für Ihren satzungsgemäßen Sitz haben Sie, genau, da haben Sie eben diesen Briefkasten, den Sie bereits kennen; da müssen Sie ansässig sein, müssen tun Sie nicht, doch es wäre besser, aber wer schaut schon so genau hin, und natürlich muß sich die Geschäftsführung an einem andren Ort befinden.

Und dann ziehen und zerren diese Gesellschaften schon an den Steuern der Länder und behalten sie ein, für Sie allein, den frohen Besitzer des Kasterls, mit dem Schlüsserl um den Hals. Was für einen Grund hätte ich also, meinen Firmensitz in Austria oder Germany zu haben, wenn ich in einem andren Land einen weicheren haben könnte, samt Polster und Verstellungsmechanismus, den ich vielleicht auch schon hier anwenden könnte?, nur so gefragt, weil man als Oma Duck halt gern weich ruht? Muttergesellschaften sollten nahezu immer in einem Oasenstaat etabliert werden, aber wie komme ich dorthin, bitte? Und meine Mutter hat mir schon genügt! Die ist mir bis zum Hals gestanden! Bis hierher, wo ich nicht wegkann, habe ich alles kapiert, aber wie komme ich in diese Oase? Dort hätte ich von vielen Vergünstigungen profitieren können, die einem als Unternehmerin im Ausland zuteil werden. Ich würde es gern wie die Großen machen, wie jene Grünen-Chefin im Wettbüro, kennen Sie den Witz?, nein, aber ich kann nicht, ich kann nicht. Geld kann alles, ich kann nichts. Ich kann ja nicht einmal nach Irland fahren, wo meine Dichterkollegen so lang überhaupt keine Steuern gezahlt haben, die Glücklichen!, aber das geht jetzt nicht mehr, deswegen kommen sie ja alle zurück und überlegen, wohin sie sonst gehen könnten, um eine schöne Landschaft zu genießen, welche der heimischen ähnlich ist, das war nämlich ihre Voraussetzung für die Ansiedlung, wie sie angaben. Ich gebe auch gern an, aber was bringt es mir? Nichts. Ich muß hierbleiben, ich kann nicht anders, hier steh ich. Hier werde ich vielleicht bald einsitzen gehen. Doch sonst werde ich nirgendwohin gehen.

Neudeutschland hat, im Gegensatz zu Nazideutschland, das wiederum niemanden hinausließ, zu viele hineingelassen, das sagt man ihm und uns jeden Tag Hunderte Male nach, aber diejenigen, die ihm etwas bringen könnten, denn wer vielen etwas bringt, wird allen auch nichts bringen, die nehmen immer nur, die können nichts andres als nehmen. Die Armen dagegen, ja, ich bin auch gegen Armut, sogar sehr, das kostet mich keinen

Cent, die Armen also kommen rein und nehmen den Platz der Geflüchteten ein, Flucht gegen Flucht, ich wüßte, welche ich wählte, ein bisserl wegfahren, das wär schon fein; die überrennen uns, die überschwemmen uns und sind doch keine sonnigen Küsten, über die nur manchmal das Wasser, immer zu viel davon, hereinbricht. Der Briefkasten aber hält, der ist wasserdicht. Überall wird es gesagt, jetzt kommen die Habenichtse, die uns nichts bringen, weil sie eben nichts haben. Diejenigen, die uns alles nehmen, sind längst, ihre Habe an sich gepreßt oder über den Kopf gehalten, weil das Wasser ihnen bis zum Hals steht, wie sie angeben, so daß für die Steuern leider, leider gar nichts mehr übrigbleibt, was bleibt denen also übrig?, die sind längst weg, verzogen, weggezogen, geflohen, die haben vielleicht Niederlassungen in ihrer Heimat, aber der Heimat lassen sie nichts, für die haben sie nichts übrig. Sie haben die gebotenen wirtschaftlichen Möglichkeiten ergriffen, mehr nicht, weniger genausowenig, so ist es gut.

Dieses blöde Land, jetzt wird es auch noch geschlossen! Und schon hat es wieder geöffnet, es bleibt aber vorsichtig. Es hätte lieber zahlende Gäste reinlassen sollen, um die es jetzt schon wieder kämpfen muß, welche, wie ich, wenigstens ab und zu ins Wirtshaus gehen und Geld dalassen, anstatt die Kunden zu verlieren. Sie haben mir das Unterhemd in M geliefert, dabei hatte ich L bestellt. Sie haben mich als Kundin verloren. Aber irgendwas Neues kommt bestimmt. Schon öffnet die Wirtschaft, die so lang für uns verschlossen war, wieder ihre Pforten und stellt uns gleich wieder Sessel vor die Tür. Auf einen Totenacker hat mich mein Weg geführt, wieso steht das draußen nicht angeschrieben? Keine warmen Speisen, nur kalte Körper. Sind denn in diesem Hause die Kammern all besetzt? Bin müd zum Niedersinken, bin tödlich schwer verletzt. Mein lyrisches Ich, welches gar nicht meins ist, ist hiermit abgewiesen, der Antrag abgelehnt. Wo sollen die denn alle hin, wo wird eine Tür aufgesperrt, wenn immer wieder neue Menschen krank werden? Allhier will ich einkehren, aber nichts da! Lockdown. Die Menschen hungern nicht und frieren nicht, wie ist das möglich? Wenn sie jetzt auch noch die Friedhöfe schließen, wird es eng werden. Man wird die Menschen satt und noch warm in die Erdröhre schieben. Sonst geht es sich nicht aus. Es sind zu viele. Die nächsten warten schon. Ihre Tischreservierung verfällt vor ihren Augen. Ihr grünen Totenkränze, und ihr wollt ein Zeichen sein? Noch nicht heute. Aber nächste Woche, wenn wieder mehr erkrankt als geheilt sind, dann vielleicht weist die unbarmherzige Schenke die Menschen nicht mehr ab, wo sollen die denn sonst hin? Inzwischen mehr Gesunde als Kranke, Gott sei Dank. Dort schießt einer herum. Wo sollen die Menschen denn hin? In den Keller, den kann man absperren, dort trifft sie kein Schuß. Dann dürfen sie sich endlich niederlassen, denn wir haben Niederlassungsfreiheit. Hoffen wir auf nächste Woche. Heute ist noch geschlossen. Nun weiter denn, nun weiter! Lesen Sie die neuen Bestimmungen! Morgen gibts dann die neuesten! Und dann weiter! Anstandsregeln, nein, Abstandsregeln im Gastgewerbe sind möglich, aber nicht wahrscheinlich! Wir leiden weiter. Wir halten Abstand. Wir nehmen Abstand. Wir leiden entsetzlich! Und wir wissen nicht einmal den genauen Zeitpunkt, wann es wieder losgeht.

Das ist ganz, ganz schwierig für uns. Herr Doktor Deutschland, nein, zwei Doktoren, ich weiß nicht, soll ich mich vor Ihnen auf die gute, warme Erde schmeißen und um Vergebung bitten, daß ich nicht die Anonymität wählte, Steuervorteile nicht genutzt habe, Erbschaftsstreitigkeiten nicht vermieden habe, es gab aber gar keine, die Trennung von verschiedenen Geschäftsbereichen nicht vorgenommen habe, die Buchführungspflicht nicht umgangen habe, ich habe das alles bereits angeführt, man kann es aber nicht oft genug wiederholen, ich weiß, daß Ihnen schon das eine Mal gereicht hat. Verzeihen Sie mir, Sie Land Sie, daß ich mir nur eine einzige Geschäftstätigkeit erlaubt habe, daß ich mir ferner Kapitalisierung und Börsengang verunmöglicht habe, auf fortlaufende hohe Kosten bestanden habe, auf Niederlassung in meinem Heimatland mit Stammeinlagepflicht, was immer das ist, es ist schon das zweite Mal, daß ich es erwähne, mein Stamm kennt sowas nicht, und weiter oben können Sie es auch nicht nachlesen, weil ich es dort auch nicht ausführen konnte, daß ich also darauf, auf dies alles verzichtet habe, warum auch immer? Reingefallen! Immer das Falsche getan, rechtliche Problematik geradezu gesucht statt vermieden. Dafür haben sie mich gesucht und gefunden, es hätte nichts dagegengesprochen, wenn ich diese mir gebotenen wirtschaftlichen Möglichkeiten in Anspruch genommen hätte, aber ich habe halt nicht, ich bin nur alt geworden, und das meist alleine, im fremden Land. Sie haben mich nicht gesucht, aber gefunden. Jetzt, da es zu spät ist, sagt man mir, was ich hätte tun können, um völlige Verhaftungsmöglichkeiten, nein, Haftungsmöglichkeiten zu vermeiden. Rechtzeitig hätte ich zwischen mir und der Finanzverwaltung einen tiefen Graben schaufeln sollen, tief wie die Gräber am Backhendlfriedhof, die Bürokratie braucht Platz und hat ihn immer gebraucht, die mußte ja so viel bewegen!, allein, was sie an Zügen aufbringen mußte, noch dazu in der richtigen Reihenfolge, ordnen Sie die mal, ohne Bürokratie wird das nicht gehen, sie gruben und sie gruben, six feet under einen Graben schaufeln und mich dann selber reinlegen, bevor es ein andrer tut. Eine Quarantäne-Zone hätte ich einrichten sollen, was weiß ich. Habe ich alles nicht getan. Ich darf aber auch nichts, wirklich nichts, was ich gern tue. Dafür werde ich aber keinen Richter mehr brauchen. Nur noch das Jüngste Gericht, das es dann wird richten müssen.

Wie sollte ich von den Opfern sprechen, was mir nichts bringen würde, wenn ich sie nicht an mir, der Kleinigkeit eines Opfers, dem absoluten Minimum an Opfer, eigentlich wäre dafür ja mehr verlangt, messen könnte? Gar nicht! Doch dann wären auch all die Opfer stumm, und nur ich würde sprechen. Das gefiele mir im Prinzip ganz gut, aber nein, lieber doch nicht.

Ich wüßte nicht immer, was ich sagen soll. Zu oft sage ich das Falsche. Die Opfer allein sprechen lassen? Das habe ich auch schon getan, es hört ihnen keiner zu, nein, mir auch nicht, egal ob in einem gediegenen, teilweise geliehenen saftigen Stück oder in gernegroßer geiler Prosa. Wir bringen kleine und große Opfer, um selbst groß zu werden und doch klein zu bleiben. Das liebe Land, das schon immer mehr gewollt hat, als es vertragen konnte?, das mehr getötet hat, als es begraben konnte?, mehr, als die Öfen geschafft haben?, sicher nicht! Das Problem wurde durch Vergiftung der Lüfte gelöst, und das in einer Zeit, als man sich nicht einmal vorstellen konnte, was man alles anstellen konnte, außer Dreck machen, den man dann ja auch machte: tausend Jahre! Nicht schlecht, Herr Specht, aber mehr als das Doppelte ist schon vergangen, die tausend Jahre zählten gar nicht, die waren ein Fliegenschiß. So haben die einen sich das gedacht und es vergessen, und so haben die andren sich das anders gedacht und Gedenktage dafür angedacht und es dann erst recht vergessen. Manche sind den Deutschen entronnen, ähnlich dem Schlagobers, der dem Bolzen des gasgetriebenen Spenders entweicht, aber der Sahne knöpfen sie natürlich keine Steuern ab. Oder doch? Luxussteuer? Und hier kommen sie schon, Arm in Arm, Geld und Ruhm, beide friedlich ineinander eingehängt, ich und mein Geld, ja, wir beide kommen auch, wir kommen gleich! Auf das Geld legen Sie Wert, weil es ja einen Wert auch repräsentiert und selbst ist, das Geld ist das Selbst an sich. Das Geld ist alles, und es ist mein ein und alles. Fort mit mir!

Von selbst ordnet der sich nie, der ganze Menschenmüll, den wir im Hochgeschwindigkeitsofen der Firma Topf und Söhne entsorgt haben, der ganze Atem, den wir über Maschinen in kranke Menschen hineingepreßt haben, das alles, alles Menschenmögliche sinnlos; meine Tante, welche wirklich und tatsächlich Topf hieß, Sonntag und Topf, beides stimmt, hab vergessen, wieso, die hat ihn in Auschwitz selbst gesehen: Der Ofen, welcher sie schlucken sollte, hieß genau wie sie! Ich weiß nicht, wie oft ich das gesagt habe, wie oft ich mir meine verfolgten Verwandten vor die Brust gehalten habe, nein, auf die Schultern gesetzt, um größer auszusehen, und wie sinnlos es ist und immer war. Egal, es muß immer wieder raus aus mir, ich bin eine Keimschleuder und sollte lieber zu Hause bleiben, was ich hiermit auch tue. Hier hab ichs bequem. Das Geld bleibt auch da, auf Menschen können wir verzichten, je weniger, desto lieber sind sie uns. Der Staat weiß das und hat Abwehrmaßnahmen gegen sie ergriffen. Wir haben sie schon einmal in Züge gesetzt, in Gräber reingelegt, ins Wirtshaus transportiert, denn das letzte Wirtshaus hat keinen Wirt. Und barfuß auf dem Eise steht der alte Mann. Wir können das alles gern auch wieder tun. Besser, sie kommen gar nicht erst her, die Menschen, und schleudern ihre Saat, ihre bösen Keime herum. Was können wir dafür, daß Ihre Verwandten nicht mehr zurückgekommen sind, haben wir sie halt verbraucht, wir hatten Hunger nach Menschen, so wie die Hamsterer heute Hunger nach Klopapier und Nudeln haben. Wir mußten auch Millionen Opfer beklagen sowie tote Häuser und Städte mit leeren Augen, so mußten sie den Schrecken nicht sehen, noch mehr tote Häuser, gebaut auf ihren eigenen Gebeinen, welche man Fundamente nennt, welche immer noch geduldig dort liegen und dafür mit einem Denkmal obendrauf belohnt wurden; manche Geschäfte haben wir selbst zertrümmert, kaputtgehauen das Klumpert, eine unzumutbare Arbeit, doch es hat funktioniert. Keiner mehr zu sehen, außer drüben im Café ein Menschenklumpen, wo sie einander auf dem Schoß sitzen, was verboten ist. Diese Leute sind die Vorboten der Pest. Die Menschen sind jetzt deutlich weniger, kaufen dafür mehr, nein, ich glaube, der Bestand wurde inzwischen wieder aufgefüllt, es muß sogar langsam wieder abgebaut werden. Das Soll war vielleicht sogar übererfüllt, daher brauchen wir Ihre Mittel, nicht um Mittelschulen zu bauen oder Mittelstraßen oder Mittelspitäler, womöglich in Mitteldeutschland, wo niemand hinwill. Sterben können Sie selber, notfalls alleine. Ihre Angehörigen können Ihnen noch versichern, daß Sie zu ihnen gehören, falls ein Arzt oder ein Pfleger Ihnen das Handy mit dem Bildnis des Verwandten hinhält, den Sie hassen, weil er Sie überleben wird.

Jeder Staat braucht immer Geld. Wir sehen nicht, wo Sie sind, melden Sie sich bei uns und gehen Sie dorthin, wohin Sie gerufen werden. Gehen Sie zurück in Ihren Staat! Oder verlassen Sie Ihr Haus nicht mehr, Sie werden kein neues mehr kriegen. Dafür werden Sie aber gesund bleiben. Die Seuche, die Seuche! Jetzt ist sie da. Moment, ich schau aus dem Fenster und sehe: Die ist ja immer noch da. Es folgt ein furchtbarer Streit zwischen zwei Virologen, bis der eine nicht mehr weiß, wer der andre ist. Wer frißt jetzt wen? Das muß doch vorher ausgemacht werden. Na, einer den andern, bis keiner mehr übrig ist. Ich bin das von früher her gewohnt, daß dauernd gestritten wird, mir kann das nichts anhaben, Götter der Pest! Mein Gott, hatten diese Götter ein anstrengendes Leben, fressen oder gefressen werden, das wird ihnen geheißen, da war es schon praktisch, nur einen einzigen von ihnen zu haben, und der nimmt dann alles. Der Gewinner nimmt sich alles. Und dieser eine letzte Gott lebt auf unsre Kosten, oder er würde uns genauso fressen. Da liegen schon wieder ein paar von diesen toten Ratten herum, man kann sie kaum noch fortschaffen, so viele sind es, uns fressen nur die Raten auf. Oder wir müssen 2–3000 Euro Strafe zahlen, setzen Sie hier gern die derzeit gültige Summe ein, weil wir uns nicht rechtzeitig zerstreut haben. Oder zerstreuen ließen, das ist aber gratis. Dieser Gott, der lebt von uns, auch wenn er von Licht umgeben ist, wir aber von Finsternis, der wohnt in uns, sonst wäre er schon längst weg. Der würde nie behaupten, daß er hier nicht lebt. Dafür ist er zu stolz. Ein Emigrant will er nicht sein. Übrigens. Wo leben Sie eigentlich? Das kann doch nicht stimmen! Es kann nicht stimmen, was Sie hier angegeben haben. Sie leben hier und nicht dort, wo Sie auch nicht leben. Sie, ja Sie!, sind Mitglied der Kirche, und wir schreiben Ihnen vor, was Sie unbedingt einhalten müssen, sonst behält die Kirche Sie ein, bevor wir das tun können. Aber das bin ich doch gar nicht, ich bin ausgetreten, schon vor vierzig Jahren, ich kann gar nicht mehr richtig beten, das kann ich beweisen! Beweisen Sie es, oder Sie zahlen. Wenden Sie sich ab und halten den Herren das Geld hinter dem Rücken hin, weil Sie Ihren Zehent, der in Wirklichkeit ein falscher Fuffzger ist, so ungern leisten wie die meisten. Sie werden zahlen, schauen Sie, direkt ums Eck ist so eine schöne große Kirche, was glauben Sie, wer die bezahlen soll?

Die Menschen sollen hier sein, nein, das sollen sie doch nicht. Bald kommen noch mehr, wetten? Manche campieren bei dieser Kälte vor einer andren Kirche, um hier bleiben zu dürfen, andre sind schon wieder weg, noch mehr sind gekommen, wo sind die denn?, sie sind überall und wollen alle auch essen, sie wollen ihre Smartphones aufladen, sie wollen was andres, das soll uns keine Lehre sein, wenige gehen, keiner liegt uns am Herzen, niemand fühlt mit den Fühlenden, alle wollen sich wohl fühlen, auch wenn sie gar keine Gefühle haben; ihr Schweigen, alles Schweigen, soll nun nicht länger verschlossen bleiben, sie alle wollen es öffnen, damit jeder erfährt, wie sie behandelt wurden. Auch wenn es auf den griechischen Inseln schlimmer war, Berge aus Menschenabfall, voller Blut und Scheiße, oh Haupt voll Blut und Wunden, du kannst dir das gar nicht vorstellen, also auch wenn es dort viel schlimmer war, ist es hier auch ziemlich arg. Wo sie doch nur vor der Unerträglichkeit fliehen wollten, diese Menschen, ja, okay, Menschen, das ist der kleine Nenner, auf den wir uns einigen können, alles Nullen ohne Zahl davor, die einen rein, die andren raus. Bald wird das alles nicht mehr gehen. Manche bleiben auch sitzen. Ihr Verhalten wird kritisiert, wo immer sie sind: Dort sollen sie nämlich genausowenig bleiben dürfen, wo sie sind und den Intelligenzquotienten mit vereinter Kraft senken, etwas tiefer gehts noch, nein, auch nicht in einem Lager sollen sie bleiben, auf einem Lager auch nicht, auf einer Deponie dito, na ja, vielleicht doch auf der Müllhalde, von wo sie her sind, als wäre das ihr Geburtsort, genauso voll zwischen Blut und Kot?, obwohl man sie dort nicht so gut konzentrieren kann, es sind zu viele Menschen da, vor allem zu viele Dumme, und so sind sie also wieder fort, im Niemandeland, wo man sie nicht sieht. Man kann nichts machen.

Wir wollen mal über nichts sprechen, aber nur kurz. Woanders will man jemand anderen nicht. Dafür will man ihn wieder woanders, aber nur, um ihn dort auch wieder fortzuschaffen. Menschen mit und ohne Inhalt werden hin- und hergeschoben, hier, vor dieser Kirche, wo man ihre Herde noch überblicken konnte, brechen sie das Schweigen ihrer Körper und verlangen etwas, dauernd wollen sie was, Essen, Wasser, eine Matratze, eine Plastiktüte für ihre Scheiße, für dreckige Windeln, die man aber auch in die Umwelt pfeffern kann, weil man keine Zuneigung zu einer sauberen Umgebung hat. Oder man kann sich die Tüte auch als Dach über den Kopf ziehen. Die ganze Umwelt inzwischen ein einziges Dach für Heimatlose. Und die wollen Sie schützen? Wohin denn jetzt schon wieder mit ihnen? Sind doch grad erst angekommen! Wie sollen sie diejenigen bändigen, die ihre Gestalten nicht haben wollen? Schweigen? Sollen sie ihr Dasein verschweigen? Das würden sie gern, aber sie fallen uns unangenehm auf. Hocken tatenlos herum, die Taten sollen wohl wir tätigen!, frieren, machen Dreck, Unordnung, Ärger, haben keinen Platz, kriegen auch keinen. Alles Übel kommt daher, daß die Leute nicht dort bleiben können, wo sie bereits, aber noch nicht zum endgültigen Vergehen bereit sind. Daß die Leute nicht bleiben können, wo sie sind. Und daß andre nicht dorthin gehen, wo man sie haben will. Corona sagt, daß man niemanden nirgends haben will. Jetzt müssen alle bleiben, wo sie sind, das ist die Lösung. Sie sind ausgearbeitet, sie sind abgearbeitet, sie sind fertig, also wohin mit ihnen? Nicht in die Öffentlichkeit! Nur das nicht! Die Öffentlichkeit ist noch gar nicht geöffnet, wir haben Ausgangssperre, und die Eingänge werden wir auch nicht öffnen, niemals, nach unseren Erfahrungen: nie. Halt, Moment, jetzt ist alles schon wieder offen! Entscheiden Sie sich, rein, raus, rein raus? Wir brauchen unbedingt einen maxwellschen

Dämon, der die Leute ordentlich sortiert, so geht das ja nicht weiter. Man kann nicht die Guten alle wegschmeißen und die Schlechten fressen oder ins Töpfchen tun für später. Schauen wir mal, was die alles anrichten werden, vielleicht können wir das dann irgendwie schlucken. Und, sieh an! Jetzt geht das alles schon wieder. Schauen Sie sie ruhig an, sie sind schließlich zur freien Entnahme gedacht. Wer nimmt einen auf? Wie nimmt man ab? Erkundigen Sie sich vielleicht nach ihrem Befinden? Sie werden es nicht finden, die Fremden haben es schon aufgehoben und fortgetragen. Sie sind unser Unglück. Sie sind auch das Unglück Italiens und Griechenlands, die beide nichts mit ihnen anfangen können. Eine ganze Menschheitshälfte am Haken schaut mich flehend an, weil sie es zu Hause nicht mehr aushält, und wartet, wohin man sie schaffen wird, hoffentlich ist ein Platz im Flieger frei, hoffentlich ist ein Spitalsplatz frei, wenigstens ein Atem-Parkplatz!, ein Platz mit etwas Atemluft darüber, und wo sie die Hausaufgaben für ihre Kinder herkriegen sollen, das sagt man ihnen aber, jetzt müssen sie nur noch rauskriegen, wie das Gerät funktioniert, aus dem das alles kommt. Ich warte auf einen Bescheid und dann auf einen andren, welcher dem ersten widerspricht. Unten steht immer eine Summe. Ich sollte mich, nein, ich sollte sie besser gar nicht erwähnen, die Weggetretenen, die Weggelaufenen, die Herumgelaufenen, diese Nullen sind es nicht wert, ihnen die Schuhbänder ihrer Sneaker zu lösen, wenn sie vom Menschheitsjoggen kommen und Zäune überspringen, ich glaubs nicht, da klettern schon wieder welche rauf, nur um drüben wieder runterzukommen. Da kommen schon wieder welche rein, nur um hier zu bleiben. Sie haben keinen Respekt vor einem Menschenwerk, welches sie doch zurückweisen soll. Ich weiß, es ist ekelhaft für Sie, daß ich mich immer hinter sie stelle. Da fragt einer, wieso ich mein Häuschen nicht mit den Flüchtigen teile. Die sind leider schon wieder weg, sonst wären sie ja nicht flüchtig. Ich hoffe, die Flucht ist ihnen gelungen. Sonst kommen sie wieder zu mir. Sie bedeuten viel für mich, diese Armen, aber so viel nun auch wieder nicht. Ich kann nichts für sie tun, spenden kann ich schon, doch das würde das Knechtische in ihrem Wesen nur hervorstreichen, also sollte ich schweigen und nicht spenden, ja, sonst werden die Leute noch frech zu mir! Es ist eine Unverschämtheit, ich weiß nur nicht, was. Mich neben sie zu stellen wie die Urlauber neben die anlandenden Boote, an den Anschiffungsorten, die es aber noch gar nicht gibt, mich ihnen zur Seite zu stellen, das geht gar nicht, sie sollten die Hauptpersonen sein! Darf ich Ihnen ein neues Bild von mir zeigen? Ich habe Ihnen schon viele Bilder von mir gezeigt, doch dieses ist interessant, nein, doch nicht? Ich zeige den Menschen, möglichst vielen von ihnen, daß es besser auch gehen könnte, allerdings nicht als Opfer. Das sollte man vermeiden, wenn man seine Schönheit zum Scheinen bringen möchte, bis man selbst merkt, daß sie nur Schein war und längst abgelaufen ist, sie hat nur dreißig Jahre lang gegolten.

Ich würde vielleicht weggehen, vielleicht auch nicht. Ich würde meine Sonnencreme mit den Ankömmlingen teilen, die kann ich mir in jedem Drogeriemarkt ersetzen lassen, ich würde ihnen mein Gebiß leihen, das könnte ich mir jederzeit wieder einsetzen lassen, wenn ich eins hätte; dann werde ich punkten können mit meiner Rede für irgendwas, das gewiß der Integration dient, aber besser nicht. Und dann noch ein Foto mit dem Traumschiff-Kapitän, aber da steht schon der berühmte Satiriker, der das alles viel besser kann, der sogar das Licht einer Birne noch erhellen könnte, das ist einer, den ich ja so gern kennenlernen möchte. Vielleicht würde es was nützen, wenn er sich neben die armen Opfer stellen und sie küssen würde, noch einmal küssen, gerade weil es verboten worden ist, darum würde er es machen; das Virus erlaubt es aber nicht, das Küssen. Ich würde lächeln und Witze reißen, noch aufrechter als sonst, aufrechter als ich wäre keiner. Sie brauchen ein Abendkleid, besser noch mehrere, wenn Sie auf dem Traumschiff mitfahren wollen; es verkehrt derzeit aber gar nicht. Na ja, ein Schicksal, das Sie mit einem anderen Menschen zusammenschweißt, brauchen Sie schon auch. Und diejenigen, die noch fahren oder verkehren, müssen nun stehenbleiben, es sind Kranke an Bord, nichts bewegt sich mehr. Die Schiffe sind beschlagnahmt, bleiben Sie am Sammelplatz der Schiffe, vielleicht dürfen Sie bald wieder fahren, nachdem die Leichen von Bord sind. Da wollen Sie doch dabeisein, aber natürlich nicht unter den Leichen! Wollen Sie hier etwa das ganze Volk versammeln, damit es sich ansteckt? Wir stecken lieber die Schiffe hinter uns an.

Schauen Sie, die lassen ihr Boot da einfach herumliegen, gut für die Umwelt ist das nicht, und die Menschen selbst sind es auch nicht, nicht gut für die Umwelt, nicht gut für die Welt, nicht gut für irgend jemand, wenn die ins Wasser fallen. Die zerstechen doch ihre Boote in Sichtweite der Küste, damit man sie rettet. Oder es kommen Hilfsbereite, die sie ihnen zerstechen. Wir durchschauen das aber und retten sie jetzt extra nicht. Ich sehe, das Meer ist gut aufgestellt, oh Meer, das über Kindern ausgekippt wird wie Dividenden über die Altäre der Aktionäre! Meine Worte sind auch was wert, oder irre ich mich?, nicht weil sie einfach sind, sondern an sich, sie sind ein Wert an sich, für mich jedenfalls. Ich schreibe, diesmal von einer schlichten Zeitung, mit der ich nicht hoch hinauf traben kann, wortgetreu bis in den Tod ab, dann muß ich nicht selbst was erfinden, ich könnte das gar nicht, ich schreibe alles ab, bis zur letzten Silbe, hoffentlich kommt mir keiner drauf, lieber gleich alles zugeben und mehr!, dann hab ich ein Polster: Vielmehr ist das Leben in seiner Vielfalt, seiner Freude, seinem Leid, seinen unendlich vielen Schattierungen ein Wert an sich, tja, wer hätte das gedacht?, ich nicht. Sonst hätte ich es mal probiert. Etwas umspielt meine Füße, während ich auf dem trockenen sitzen und herumrudern kann, bis mir das Wasser bis zum Hals steht, erst dann darf ich aussteigen. Leichen säumen meinen Weg, und dann kommt die Pest auch noch daher. Wenn die Aktien steigen, muß man verkaufen, wenn sie sinken, muß man kaufen. Oder umgekehrt, je nach Geschmack. Das Wasser steigt ja auch und fällt.

Und unsere lieben Flüchtigen? Auch da? Leider verflüchtigen sie sich nicht. Sie haben aber den Vorteil, daß man ihnen ganz in Ruhe alles wegnehmen kann, was sie besitzen. Bei uns kriegen sie es nicht zurück, können sich dafür aber mit neuen Sachen eindecken. Ja, Schläge können sie auch kriegen. Nehmen Sie ihnen nur ruhig alles weg, alles, was dann noch da ist. Vielleicht die Schuhe? Wenn die sich noch so teure Sneakers und Haargel kaufen können, kann es mit der Not nicht so weit her sein, dann sind sie alleine von weit her, können aber nicht gehen, können nicht kommen, können nicht bleiben, sie haben ja nur wenige Schuhe, allerdings modische, Haare haben sie dafür fast zu viele. Sie aber, Sie haben sogar ein Konto. Das lösen wir Ihnen auf, damit keine Rätsel übrigbleiben. Ich rede und rede und weiß nicht, warum, und ich weiß auch nicht, was. Ich füge aber zusammen die Reihen.

Jetzt wissen wirs. Das Netz der Zeit verliert nichts, seine Maschen sind eng. Was Sie da schaffen, das will keiner, aber den Erlös, den kriegen wir, irgendwer muß ja erlöst werden, die Zeiten des Erlösers sind schon allzu lang vorbei, er ist in den Himmel aufgefahren, gemeinsam mit seiner Mutter, doch nicht zum gleichen Zeitpunkt, die Mutter hätte die ganze Zeit gemeckert, daß der Schub zu schwach ist und es ihr zu lang dauert und daß sie lieber einen andren Anbieter hätte nehmen sollen. Sagen Sie, Ihre Mama ist ja endlich tot, uns liegen Berichte über Hausanteile vor, ja, genau, daraus bestand ihr Nachlaß doch!, plus ein paar Hausanteilen, von ihren Vorfahren herstammend, die waren alle hier ansässig, was uns nichts angeht, die neue Regierung aber schon, wo ist Ihr Papa geboren, wo die Mama? Egal, Hauptsache, sie sind weg. Papa und Mama und ein paar Millionen Menschen dazu. Dafür kommen neue herbei, sie strömen nur so nach. Der Nachbar unter mir, den meine Föhren so stören, weil sie mit Zapfen nach seinem Dach werfen, spricht vom Raumgefäß, das eben nicht alle fassen kann, das nicht grundsätzlich jede Räumlichkeit des Daseins ausschließt, nur einige, es soll nur unseren Weg freihalten, damit wir die Räumlichkeit jeden Lebens besser sehen können. Oder? Er kann nicht schlafen, und er kann nicht fernsehen, weil meine Föhre ihn mit festen Gegenständen bewirft. Die Föhre muß auch weg. Fest steht: Hätten wir gewußt, daß immer neue Menschen herbeiströmen würden, hätten wir die alten doch nie vertrieben oder umgebracht, oder? Wir hätten uns diese Mühe aber auf jeden Fall gemacht. Die waren fällig. Dieser Raum ist jetzt geräumt. Mein Nachbar ist wütend. Die sind schon wieder da, höre ich ihn sagen, der Schall reicht weit, und wenn nicht die, dann eben andre. Wie kommt das? Sind die etwa unzerstörbar? Wieso begegnet man ihnen schon wieder ununterbrochen dort, wo das Geld ist? Was wollen sie denn? Was wollen sie denn an der Ostküste, wo es doch auch eine Westküste gibt? Alles, was die hierlassen mußten, ist ja noch da; hier liegt es immer noch, wohlgegürtet in wertlosen Aktienpaketen, gut gepolstert in Gold und Diamanten, die die Fassung verloren, gut versperrt in Tresoren. Die wußten, wie man etwas beiseite schafft, immer an uns vorbei. Es ist nur gerecht. Ich wollte, ich wüßte, wie man etwas für sich behält. Ich sage immer alles, und das ist zu viel. Vielleicht werden wir sie bald wieder entfernen müssen, noch stehen deutsche Eichtüren dazwischen und gebieten Einhalt. Es ist nicht zu fassen, da haben sie sich doch glatt eine neue Tür gekauft! Da haben wir gedacht, dieses Unkraut hätten wir ausgerissen. Geben Sie her, was haben Sie da in der Hand? Haben Sie etwas gegen uns in der Hand? Es kann unmöglich mehr sein als das, was wir gegen Sie in der Hand haben, ja, und was haben Sie da auf dem Konto? Geben Sie schon her! Wer gibt, dem wird gegeben, doch Sie sind da eine Ausnahme. Es gibt Schlimmeres.

Die Sitzung ist hiermit eröffnet, ich weiß bloß nicht, welche, doch Sie können sich schon setzen. Wir kennen einander alle, der Chef der Agentur kennt alle, alle kennen einander durch ihn, der Chef der Pseudonymfirma, der Treuhandfirma, in der Menschenhände problemlos durch Menschen ersetzt werden, die es gar nicht gibt und deren Namen nicht stimmen, der Chef kennt sie alle, sie haben sich schließlich bei ihm den andren Namen geholt. Das arme Helferlein, das seine Villa verloren hat, wird uns noch kennenlernen und danach noch viel mehr verlieren. Er will sich rächen, weiß aber nicht, wie. Mein ist die Rache, spricht der Herr? Die Rache ist *mein*; ich will vergelten. Echt jetzt? Und deswegen strampeln Sie so in Ihrem Nadelstreif-Strampelanzug?, den Sie in diesem Leben nie abgelegt haben, das hätte Ihnen die Mama nicht erlaubt. Ja, der ehemalige Minister, er wurde schon so geboren, achtet auf seine Kleidung, auf seinen Ausdruck und darauf, daß er sich als letzter auf die Anklagebank setzt, damit die Leute glauben, er gehört gar nicht dazu, nicht zu den Angeklagten. Der ehemalige Finanzminister, ja, schauen Sie ihn an, schauen Sie sich diesen wunderbaren Anblick an, er wird auf Sie nicht zurückblicken, eher hinunterschauen, ja, der, über den früher soviel Gutes geschrieben wurde, gibt nichts zu, ein andrer gibt nichts her, einem andren wird gegeben, seine Frau gibt was aus, die Schwiegermutter rastet aus, so kann man das Geld leicht unter ihr hervorziehen, 500.000 Eier! Ich weiß, Sie verstehen kein Wort, das kommt, weil Sie eben Ausländer sind. Sie wollen nur Gerechtigkeit, aber nur bei Ihnen? Eine Richterin wird entscheiden. Wir waschen uns inzwischen die Hände, wenn wir von draußen hereinkommen, wegen dem Virus wärs, und dann waschen wir unsre Hände in Unschuld, der Herr Ex-Minister macht das auch!, kann also nicht ganz falsch sein, und Sie, Sie können das auch gern tun, Sie können sie sogar in Ungeduld waschen, doch Sie werden schuldig sein, auch wenn Sie unschuldig sind und freigesprochen werden. Nie würden wir Ihr Geld verurteilen, Sie aber schon. Herr Minister. Sein Bildnis wird, nicht mehr so bezaubernd schön wie einst, aber immerhin, überall erscheinen, noch bevor er weiß, wie ihm geschieht und welches Gesicht er dazu machen soll. Oh, ich glaube, er weiß es doch, ein ansehnliches, weil ihn so viele ansehen. Sein Anwalt hat es ihm schon gesagt, daß der Geist, der Geist dieses Ehemaligen, und ehemalig werden wir alle einmal sein, seine Geschichten weiterweben soll, bis jemand sie glaubt, ja, der Geist: Wurde der überhaupt vorgeladen? Ich sehe ihn nirgends, vielleicht kommt er ja noch. Ein überragender, schöner, kluger Geist, welcher von der Heimat verstoßen und in ein vergebliches Suchen hineingestoßen wird, wo all die Konten sind, die man auch leicht verwechseln kann, wenn man ihre Namen und Nummern vergißt. Das weiß er aber nicht. Er hat ja gar keine Konten! Er ist total besitzlos, die 200 Anzüge und 150 Schuhpaare zählen nicht! Wo sollen die denn sein, wem sollen die gehören, die Konten in ihrer Kontenarchitektur?

Der verschwundene Mann von dem berühmten Bezahldienst wollte dem Geld wahrscheinlich auch nicht länger dienen, es sollte vielmehr ihm zu Diensten sein. Legionen von Menschen standen wegen sowas, wegen irgendwas schon vor Gericht, und es werden noch mehr werden. Alle wollen was wissen. Der Minister weiß alles, sagt aber nichts. Wir aber sahen, daß es gut war. Ich wasche meine Hände in Unschuld, sprach David, nein, Goliath, nein, Herodes wars, oder doch David? Das sagen alle. Ich wasche meine Hände zum Zeichen meiner Unschuld, so darf ich mich deinem Altar nähern, oder?!, ich sagte nicht: Alter, dem dürfen Sie sich gern nähern. Altar! Oida! Es zahlt sich doch gar nicht mehr aus, mich einzusperren, ich bin mit der Fußfessel ohnedies bald wieder draußen. Nein, wir bleiben dabei. Dieses System hat sich bewährt, weil ein echter Minister ihm ministriert hat. Welche Vorwürfe wurden Jesus nun genau zur Last gelegt? Soweit wir sehen, weniger als Ihnen, doch die Konsequenzen waren damals natürlich härter, genau wie die Zeiten ja auch. Amtsanmaßung, Amtsausnützung, Amtsmißbrauch, Verwechslung von Personen, nein, das war ich, ich wars!, Krawall im Vorhof des Tempels sowie Anstiftung zum Steuerboykott. Und das Vertreiben anständiger Steuerhinterzieher, für die wir eigens so ein blödes Gesetz machen mußten. Die sollen verschwinden. Jesus war doch nicht der einzige, welcher dieser Anstiftung seines Vaters auch folgte! Sehen Sie, es wiederholt sich alles, wir sind, im Gegensatz zum römischen Richter, von Ihrer Schuld, ja, von Ihrer, Herr Minister, überzeugt, total überzeugt, und wir sagen es auch. Nein, natürlich nicht von der Schuld des Herrn Baldur v. S., nein, des Herrn Jesus v. N., wer war das überhaupt, egal, wo er derzeit ist, das wissen wir, er hängt am Kreuz, wo er hingehört, und zwar überall, in jedem öffentlichen Gebäude, dort würden Sie auch gern hängen, wie?, um berühmt zu werden, was?, natürlich auch in diesem Gerichtsgebäude, genau, dort hängt er auch, in dieser Tiroler Gaststube, dort hängt er schon lang, und die auf ewig ungekrönten Coronatoten des Landes und andrer Länder liegen ihm alle zu Füßen, sechs Füße darunter. Bemühen Sie sich nicht, wir sind schon überzeugt. Da können Sie vorbringen, was Sie wollen, Sie können es wieder mitnehmen, und der Oberste Richter war von des Gottessohnes Schuld auch überzeugt, glauben Sie keinem, der Ihnen was andres einreden will. Das wäre grenzwertig.

Was muß ich hören, was muß ich lesen, was haben die bösen Buben da geschrieben? Pontius Pilatus bot den Anklägern eine Amnestie an, um Jesus zu retten, wissen Sie das? Klar. Das Land der Bayern glaubt ja alles, nur mir glaubt es nicht. Hier das Memo dazu. Diese aber wollten lieber den Jesus verurteilt wissen als den Rebellen Barabbas begnadigt. Die Hohepriester und Schriftgelehrten setzten Pontius Pilatus unter Druck und drohten ihm an, ihn bei dem römischen Kaiser Tiberius anzuzeigen. Also das ginge dann wirklich direkt ins Finanzministerium in Berlin, wo keine Freunde von Ihnen sitzen, das wissen wir aus sicherer Quelle, und die Austrianer lassen Sie auch im Elend sitzen, die Freunde sitzen ja nirgends, vor allem, wenn man keine hat; wo Menschen sitzen, die definitiv nicht Ihre Freunde sind, das können wir Ihnen verraten wie Judas den Jesus, Sakrament noch einmal! Tja, Bayern ist eine schwierige Provinz für jeden Provinzkaiser, gerade strauchelt der aktuelle wieder, eine Hacke kam wider ihn geflogen und flog mit einem Stück Fleisch wieder davon, diesmal wird ihn keiner auffangen, dafür haben wir gesorgt, in einer Großfleischerei merkt man gar nicht, wenn was fehlt. Wir geben Ihnen jedenfalls nichts zurück. Es ist ja nichts da. Sagen Sie jetzt nichts! Was Sie Gott geben, wenn wir recht verstehen: nichts. Bitte, zahlen Sie halt keine Kirchensteuer, die andren Steuern werden Sie schon zahlen müssen, alle, außer der Kirchen- und der Hundesteuer. Zu früh gefreut, schon kommen die Pfaffen daher und verlangen sie erneut, ohne ein Recht dafür. Sie haben keine Kirche und keinen Hund? Sie können das beweisen? Ah, ja, hier stehts. Solange wir Ihr Geld haben, macht es nichts, was Sie uns beweisen können oder nicht, und was es macht, das liebe Geld, das macht es für sich selbst, wer kann Geld heutzutage noch bezahlen? Es wächst auf Bäumen, das Geld, die Menschen schäumen schon vor Wut, weil diese Bäume so hoch in den Himmel gewachsen sind. Wir werden seinen Wuchs kappen, wir nehmen es auf unsre Kappen, daß jetzt wir es haben, das Geld, der Richter wird uns nicht richten, er wird uns Recht geben, die Zinsen wachsen Ihrem Geld bereits über den Kopf, obwohl sie so niedrig sind, daß Ihr Geld sich eigentlich bücken müßte, um noch irgendwo reinzukommen. Die Leute legen bereits in Medikamenten an, weil die Menschen ohnedies schon krank darniederliegen und weil alles andre zu billig ist.

Da die Geldwechsler im Tempel nicht mehr zu ihrem Geld kommen, das sie wechseln könnten, muß ich her, spricht dieser Herr hier, der des Gottes oder Gott selbst ist, nein, das ist nur sein Besitz, dieser junge Mann ist auch nicht mehr lebend dort runtergekommen, sogar sein Leintuch ist gefälscht, was nicht er in Auftrag gegeben hat, wie hätte er auch nach Turin gelangen sollen? Per Schlauchboot? Nicht zu empfehlen. Wahr ist aber, und wahrlich, ich sage es euch wieder mal: Bei manchen lohnt es sich sogar, daß man ihr Leintuch, ihr Totenhemd fälscht, und die Leute sinken davor in die Knie, damit man ihnen leichter von oben in die Brieftaschen schauen und ihnen etwas entnehmen kann. Sie sind lebendig und bleiben sowieso hier, aber egal, ob Sie bleiben oder nicht, wir behaupten einfach, Sie wären schon immer dagewesen. Er, der nie geboren, er, der immer war, Schubert wußte auch das, haben Sie sich sowas Ähnliches auch für sich vorgestellt? Sie sind doch auch immer schon dagewesen, Sie haben eine Bank, dort wird auch irgendwas gewechselt, es ist aber zu hoch für mich, ich kann es nicht überblicken, ja, Sie, Sie müßten es wissen! Wir sind für die Ewigkeit. Das Unendliche, das Sie sich gar nicht vorstellen können, ist total verschieden vom bloß Endlosen, das wegen seiner Gleichförmigkeit kein Wachstum zuläßt. Ja, ich spreche vom Geld, ich spreche von nichts anderem, auch wenn ich von etwas anderem spreche. Das können andre auch behaupten, aber lieber ist ihnen, sie haben es, das Geld. Was wollen Sie? Ich spreche doch nur! Weshalb treiben Sie meine Versammlung von fünf Personen, die ich zufällig traf, jetzt auseinander? Jeder Steuerflüchtling muß eine Menge Anstrengung dafür aufwenden, damit er auch nur halb soweit kommt wie sein Vermögen, das für eine ganze Überfahrt nicht reicht. Für das Geld haben wir einen Billigtarif. Wenn es angekommen ist, wird es wieder teurer. Für uns jedoch zählen nur die letzten zehn Jahre, in denen Sie so unglücklich gewesen sind, wie Sie dauernd herumjammerten, wer ist denn schon glücklich?, sehen Sie! Alles andre ist verjährt, wie Sie ja auch. Schauen Sie mal in den Spiegel! Wenn Sie fehlen, merkt es keiner. In Ihrem Alter sollten Sie nicht mehr in die Öffentlichkeit, die ist empfindlich geworden. So, und jetzt dürfen Sie das gar nicht mehr.

Der berühmte Haßdenker N., der Sie natürlich nie gesehen hat, aber sonst hat er alles gesehen, der meint, von Musik können unter Umständen, die wir erst herstellen müssen, die Erschöpftesten wieder aufgestachelt und die Halbidioten, nein, die Halbtoten wieder zurück ins Leben geholt werden. Also bei mir keine Spur davon, da hat die Musik an mir komplett versagt. Was habe ich gesagt, nein, nicht gesagt, geschrieben? Das bloß Endlose läßt wegen seiner Gleichförmigkeit kein Wachstum zu? Das war falsch. Wenn etwas gleichförmig wachsen kann, wenn auch nicht bei Ihnen, dann ist es das Geld. Wenn etwas exponentiell wachsen kann, dann ist es die Krankheit. Sie schulden es sich und Ihrer Familie, vorsorglich privat genug auf die hohe Kante zu legen und sich selbst dazu, falls Sie krank geworden sind, und zwar unbedingt ohne größere steuerliche Streuverluste. Generationen in meiner Familie, vielleicht auch nur eine, keine Ahnung, die haben Häuser gesammelt, eine Generation nach der anderen, seit Generationen ständig bauend, auf sie konnte man nicht bauen, weil sie doch selbst dauernd damit beschäftigt waren, sie haben das getan, um die Erde zu verdichten und zu verdecken, nein, verzichten tun wir auf nichts. Eins von unseren Häusern wäre einmal fast umgefallen, furchtbar, es hat sich schon zehn Zentimeter mindestens gesenkt gehabt, bevor es gehoben ward aus seinem sicheren Schotter-Grab, für das es noch nicht vorgesehen war, doch es mußte rein in den Kies, nicht umgekehrt; für den Baulöwen, der es gekauft hat, war das gar nichts, kein Problem, wenn man soviel Schotter und Kies fürs Renovieren hat. Ganze Bienenwaben entstanden so, die Bauherren haben mit Entschlossenheit Boden verdichtet und zugeklebt, so schnell wie ich Wörter vernichte, bis dort kein Gras mehr wächst; wo die Wörter alle, nein, die Häuser alle, nein, die Menschen alle, nein, die Blumen alle herkommen, die Blumen allerdings hingekommen, wo? Dort sind jedenfalls keine mehr. Ich lese die Adressen, Sobibor, wo hab ich den Zettel von der Datenbank jetzt wieder hingetan?, dort stehen sie aufgelistet, nein, Geld krieg ich keines von dort, Alma-Ata?, nein, dort nicht, es war ein Doppelname. Bergen-Belsen. Ich kenne diese Namen nicht, doch es sind alles Verwandte, und wer keiner sein will, den rechne ich mir auch noch zu. Sie sollen meine Stellvertreter sein unter der Erden oder oben in der Luft, damit ich mich unter ihnen wohl fühle. Selber atmen ist so gut, ich kann es empfehlen, das heißt, ich könnte es, hätte ich nicht dieses Asthma.

Waren wir schon bei den Jelineks? Hoffentlich nicht, es wäre nicht empfehlenswert. Ja, die Jelineks, die machen was mit, angeblich von einem jüdischen Bauernpärchen abstammend, seltsame Bauern. Daß die Juden waren, daß die das sein durften!, daß die sich das getraut haben!, unglaublich, aber bitte, ich kann es beweisen, die Papiere lügen nicht, meine schon, aber andre, und mein Werk lügt sowieso, meine Aufenthalte im fremden Land lügen, weil die Ausländer ja grundsätzlich lügen; einen guten Aufenthalt wünschen wir, steigen Sie bitte in Fahrtrichtung aus, sonst fährt der Zug mit Ihnen noch weiter. Den Aufenthalt können Sie sich gern nehmen, denn der gute Aufenthalt ist: etwas, was anderen Menschen vorenthalten wird. Greifen Sie zu! Elfi, du fängst schon wieder damit an, laß es!, laß die Toten ruhn, du gehörst noch nicht zu ihnen! Willst du irgendwelchen Gefährten Botschaften bringen? Willst du, daß die Geschosse, die du abschießt, endlich irgendwo haftenbleiben? Willst du dich der Bürokratie in den Weg stellen? Wenn du das schaffst, dann kannst du reden, vorher nicht!, aber wenns doch wahr ist!, laß es, wir sagen es dir nicht noch einmal, du lernst nichts, du willst nichts lernen und hast auch nichts gelernt. Der Staat, wer erkennt das alles außer Ausgeweideten, nein, Eingeweihten, der Staat hat also Vorbehalte gegen Sie?, ja, hat er, sagt er mir, bringt er vor, mein Anliegeort, mein Anlegerort, wo der ist? Schluchz!, ich habe doch gar keinen Platz zum Anlegen, obwohl mein Lebensschiffchen dringend nach einem solchen Ort sucht, genau wie andre ein paar schöne Inseln fürs Kapital suchen, wo war ich?, genau!, am Anliegeort, der mir so ein Anliegen ist, ein Anschiffungsort?, nein, den meint nur der Herr Minister fürs Innere, jetzt auch ein Ehemaliger, der sich aber lieber mit dem Außen beschäftigt hat, mit beidem ziemlich erfolglos, der ehemalige für die Finanzen steht schon vor seiner Richterin, den andren dort kriegen wir auch noch vor den Schranken. Und dann schieben wir einen Schrank vor die Tür.

Mein Liegeort ist nicht Kroatien, wo wir von der Hypo-Alpe-Adria-Pleite eine Marina geerbt haben und vielleicht gleich eine neue Kriegsmarina errichten könnten, um die Flüchtigen auf Dauer zu versenken. Aufwachen, und wärs zum Jüngsten

Gericht, aber möchte ich lieber in Wien, dort jetten die Engerl in ihrer Freizeit hin, ja, du, mein liebes Wien, wo das Elterngrab unter einer Eiche und fortwährendem Eichel-Bombardement still dahinruht, bestückt mit Papa und Mama, ob ich wohl dereinst auch dort ruhen werde? Nein, mit meinen Eltern möchte ich nicht begraben sein, die möchte ich nicht wiedersehen, nirgends, ich sags gern noch einmal, wie schon so oft, lieber öfter als oft, nein, auch im Jenseits nicht, wenn sich die Gräber öffnen spätestens, dann erst, keinesfalls früher. Sterben kann ein jeder, ich garantiert auch, ich werde es schon irgendwie zusammenbringen, ich warte bloß noch, daß sie mir den Termin nennen, derzeit stehn ja wegen der Seuche viel mehr zur Auswahl als sonst, aber auch diesen Termin weiß der Herr Staat sicher noch vor mir, doch er sagt es mir nicht. Ich bleibe still. Die Seuche schweigt auch, sie nützt ihre Energie, sich aufzuplustern und auszubreiten. Und sich wieder zurückzuziehen, wenn es opportun ist und wir optimistisch sind. Da möchte ich nicht dabeisein. Sonst würde ich womöglich in irgendeine Bewegung hineingeraten, und ich möchte keine Bewegungen, und ich möchte auch keine selber machen, obwohl sie mir und meinem Rückgrat guttäten. Da war ich schon mal drin – nie wieder!

Weil Sie von meinen toten Verwandten sicher schon genug haben, ich habe noch genug übrig, in dem Moment, da wirklich alle randvoll gesättigt sind, kommt zur Tür herein mein Ur-Oheim Herschel Jellinek, den sie anläßlich einer mäßig erfolgreichen Veranstaltung, der Revolution von 1848, in Wien liquidiert haben, für seine Schrift, allein für sein Schreiben, das kein Anschreiben war, keine Petition, wie die Behörde es gewohnt ist, sowas kriegen die Behörden millionenfach, weil die Menschen so gern flehen und flennen, die Behörden bekommen es dann schriftlich von ihnen, daß sie unrecht haben und Unrecht tun am Volke. Wer in Wien eine Revolution versucht, der verdient es wahrscheinlich nicht besser. Noch auf der Hinrichtungsstätte wollte er mit seinem Henker debattieren, der Herschel, was ihm nichts genützt hat, und den willst du auch noch als Zeugen benennen, geh bitte! Andre haben bessere Ahnen, haltbarere! Es war vollbracht, sprach der Gott der Juden, HaSchem, nicht wahr, nicht mein Oheim, keine Ahnung, was der auf der Schädelstätte sagte, es war viel, er hat noch viel zu sagen gehabt, sie haben ihn, sie haben beide umgebracht, es waren aber jeweils vollkommen andre Leute. Christus konnte noch seinen Ausweis vorzeigen, mehr nicht, sie haben ihm nicht geglaubt. Das Umbringen eine schöne Tradition von Einzelpersonen und von Staaten, einer mehr oder weniger, was ist das schon, und ich bin mit meinem Geschreibe ja nicht in Lebens-Gefahr, weit davon entfernt, am weitesten! Wieso machen die sich solche Mühe mit mir? Wozu? Ich bins, die sich hier Mühe gibt, mehr gebe ich nicht. Die haben eh schon alles, alle meine Schriften, sie haben sie sich heruntergeladen, alle meine Schriften, welche die Fingerchen ausstrecken, um auf sie zu zeigen, das kümmert sie nicht, sie haben sie abgehackt, sie haben sie von meiner Festplatte heruntergehackt, und jetzt kümmern sie sich um mich. Jeden Abend liest ein Steuerfahnder nun meine Werke der Gattin und den Kindern vor, und die wälzen sich dann vor Lachen am Fußboden. Sie haben sie beschlagnahmt, meine E-Mails, meine Schriftln, also einen Teil davon, ich habe keine Ahnung, welchen, ich nehme an, der private Teil wird sie mehr interessiert haben, obwohl der an Langweiligkeit nicht zu überbieten ist. Sie haben der Wahrheitsfindung nicht dienen können, meine lieben Schrifterln, die Wahrheit konnte nicht gefunden werden, auch dort nicht, hier nicht und dort nicht. Ja, die Schrift dient eben keinem. Wie wollen Sie unter 33 Archivkartons die richtigen finden, wo ich meine Geheimpapiere aufbewahre?, geheim deshalb, weil sie gar nicht existieren, das ist dann das Geheimste überhaupt. Wenn Sie wollen, daß niemand etwas über Sie erfährt, dann räumen Sie sich selbst weg und kündigen Sie alle Mitgliedschaften in elektronischen Vereinen, dann hat dafür Gott einen Kunden mehr.

Der Fleck von meinem Herzblut verschwindet nicht, er taucht immer wieder auf, nur ein paarmal Umblättern noch. Einmal möchte ich sie noch drücken, die lieben Schriften, ich sagte ausdrücklich nicht: drucken. Ich habe sie inzwischen wieder, gute Menschen brachten sie mir zurück, hoffentlich gehts ihnen halbwegs, hoffentlich haben sie sich wieder beruhigt, die Schriften in ihrem Gefängnis aus Schachteln. Das Verfahren gegen mich ist hiermit eingestellt. Ich bin außer mir, ich bin die Spurenträgerin, und jetzt stellen sie nicht mich ein, sondern mein Verfahren. Falls Sie eine Spur gesucht haben: Ich muß nicht nur mich, sondern auch die Spur, die ich zog, schleppen, auf meinem Rücken schleppen wie ein Stück Apfel, sonst kommt mir noch jemand auf die Spur, die ich hinter mir sorgfältig aufrolle und mitnehme, damit sie fürs nächste Mal nicht staubig wird, und wenn ich sie mit mir herumschleppe, findet mich hoffentlich niemand mehr, weil ich dann schon wieder woanders sein werde. Ich, die Spur und Spurenleserin in einem! Außer mir selbst möchte ich nun niemand mehr auf meiner Fährte wissen, ich könnte das ewige Schnaufen der Jagdhunde nicht ertragen, sie erwischen grad immer nur beinahe meine Ferse, immer nur Millimeter vorbei, sie haben meinen Abtritt, sie kennen meinen Geruch, doch sie kriegen mich nicht. Irgendwas von mir kriegen sie nicht, sagen wir es mal so. Mich selbst haben sie nicht gekriegt, und der Rest hat sich auch verdünnisiert, ja. Den Fußballkaiser haben sie zwar, doch es nützt ihnen nichts. Der hat es besser gemacht. Er hat des Kaisers gegeben, was des Kaisers war, der Kaiser war er ja selbst, 6,7 Millionen Euronen, mein Gott, was hat er bloß damit gemacht? Das erklärt mir keiner. Und er sagt ja auch nichts. Er muß auch nicht. Ärzte beschützen den Mann, eine Phalanx von Weißkitteln, die Eide abgelegt haben, daß sie einen nicht gleich umbringen, wenn man vor ihnen die Kleider ablegt. Das war früher so üblich, das machen wir jetzt nicht mehr. Der Kaiser ist jetzt nackt, aber sogar nackt noch bekommt er Respekt. Wer hat je nach seinen Kleidern gefragt? Keiner. Der Kaiser muß jede Aufregung vermeiden, er kann vor Gericht keiner Verhandlung mit wachem Verstand folgen. Er ist krank. Der Kaiser ist nicht nur unsichtbar und sichtbar gleichzeitig, sondern auch krank und gesund gleichzeitig. Aussicht auf Besserung? Angeblich keine. Und jetzt ist es für alles zu spät. Für mich ist es auch zu spät, nach Amerika zu fahren, weil ich das vorher noch nie gemacht habe. Für den Kaiser und mich ist alles zu spät, es ist verjährt. Bloß mir glaubt man es nicht, obwohl auch ich ziemlich bejahrt bin. Das Verjährte kriege ich noch hin, das Verkehrte ist mir schließlich schon oft gelungen.

Eine politisch mißliebige Person, ja, so sagte jemand beim Durchsuchen meiner Habe. Also meine eigens vergrößerten Ansichten wollen Sie in ein Fatal, nein, Fanal verwandeln? Fanale wollen Sie?, nein, bitte noch nicht!, ein Finale wäre Ihnen lieber, und zwar sofort, jetzt gleich?, nein, noch nicht, betrachten Sie erst noch das menschliche Antlitz dieser Greisin hier, ist die nicht schöner als der ganze Sozialismus, der längst gründlich sein menschliches Gesicht verloren hat, erinnern Sie sich noch?, er braucht es auch nicht mehr. Niemand kann sich noch erinnern, wie er einst ausgesehen hat, und die sich erinnern, die rennen schreiend weg, schon bevor sie ihn sehen: Gefahr! So, jetzt wir: Wir sind schon an der richtigen Adresse. Sie hassen Ihr Land, Beschuldigte!, das müssen Sie nicht und können wir nicht erfinden, das sehen wir doch! Sie hassen Ihr Land und wollen ein neues, das Sie nach Ihren Vorstellungen zu gestalten vorhaben?, und es soll ganz ohne fremde Gestalten auskommen, nur Sie werden vorkommen dürfen, Sie, aber die Regierung nicht? Was haben Sie gegen diese armen Menschen? Diese E-Mail und diese Mail und die dort auch, alle privat an Ihre Freunde, doch deshalb interessieren sie uns sogar ganz besonders: Sie sprechen dort von Haß, Sie sagen hier und hier und dort auch, wie Sie Ihr Vaterland hassen, daraus schließen wir, daß Sie dort nicht sind, nicht sein können, es dort nicht aushalten, wer außer Herrn Bernhard hält sich schon freiwillig dort auf, wo ihm alles verhaßt ist und er selbst auch allen verhaßt ist, in dem Kleinstland, dem Schrumpfgermanenland, das im Verdunkeln seiner selbst Weltmeister ist und immer noch Rekordhalter, obwohl die Ungarn schon stark nachdrängen, von den Polen vorangeschoben, so klein das Land, damit man es nicht mehr sieht, wo es seine Politiker plaziert, die keinen Tisch bestellt, aber immer einen bekommen haben, von dem nichts herunterfällt, beim besten Italiener der Stadt; es macht sich klein, aber oho!, dieses Land hat in seiner Winzigkeit doch recht oft alles um sich herum verdunkelt wie ein Rollo. Ja, aber bitte, gerade das gefällt mir doch so an ihm, schauen Sie nur, der ewige Richter rennt schon um nasse Fetzen, wie diese Frau im Deutschen Bundestag, die immer den Mund vor Ekel und Abscheu verzieht, wenn einmal ein andrer als sie redet. Der Richter holt schon den Feudel, wenn er mich nur sieht, aber was soll ich machen, das ist so meine Art, das bin ich so gewöhnt, gehen Sie zur Seite, die Deutschen finden sonst den Eingang zu sich nicht, und sie wollen doch ihr Innerstes vor uns ausbreiten. Dabei sind sie selbst es, die ihn verstellen. Wieso? Sie haben ja vorher den Weg zu mir auch gefunden, man hatte Ihnen die Adresse gegeben, ich selbst habe sie Ihnen gegeben, irgendwo ist sie aufgeschrieben. Bitte, wenn Sie unbedingt wollen, dann geh ich eben woandershin. Na klar, das tun Sie natürlich gern, weil Sie damit Ihre Einkünfte verdunkeln und danach auch noch zusätzlich vertuschen wollen. Sie tun Ihren Einkünften damit keinen Gefallen, nein, verdunkeln denn doch nicht?, es dunkelt schon auf der Simmeringer Heide?, nach Hause wolln Sie gehn? Das glauben wir jetzt aber nicht. Sie greifen nach irgendwas, um sich zu bedecken, und finden nichts, Sie sind ja sowieso bei nichts dabei, auch ein schöner heimischer Brauch, bei nichts dabeigewesen zu sein, niemanden zu kennen und nichts zu wissen und überhaupt.

In diesem kleinen Land halten Sie sich also vorwiegend auf, dort, wo Ihre Wiege stand? Das ist eine leere Behauptung, wo Sie doch ganz andre Länder zur Verfügung hätten!, wir haben sie schon aufgezählt, keineswegs vollständig. Das ist uns verdächtig. In Wirklichkeit ist Ihr Land doch viel zu klein für Sie, das lesen wir hier von der Platte herab, von der aus wiederum Sie auf Ihre

Heimat herabschauen. Wir lachen über Ihr Beginnen, das Ende wird auch nicht viel besser sein. Sie wollen doch immer nur nach Hause, doch auch in Ihrer Heimatgemeinde mag man Sie nicht, haben wir erfahren. Man hat es auch Ihnen bereits gesagt. Hier mag man Sie nicht, dort auch nicht, nirgends. Jammern Sie nicht herum!, es gibt gute Gründe dafür, aber bauen dürfen Sie dort nicht! Wo kein Baurecht, dort hat der Spekulant verloren. Er muß es sich erst erkaufen, das Recht, aber zuerst kauft er sich noch eine Zeitung, also die Fabrik, wo die Zeitung hergestellt wird. Das haben wir in der Zeitung gelesen.

Dort will sie also sein?, im Osten?, im Osterhasenreich?, wo sie ihre Eier versteckt hat und die Schuld auf den Osterhasen schiebt, wenn man sie findet, die versteckten Eier, echt jetzt?, wo man Sie versteht, aber nicht liebt, das ist Ihr Problem, das ist auch das Hauptproblem von uns Deutschen. Uns kann man nämlich nur lieben, wenn man uns nicht versteht. Denken Sie an die amerikanischen Jungfraueninseln, denken Sie an Georgien, Mazedonien, Montego, Montenegro, Serbien, USA, US Virgin Islands, siehe oben, das sind nur die Oasen, die wir ausdrücklich empfehlen können, es gibt noch andre, weniger empfehlenswerte, weil dort die gesamte Führungsmannschaft dauernd ausgetauscht wird. Trotzdem, über eine Übersiedlung Ihres Geldes würden wir an Ihrer Stelle positiv nachdenken. Ist das dort auf dem Foto Ihre Fernsehliege? Dort liegen Sie falsch, die ist kein Beweis, daß Sie je da waren, und sehen können Sie sowieso nichts. Ihr Land ist Ihnen zu klein? Das kann nicht sein! Ihnen ist es zu klein, den Flüchtigen auch, andren wiederum zu groß? Wer sieht Sie dort?, niemand!, na eben.

Ha! An Ihren Augen habe ich Sie jetzt erkannt! Vor einem leeren Hintergrund, auf dem zwei Milliarden stehen, auf die würde ich auch stehen. Schade, daß es die gar nicht gibt. Schade, daß Sie jetzt in Rußland, in Weißrußland oder aus schwarzem Geld in Rußland oder was weiß ich wo sind und daß Sie gar nicht mehr ausschauen wie auf Ihrem Foto. Wie haben Sie das gemacht? Unkenntlichkeit käme auch mir sehr gelegen, bitte, können Sie das nicht gleich mit meinem Gesicht auch machen? Erkenne dich selbst nicht mit dieser blöden Maske! Das im Spiegel kann unmöglich ich sein. Ich möchte bitte jünger aussehen. Wo kann ich das machen lassen? Die einen kennen Ihr Gesicht nicht, die andren nicht Ihren Namen, und die Ihren Namen kennen, können mit Ihrem Gesicht wiederum nichts anfangen und verbergen es unter diesem Stück Gewebe. So kann kein Mensch mehr vom andren kosten. Mit den Milliarden könnten Sie sicher einiges anfangen, aber die sind verschollen, bevor sie noch leben und sich verausgaben durften. Der Ablauf der seelischen Vorgänge wird automatisch durch das Lustprinzip reguliert, das heißt, keine Ahnung, das heißt, so steht es geschrieben, wenn auch nicht in der Bibel, wir glauben, daß dieser Ablauf, falls er überhaupt läuft, jedesmal durch eine unlustvolle Spannung angeregt wird und dann eine solche Richtung einschlägt, daß sein Endergebnis mit einer Herabsetzung dieser Spannung, also mit einer Vermeidung von Unlust oder Erzeugung von Lust zusammenfällt. Aber bitte, danke, das habe ich doch nicht gewußt! Also wenn ich das gewußt hätte! Daß man durch Vermeidung von Unlust Lust erzeugen kann, dann hätte ich mich für die Lust nicht immer so angestrengt. Ich wäre ihr nicht so nachgerannt. Die Schönheit der Masse, welche zum Lustappell angetreten ist, und damit führen wir den ökonomischen Gesichtspunkt in diese Arbeit ein, die nicht meine ist, die Schönheit also ist nicht zu fassen, von niemandem, warum sollte ich es also versuchen? Na schön, ich versuchs, die Schönheit der Massen kann zum Beispiel durch helltürkise Sweatshirts erhöht werden, wo die herkommen, dort gibts noch mehr, aber es muß schon eine Menge davon zusammenkommen, damit die Masse einen Eindruck hinterläßt als blinder Fleck, und damit man sie als Masse überhaupt wahrnehmen kann, hat man den Fleck in diesem gräßlichen gräßlichen Ton eingefärbt. Angepaßte Kleidung, ich meine passend, und alle die gleiche!, kann dabei helfen, ein riesiger türkisfarbener Block in der Wiener Stadthalle, da habe ich etwas verstanden, so fängt Totalität an, und zwar wenn alle total das gleiche anhaben. Hier, Freunde, laßt euch nieder, willkommen, hier könnt, hier müßt ihr bleiben, hier wird gesungen, aber nur einmal. Beim nächsten Mal wissen wir es schon und sind ruhig, wenn die neue Stelle mit den Töchtern kommt, nicht nur die Söhne sollen genannt werden, aber bessere Stellen kriegen sie dadurch auch nicht. Warum kommt jetzt nichts? Wir wollen unseren Bernhard wiederhaben! Ach, wenn der nur wiederkäme!, wir machen schon eine Liste, worüber er dann schreiben müßte, der wird staunen, wieviel es dann für ihn zu schreiben geben wird, dafür braucht er mindestens noch drei Leben und wird immer noch nicht fertig sein. Ich an seiner Stelle würde nicht wiederkommen, denn das würde eine Wahnsinnsarbeit für ihn bedeuten, was da von ihm alles verlangt wird.

Was? Diese Frau? Welche? Egal. Die Frauen sind doch alle gleich. Wer mich kennen würde, der könnte mir nachfolgen, aber noch bin ich da und brauche keinen Nachfolger. Doch meine Verfolger, die sind da; hören Sie, Sie glauben mir nicht, aber ich habe welche, auch Paranoiker können verfolgt werden. Vorhin hab ich sie noch gesehen, nein, ich nicht, ich war nicht da, das kann nicht einmal Pilatus von sich sagen, er kann nicht sagen, ich war nicht da, weil ich derweil Pilates erfinden mußte, um ordentlich abzucashen, geh bitte, muß das sein?, diese depperten Witze dauernd? Und dennoch, so viele folgen mir nach!, nein, ich schau nach: Es sind gar nicht so viele. Das ist so tief, das Ganze ist zu tief für dich, Elfi!, du kannst eh kaum schwimmen. Ach was!, wer liest das schon, wer liest das denn, lese ich gerade über mich. Aber bitte, man kann es sich doch auch mal anschauen, selbst wenn man nicht lesen mag! Ein kleines Foto kann schon genügen, dann werden noch viel mehr Menschen neugierig und werden mich kennenlernen wollen, dazu wurde das Kleinformat ja erfunden, damit man es überallhin mitnehmen kann und den Nachbarn nicht stört, der genau dasselbe liest. Es paßt auch in jedes Gehirnformat, sogar wenn Sie fahren in der U-Bahn, essen dürfen Sie dort nicht mehr, aber kleine Blätter auflesen, damit die nicht so herumfliegen, das dürfen Sie. Sie werden einmal drinstehen, Ihr Bild wird vielleicht nicht auf der ersten Seite sein, aber immerhin. Und es wird nicht das Feld der Ehre sein, auf dem Sie fallen. Aber bitte, danke, bitte, danke. Nach mir ist es eh unwiderruflich aus mit den Jelineks, schonen Sie mich bitte, sonst gibts schon heute keine mehr! Mit unseren Jelineks jedenfalls: Schluß. Es gibt keine von den Unsrigen, es gibt keinen nach mir mehr. Schonen Sie mich! Sagen Sie bitte dieser Kette, daß sie jetzt endet und man schon den Verschluß anbringen kann, von mir aus auch an einer Zellentür. Im Sarg dann werden Sie eh nichts mehr zu tun haben, ohne Zeit zur Eingewöhnung, nein, lassen wir das, die Toten vergessen wir jetzt einmal, dann geht es wenigstens uns besser.

Gleich ans Kreuz annageln würden sie mich schon nicht, hoffe ich zumindest, möglich ist alles, sie würden mich dort, ans Schandholz, vielleicht ankleben?, mit Komponentenkleber, wo ich doch so viele Komponenten habe, die Sie alle noch gar nicht kennen, nein, die Sie noch nicht alle kennen?, wie wärs damit?, damit ich meinen Hängeort wechseln kann, je nach Licht und Schatten, damit mir ihre Sonne nicht so ins Gesicht scheint, während ich das alles beschreibe, es aber nicht richtig hinkriege, weil mir die Sonne so ins Gesicht knallt und mich für mich selbst verblendet, verfugt, verschmiert, und damit es schöner ausschaut. Mit der neuen Sonnenbrille noch schöner.

Hunding hat sich bereits auf sein Pferd gesetzt, das aber nur wenige Stärken besitzt, was ihn natürlich ärgert, den Hundling, es hat auch keinen Rückwärtsgang, zumindest kriegt man ihn nur schwer rein, das ist noch das geringste seiner Leiden, er hätte auf ein andres Pferd setzen sollen! Die Hundings: Deutscher gehts nicht, das hat Wagner kapiert, und die bringen dann die noch Deutscheren um, und alle, die nicht Deutsch können, erst recht. Sie jagen sie unerbittlich, sogar in fernen Ländern, wohin sie ferner liefen, um ihre Beute in Sicherheit zu bringen, wollen sie sie ans Kreuz schlagen, doch da hing halt schon jemand, besetzt! Auf die Deutschen hat die Welt gewartet, und da sind sie auch schon. Wer sie nicht sieht, den gehen sie auch nichts an, dem gehen sie nicht ab. Hören Sie das Horn, das Siegfriedshorn drometten?, wie schmeichelhaft, daß Sie das eigens für mich aufgeboten haben, jetzt fehlt nur noch das letzte Aufgebot, daß Sie mich auf Dauer an Ihrer Seite dulden, und das Angebot, sich mit mir verbinden zu wollen. Seien Sie ruhig! Ich versuche hier ernsthaft, einen Knopf anzunähen! Ich höre es, ich höre das Wort, ich höre den dazugehörigen Ton, und ich reiße den Faden schnell wieder heraus. Der Knopf schreit, weil er noch nicht die richtige Festigkeit hat. Da kann man nichts machen. Ich muß weg.

So, und er reifte rasch zur Tat, der Gedanke, gedankenschnell, wie er halt ist, da sind sie sich einmal einig, aber wirklich nur dieses eine Mal Einigkeit, wenn die Nazis wiederkommen, und da sind sie schon, hier sitzen sie, gleich werden sie sich teilen in zwei Flügel, raten Sie, wer gewinnt! Taten werden folgen, sie rütteln an mir, aber zumindest an meiner Schuld ist dafür nicht zu rütteln. Ich habe wie gesagt in den letzten Jahren, da ich noch unbeschwert leben durfte, weil sich niemand über mich beschwert hat oder was von mir wollte, da habe ich selbst leider jede Menge Beschwerden geführt, diese Politik hat mir nicht gepaßt, jene auch nicht, ich habe eine andre probiert, sie aber sofort wieder unter Getöse fallengelassen und mich in der Wahlkabine entsetzlich vor meinen teuren, nein, billigen Ahnen geniert, da brauchte ich also mein Bildnis im Spiegel nicht einmal zu sehen, schon wußte ich: Das kann ich nicht sein. Ich? Niemals! Mein Bewußtsein liefert mir Wahrnehmungen von Erregungen, die aus der Außenwelt, in diesem Fall einem klaren Spiegel, kommen, während die Unlust dabei eindeutig von mir stammt. Viele mögen mich nicht, sie vermögen aber nicht viel, das geht den meisten Menschen so, sie werden nicht gemocht und nicht gewürdigt, dafür aber eingeschätzt, da sie ihre Steuererklärung nicht rechtzeitig abgegeben oder überhaupt zu wenig verdient haben. Vielleicht eine Zweistaatenlösung gefällig? Die Ösen wären sofort dabei. Doch ich, ich kann von mir mich nicht lösen, ich hänge so an mir. Diese Frau hat sich die Finger einfach schon zu oft verbrannt. Daß die überhaupt noch schreiben kann mit ihren verbrannten Fingern, nein, das war eine andre Dame! Die mit der verbrannten Hand geschrieben hat, die bewundern wir so, leider ist sie schon tot. Herrliche Gedichte, wunderbare Prosa, alles picobello.

Ich möchte Sie an dieser Stelle davon in Unkenntnis setzen, daß es sehr notwendig für mich war, dies alles hier aufzuschreiben, für Sie nicht, aber für mich! Viel zuviel natürlich und immer noch mehr, alles mindestens zehnmal, gleich kommt der nächste Schwung, denn wo dies herkommt, ist noch mehr, wie immer, immer mehr, es geht leicht auch zwanzigmal, nichts davon ist mir passiert, aber ich möchte es doch sagen dürfen! Sie merken sich das nicht, doch es ist wahr. Sie sehen nur die Notwendigkeit, Not vom deutschen Staat abzuwenden, der seine eigenen Bürger ausquetscht, wenn er keine andren findet, die er jedoch erst einmal erobern müßte, vielleicht in Afrika, dort haben sie schon einmal so großen Erfolg gehabt, wenn auch nicht lange!, das könnte man doch verlängern, dieses wertvolle Engagement! Die Chinesen sind bereits dort. Nicht nur gute Menschen dürfen sich engagieren! Faßt Mut, ihr Afrikaner, ihr Kinder! Ihr Kindnation! Ich will freundlich zu euch sein, da versinkt ihr schon in schlecht gebaueten Booten. In unseren Staat, neinnein, dorthin kommt ihr nicht! Wenn er euch rettet, dann kehren sich die eigenen Bürger gegen ihn, denn es gibt keine Gründe, warum die alle in diesen einen, einzigen Staat hineinwollen, sich auch noch mit hineinzwängen wollen, und wenn man diesen Staat umdreht, was leicht geschehen kann, wenn man nicht aufpaßt, dann kommt kein Menschen-Smoothie raus, auch nicht, wenn man ihn ausquetscht, den Staat, denn das haben sie vor, die Fremden! Moment, da sind schon wieder ein paar Messer und Maschinengewehre rausgefallen! Und wir haben dafür gezahlt! Den Menschen, nein, nicht diesen, geben wir ihnen doch eine Reihe starker Szenen, nein, die hatten sie schon. Nicht hier, das täten wir gerne, doch das können wir nicht, aber in der Tagesschau, im Tagesschutz, also in der Schutzhülle des Tages zum Beispiel oder in 24 Talkshows pro Woche, immer zu derselben Zeit wird gesaugt und ausgespuckt, der Mundschutz flattert im Atemwind, den die lieben Gäste erzeugen, es wird alles herumgedreht, bis es ganz schwindlig ist. Und endlich herrscht Einvernehmen darüber, daß man dem dramatischen Knoten eine eigene Notwendigkeit geben sollte, oje, das kriege ich nicht hin. Ich schreibe ja nicht über Menschen. Ich kenne die gar nicht. Sie kommen trotzdem. Für die Not sorgen wir dann schon selbst. Das stimmt, zugegeben, ich sehe bei mir keinen sonderlich dramatischen Knoten in der Brust. Die Menschen bleiben liegen, weil keiner sie dort braucht, wo sie hinwollen, woanders aber auch nicht, wie unser junger Herr Ex-Bundeskanzler, der schon oft besuchsweise im sogenannten Waldviertel war, bis er einmal ganz weg war, meint und sagt, denn er sagt immer, was er meint, oder so ähnlich, man weiß nie, was er meint, oder meinen Sie etwa etwas anderes?

Nein, die eigentliche Frage, die ich stellen würde, lautet: Was wird jetzt mit dieser Straße, schauen Sie sich die an, sie ist in der Mitte unnatürlich gewölbt, so gerissen, geplatzt halt, das ist das Wort, wie voriges Jahr die Haut über meinem Schienbein, beim Übersteigen einer stählernen Begrenzung, echt arg!, über sowas beklage ich mich schon! Wie wird das erst werden, wenn ich wirklich Grund dafür habe? Dabei geh ich eh schon nirgends hin, und wenn ich mal gehe, dann muß ich fallen, wenn auch nicht fürs Vatiland, ja, dieses Geschenk des Fallens habe ich mir ganz alleine gemacht. Da muß etwas geschehen. Die Schreiber glauben wohl, für sie gebe es keine Grenzen, das müssen sie dann halt lernen, eine kleine Einfriedung genügt schon, dann ist Friede für Elfriede, so, jetzt bin ich endlich unten angelangt, am Boden, aua, das hat wehgetan. Bitte, danke vielmals, ich bin beruhigt, Sie können sich auch beruhigen. Die Haut ist also aufgeplatzt, zehn Zentimeter lang, mindestens, ungefähr so lang. Ich würde das nicht in Frage stellen, daß der Staat das Geld braucht, um Krankenkassen zu bilden und fortzubilden, bis nur noch eine und dann keine mehr da ist. Alle durchgefallen. Es fehlt nur noch Ihr Beitrag dazu. Er wird überwiesen und aus. Ja, aber doch nicht jedes Geld, jedes braucht er nicht und bekommt er nicht, der Staat. Jedes Geld steht ihm nicht zu, das andre dort auch nicht, vor allem nach den Verbrechen, die er früher begangen hat und von denen ich andauernd rede. Die neue Farbe, flüchtig aufgetragen, aber doch, steht Ihnen gut, finde ich. Mir würde sie vielleicht auch stehen, doch ich finde sie nicht im Netz. Wahrscheinlich wurde sie bereits ausgetauscht. Dieser Staat braucht einen eigenen Parfümeriemarkt, um uns alle einzufärben, wie es ihm paßt. Seien wir Idealisten! Glauben wir an den Markt. Nein, an den nicht. Bleiben Sie uns fern, wälzen Sie sich in Ihrem eigenen Schlamm! Unseren kriegen Sie erst, wenn etwas mehr Regen gefallen ist und die Schweinezucht und die Schweineordnung und die Schweinejauche sich fürs Schweinesystem wieder rentieren. So, da haben wir den Salat, der ist jetzt auch vergiftet.

Hör mal, du plumpe Totendompteuse: Die dienen dir nicht, die Toten, und du brauchst ihnen auch nicht mehr zu dienen, du hast es probiert, es ist nicht gelungen, sie wollten alles alleine machen, ohne dich in der Nacht erscheinen, deutsche Liederbücher schänden, mittels Gesangs schänden, ausgerechnet!, ach was, tut doch keinem weh!, außer das Virus schändet mittels Gesangs dann die gute Atemluft. Na, dann sind sie wieder gegangen, die Wiedergänger, es wurde ihnen zu blöd, die ganze Bettelei um Anerkennung als Berufstote, denen eine Mindestleistung zusteht. Umgeh die Stolpersteine für sie, ja, andre wieder kennt keiner, und so viele Taferln haben wir nicht, keiner kennt die Namen, auch die meiner toten Verwandten nicht, ich kenne sie ja auch kaum. Daher nur ein einziger Nagel, noch ein Nagel zum Sarg unsres Untergangs, des Untergangs des Hauses Asche, umgeh alle Stolpersteine, tritt nicht drauf, reite nicht auf ihnen herum, das geht nicht, nein, was draufspritzen oder eine Creme draufschmieren darfst du auch nicht, aber die merken das sowieso nicht, ob einer auf sie drauftritt oder nicht. Die liegen ganz woanders. Die wurden ins Gemäuer eingefügt. Fügen mußten sie sich sowieso.

Schauen Sie, wenn ich noch einmal ausschweifen darf, das tue ich nämlich am liebsten: Der Fußball zum Beispiel, der geht niemandem auf die Nerven, der ist etwas für alle, der einigt alle, diese eine ganze Weltmeisterschaft war für alle gedacht, denn Deutschland denkt immer an alle, wenn es an sich denkt. Und daher wurden sämtliche Vorwürfe an seinen Verstand, nein, seinen ehemaligen Vorstand, den Fußballvorstand in Zürich, wo die Balltäuscher sich über ihre Bedeutung getäuscht haben, jetzt fallengelassen. Mich haben sie schon vorher fallengelassen. Das ist so gemein. Ich habe für sie gearbeitet, habe was Hübsches für sie geschrieben, damit die Weltmeisterschaft erst mal überhaupt in Gang käme, ich wurde von der Steuer abgeschrieben, keine Ahnung, wurde von allen abgeschrieben, ich wurde von den Fußball-Leadern abgesetzt, bevor ich noch als Senior Cheerleader in meiner eigenen Liga auftreten konnte, und dann nichts, dann war nichts, es wurde nichts eröffnet, es hat einfach begonnen und aus, und alle waren zufrieden. Ich habe nichts bekommen, abgeschrieben wurde ich trotzdem. Vielleicht hätte ich das auch probieren sollen? Etwas abschreiben, das gar nicht ich geschrieben habe? Also bitte, das habe ich tausendmal gemacht! Vielleicht hätte ich ein Bubenstück versuchen sollen anstatt immer nur Mädelstücke? Nein, für Frauenschaftsfußball ist ein andrer zuständig. Einen Augenblick Aufmerksamkeit bitte, gleich ist es wieder vorbei, und schon bin ich wieder abgesetzt und abgeschrieben, ohne daß ich davor etwas von der

Kohle, die mir dafür versprochen ward, gekriegt hätte. Die Luft verpesten kann ich auch ohne Kohle. Vielleicht können diese Leute die ganze Weltmeisterschaft der Liebe zu den Deutschen und der Freude der Deutschen selbst, vielleicht können sie die ganzen Kosten jetzt endlich selbst absetzen? Ich sehe schon die Absetzbewegungen. Vielleicht können die Deutschen die Kosten ihrer Weltmeisterschaft zur Gänze absetzen, und wenn das nicht geht, dann halt notfalls absitzen? Probiert haben sies zumindest. Deutschland ein Sommermärchen, im Winter geht es ins Hallenbad, und Märchen erzählen sie so viele, daß mir die Ohren gellen, die Phantasie an die Macht!, und meinen schönen Sportchor für die feierliche Eröffnung konnte ich wieder ungehört, unerhört ist das!, einpacken gehen, bevor er überhaupt begonnen hat. Der Fußball nicht, nie! Der bringt schließlich Geld, nur mir bringt und gibt er nichts.

Ich ändere die Stellung, habe aber immer noch niemand zum Ficken, mit dem ich sie ausprobieren könnte. Ich habe keine Stellung, ich bin frei, ich bin außerdem noch freigestellt, sogar als Freie noch freigestellt, ich kann mir nicht aussuchen, wovon. Das Fertigbestell-Abkommen bringt mir schöne Sachen ins Haus, das Fertigstellabkommen, welches ich mir im Baumarkt selber ausstelle, damit ich mich später wieder zusammenbauen kann, nachdem sie alles total zerstört haben, das nimmt mir alles. Eine neue Leiter könnte ich auch brauchen, damit ich wieder auf mein hohes Roß hinaufkomme. Okay, zuerst zusammenbauen, dazu brauch ich jetzt noch diese Schrauben und diese Dübel dort und diese Flaschen, nein, Flansche, welche undicht wurden, und dann kann ich es nicht aussitzen und nicht absetzen, weil ich es erst mal zahlen muß, und wenn ich es absetze, müssen sie mir das alles wieder zurückgeben. Oder so, aber echt! Der sie schuf, die Schrauben, jener, welcher die Vorschreibung verschrieb, nein, ein andrer, ich weiß nicht, was der macht, der hat jedenfalls die geringste aller Steuerlasten zu tragen, nämlich gar keine, geringer als diese Schraube

Gewicht tragen muß, und das ist eine super Schraube. Dieser Mann hier hat die Schraube erfunden, so ein einfallsreicher und reicher Mensch, die Idee ist ihm gekommen, weil ihm ein Regal immer wieder zusammengefallen ist. Er hat die Schraube erlöst von ihrer Nichtexistenz, bis dahin war jeder ihrer Wege ein Irrweg. Die Schraube schwankt jetzt zwischen Klang und Sinn, zwischen Dübel und Mauer. Sie drehte sich im Kreis, ohne es zu wissen, aber sie bringt ordentlich Ernte ein. Es ist leicht, etwas zu entdecken, nachdem einem gezeigt worden ist, wohin man schauen soll. So wird es gesagt, nachdem die Bücher gefälscht wurden. Niemand schaut hin. Es kommt zu Mißverrechnungen zwischen inländischen und ausländischen Unternehmensteilen (Stiftung!), nein, der nicht, schauen Sie woandershin!, der Schraubenkönig, der ist ja nicht blöd, der geht ordentlich stiften, alles einwandfrei, so schauts aus, hören Sie mir zu: Zuerst zahlt er die Hälfte, dann noch ein Vierterl zahlen seine Erben nach ihm, und was bleibt dann übrig? Nichts bleibt übrig, außer für ihn selbst natürlich. Wo nichts ist, hat der Staat sein Recht und die Schraube ihren Halt verloren. Halt, nein! Die Notdeutschen, die Ostdeutschen bleiben irgendwie immer übrig, wie früher, obwohl sie längst verschwunden sind. Irgendwo müssen die Leute ja umgebracht werden, die Ausländer, die Juden, die Mohammeds, die Schischabubis aus dem Orient, die alle angeblich einem einzigen Clan gehören. Dort drängen sie sich und schleppen Schätze in ihre Höhle. In ihnen lebt dieses verstorbene Land recht gut weiter. Es lebt natürlich auch in weinenden, klagenden, mit Ziegelsteinen schlagenden Herzen fort, die so gern weiter schlagen würden, doch sie finden niemand dafür, der sich freiwillig für die Liebe anmeldet. Sie müssen andre, Unfreiwillige, suchen. Sie suchen schon die ganze Zeit. Diesem Staat ist es verschrieben worden, übrigzubleiben. Ostdeutschland ist nicht in der Schweiz, eher im Gegenteil, hat aber noch immer Vermögen dort liegen, das aber wiederum der kommunistischen Partei Österreichs gehört, das hab ich gehört, ja, und schon kann ich es beschwören, ich beschwöre immer sofort alles, was ich gehört habe, der Dübelfabrikant auch, nein, er vertritt nicht die kommunistische Partei, im Gegenteil, seine Stiftung ist ja in der Schweiz, weil er so furchtbar Angst hat, es wird in Deutschland wieder der kommunistische Teil gewinnen, an den sich zwar keiner mehr erinnern kann, doch wer weiß! Die Schweiz ist des Oberschraubers ewiger Jagdgrund, natürlich ist es nicht er, der gejagt wird, was fragen Sie so blöd?, dort kann er seine Trophäen anschrauben, nein, er ist inzwischen woanders, glaube ich, wo es noch mehr Sicherheiten gibt als durch die Schweizergarden, Blödsinn, mehr Sicherheit gibt es nirgends.

Die Schweiz ist jetzt wieder ehrlich und darf es bleiben. Sie darf bleiben, wo sie ist. Und wo bleibe ich? Leider wurde dieser Mann, der Vorgesetzte der Schrauben, die ihn doch so brauchen, damit sie wissen, in welche Richtung etwas gedreht werden soll, der wurde also dafür bestraft, daß er die Wahrheit sprach: Es waren nur Verrechnungs-Mißstände, da steht nichts vor, da zerreißt Ihnen nichts, ich bin erleichtert. Ach, könnte ich doch auch was Richtiges herstellen, das man auch wirklich braucht! Das Freistellungsabkommen, das Befreiungsabkommen oder nein, das Doppelbesteuerungsabkommen soll irgendwas verhindern, keine Ahnung, was. Daß man mit einem Hintern auf zwei Kirchweihen tanzen kann? Zahlt man sie in einem Land, die Steuer, und zwar weil es die Steuerhoheit hat, wahrscheinlich ein vorgeschobener Grund, dann ist man im anderen Lande freigestellt, befreit, ja. Das also soll die Freiheit sein! Und gleich so viel davon! Immer habe ich für sie gekämpft, und jetzt muß ich mich ihr kampflos ergeben. Früher habe ich geglaubt, das alles zu verstehen, aber jetzt? Was ich auch verstehe: Das Gegenteil ist wahr. Es soll also etwas verhindern, oder?, das Abkommen meine ich, nicht meine Nachkommen, die ich nicht habe, von meinen Vorfahren fehlen leider etliche, was meinen Sie mit verhindern? Eine Invasion von außerirdischen Fremden, die hiesigen genügen uns aber schon, unwahrscheinlich daß Menschen doppelt vorhanden sein dürfen, also in Deutschland sicher nicht!, nicht mit uns!, wir sind einmalig! Erst wenn sie nach ihrem Tod wiederauferstehen, wird es sie wieder doppelt geben, beide Teile werden in ihrer Bewegungsfreiheit doch sehr eingeschränkt sein, oben der berühmte deutsche Geist, unten die Füße und die kaputte Erde, die von vielen vollkommen abgelehnt wird, sie wollen eine gesündere, bessere, nein, jetzt noch nicht, später, es sei denn, jeder von beiden deutschen Landen zahlt in den Staat ein, zuerst in den einen, dann in den andren, in der Schweiz weniger, im Zug nach Zug, entschuldigen Sie, das war jetzt wieder unbillig, aber wahr, in diesem Zug kann man es sich zum Beispiel mit diesem Herrn, der sich im Moment beruflich in Kanada aufhält, diesem einstmals mit harter Hand herrschenden Teilchenlieferanten für Autos und Erzieher für Minister, etwas ausmachen, keine Ahnung, was, falls er zu diesem Zeitpunkt noch nicht tot ist. Alles Verhandlungssache, wieviel einem genommen wird, nur wenn das Herz versagt, kann man mit dem neuen nicht verhandeln, nehmen Sie es, oder sterben Sie, zwei Menschen zahlen also für einen, nein, Moment, einer zahlt für zwei, damit die Milliardäre gar nichts zahlen müssen, wie dieser Pharma-Milliardär, er ist so stolz, daß er damals keine müde Mark, und heute in Euro ist es sogar noch weniger!, daß er null gezahlt hat bei der Übernahme, nein, beim Verkauf, von seiner Seite aus betrachtet: Verkauf. Er war so rührend stolz darauf, keine Steuern gezahlt zu haben, er ist fast geplatzt, er hat auch mein Herz gerühret, ich hab im Traum geweinet. Es wird unmöglich sein, uns beiden zu entrinnen, entkommt man der einen, erwischt einen der andere. Mir doch egal, ob einer zahlt oder nicht, aber eine, die zahlt, das bin doch nicht ich, oder doch?, und das alles nur, damit er ein Stück Schule und ein Kilo Krankenhaus dafür zurückbekommt, aber bitte ohne die Krankheit!, die würde Extra-Kosten verursachen, obwohl ja immer weniger Menschen von ihr zurückgelassen werden, ein Krankenhaus, bitte, danke, in das er sich dann hereinlegen lassen und hineinlegen kann. Diese Corona macht auch vor den Reichen nicht halt, aber noch lieber frißt sie die Armen, die machen für die Krankheit halt, wenn der Tod hält gnädig an für sie, nein, um sie. Oft das einzig Gnädige, das ihnen passiert. Ja, sie hat ihr eigenes Reich, die Krankheit, und das Transplantat von Haaren oder Organen, welche nicht staatlich sind wie diese Herren hier, die in meinen Schubladen herumwühlen und meine Plüschtiere runterschmeißen, kostet ja auch was, nämlich einen andren das Leben. Das wird alles, ich sage immer alles, wenn ich nicht genau weiß, was genau, all das wird vom Staat gesteuert, daher nennt man das, was wir zahlen müssen, die Steuer, weil wir alle gesteuert werden müssen, sonst wissen wir nicht mal, wo wir wohnen, und können es daher auch niemandem sagen. Dieses Wissen brauchen wir jedoch, wenn wir ein Formular ausfüllen sollen. Bei mir haben sie aber schon etwas hart ins Steuer gegriffen.

Interessant wäre für mich, etwas, das ich gar nicht bekommen habe, von der Steuer abzusetzen, so wie den Roman, den ich einfach verschenkte (nur keinen Neid!, es ist genug für alle da, auch für diejenigen, die nichts zu verschenken haben); ungefähr wie der deutsche Fußballbund, welcher für etwas, das er nie bekommen und nie bezahlt hat, einen ordentlichen Haufen hingesetzt, ich meine abgesetzt hat, keine Ahnung, ob der immer noch da liegt, ich hab ihn jedenfalls nicht. Der liegt wahrscheinlich vor einer andren Tür. Dem Fußballbund glaubt man natürlich, mir nicht, da müssen sie schon persönlich antanzen, so wie sie eingedrungen waren, so gingen sie wieder raus, etwas schwerer als davor, mit ein paar armen Werken, Notizen, Briefen, mit von mir Verworfenem in Kartons, die dereinst, irgendwann später halt, wenn ich keine Wärme mehr brauche in meiner kleinen, gemütlichen Truhe, zur Wärmedämmung von Einfamilienhäusern bestimmt sind, ich habe das so bestimmt, und zwar schriftlich: Das wird geschreddert und dann mit Leim verklebt, und fertig ist der Wärmeverdämmerungsziegel. Ja, aus diesen Papieren können Sie mir keinen Strick mehr drehen. Nehmen Sie was andres! Ein Schiff wird kommen, nein, ein Kleinlaster, meine Laster sind ja auch klein, bitte um Entschuldigung, ein Laster wird kommen, mit einem Schredder auf der Ladefläche, und dann wird fleißig geschnitzelt, geschnetzelt, verschrotet, verkornt, ein Korn zwischendurch, ich habe sogar einen schön gebauten Probeziegel zu Hause bei mir liegen, gebildet aus verworfenen Sprechteilen, die sich nicht wieder zusammenfügen wollen. Ich werde mich fügen müssen, wenn der Tod anklopft, die nicht. Es wird neu erstehen, mein Werk, in andrer Form, aber doch, so stelle ich es mir vor, dafür habe ich es hergestellt, es wird erstehen wie Christus, es wird angenagelt werden und nützlich sein wie jener, welcher er sein Kreuz hiergelassen hat, falls noch einer raufwill. Der Staat hat Angst, daß zu Ostern die Anarchie ausbricht und die Leichenberge in den Himmel wachsen, bis man sie nicht mehr bergen kann. Kühllaster stehn bereit, doch sie sind schon voll. Sogar in den Parks ist schon kein Platz mehr. Schauen Sie sich bloß diese Kühlwagen an, nein, das gibts nicht! Früher haben wir Leute dort erst mühsam umbringen müssen, jetzt kriegen wir schon die fertige Ware geliefert. Was aber an Werken bleibet, egal, wo ihr Schöpfer herkommt, das sind die Männer, die hat man uns übriggelassen, die hat man uns überlassen, was bleibet mir also andres übrig, als mich selbst zu zerschnetzeln, ich werde in vollkommen andrer Form vorhanden sein, damit die Nachwelt keine Arbeit hat von und mit mir. Nur einen Nutzen. Ich möchte nämlich nützlich sein, endlich, mehr als alles andre möchte ich das.

Jedes Wort von mir besteht auf einem Sicherheitsabstand, es stellt sich aber schon das nächste Wort an, es eilt dahin, oft ohne den vorgeschriebenen Abstand von eineinhalb, besser zwei Metern einzuhalten, während das alte noch arbeitet und Raum für sich beansprucht. Man stelle sich vor!, ja, die Maschinen sind längst klüger als wir, ich muß das schließlich auch tun, mit der Findefunktion suchen oder in mir selbst nach etwas suchen, das gar nicht da ist. Das Wort ist nicht das, was Freud sich darunter vorgestellt hat, es ist das, was Gott sich für sich selbst vorgestellt hatte, damit Er, der Ewige, nicht selber reden mußte, obwohl

Er die ganze Ewigkeit dafür Zeit hätte. Oh super, da ist sogar wieder ein ganzer Satz, bitte warten Sie! Gelingt mir nicht oft. Irgendwas paßt nie, es paßt vorn und hinten nicht zusammen. Hoffentlich ist es ein Prädikatssatz, ich meine, hoffentlich habe ich nicht wieder das Prädikat vergessen. Dieser Satz springt jetzt um, er ist mit der eingeschlagenen Richtung nicht zufrieden, er springt über wie eine Flamme beim Waldbrand, oder er schwelt, wie das Torffeuer, welches die deutsche Bundeswehr einst entfacht hat, unabsichtlich natürlich, was werden die erst anfachen, wenn sie es absichtlich tun! Doch auch ihre Absichten sind inzwischen lauterer geworden, das heißt leiserer. Der eine Satz weiß nicht, was der andre zu bedeuten hat, sie hören nicht auf mich, sie hören nicht, was ich sage, sie fühlen nicht, was ich höre, die blöden Sätze, nein, umgekehrt, sie hören nicht, was ich fühle, sie sagen etwas, sie sagen etwas dagegen, doch was sie von mir wollen, das sagen sie nicht, das wissen sie.

Sie fragen mich nicht, ich antworte trotzdem: Ich habe keine Phantom-Aktien. Diese Aktien, nein danke! Diese Aktien haben sich als das Nichts verkleidet, für das man aber sehr viel bekommen kann, und siehe, es ist bereits weitergeschritten, das Nichts, man sieht es noch nicht, doch es arbeitet sich heraus, es kommt voran, es eilt auch uns weit voraus, es fällt diesen Aktien doch immer was Neues ein, Respekt! Verfällt das Alte, kommt gleich das Neue. Nichts bleibt. Das ist auch wie mit meinen Sätzen. Wer geglaubt hat, es wäre endlich Schluß, hat sich getäuscht. Jedenfalls greift der, der in die Steuerkasse greift, ich nicht, ich zahle dort nur ein, achten Sie gar nicht auf mich, wer also in die Kasse greift, greift in den Staat hinein, er greift den Staat direkt an. Die Arbeitsgruppen überschlagen sich, während schon das Nächste geplant wird, dies Handwerk hat goldenen Boden, der neu gelegt werden muß, für den Fall, daß was durchsickert, so wie jetzt, doch keine Angst, das Neue, das sie gegen uns ersonnen, wartet bereits, um uns zu schröpfen und andre damit zu überhäufen, reich zu beschenken, damit die noch reicher werden, und der

Kern meiner langen Rede ist: Lassen Sie sich erstatten, gestatten, ich lasse mich jetzt erstatten, nein, doch noch nicht bestatten!, kein Bestatter würde mich in diesem Zustand nehmen!, in Südamerika wissen sie das schon und lassen ihre Verstorbenen einfach in den Wohnungen liegen oder werfen sie in Müllsäkken aus den Fenstern, ich muß das einmal probieren: nicht, ob mir der Müllsack paßt, auch von der Farbe her, sondern diese neue Finanz-Technik, obwohl ich, wie gesagt, keine von diesen wertvollen Gespensteraktien besitze, die eben gar nicht existieren, die nur herumspuken und huhu heulen, sie wären so gern wirklich und gefühlsecht, und sie werden ja auch gehandelt wie normale Aktien, doch es gibt sie nicht, da müßten doch normale, reale Werte dahinterstecken, oder? Hinter Aktien? Aber wirklich, aber schon so! Sagen Sie mir: Wie soll etwas hinter etwas stecken, das gar nicht existiert? Das Problem wird sein, daß man dann, wann?, irgendwann, das, was dahintersteckt, sieht, aber nicht das Vordere, das Zufördere?, nein, da wird nichts mehr gefördert, nicht das jedenfalls, was zuvor davor war, es ist zu alt, um noch gefördert zu werden. Daß da etwas gewesen sein muß, das weiß ich, denn von nichts kommt ja nichts, nein, im Gegenteil, für nichts kommt jetzt vieles, das ist neu, das Davor existiert nicht, das ist wie mit der deutschen Geschichte, es existiert kein Davor, nur wenn man eine Feier plant, holt man es sich. So, und genau deshalb lassen sie sich Dividendensteuern erstatten, für nichts, obwohl sie nie Dividenden für Aktien, die gar nicht existieren, erhalten haben. Diese Leute, die nichts hatten, haben es geschafft, für nichts etwas zu bekommen? Sagen Sie uns, wie haben die das gemacht? Indem sie schon vorher einiges hatten? Ja. Alles klar. Was sagen Sie dazu? Das Wort, die Scheiße, das Geld, der Tod. Letzteren habe ich persönlich eingefügt. Ich denke, das ist der Höhepunkt des Kapitalismus, mehr schafft der nicht mehr, ich lasse mich jedoch überraschen, ich konnte mir ja schon das, was war, nicht vorstellen, und da kommt immer noch mehr daher, wenn man ein wenig abwartet. Es kommt etwas zurück, für nichts, das man gern gegeben hat, noch nie hat man etwas so gern gegeben, man wußte ja, man würde dafür etwas bekommen, für dieses Nichts kam etwas zurück, das Gesicht des Geldes, die wesenlose Wahrheit des Geldes blickte einen an wie ein Tier, ja, das Geld, die Scheiße, das Wort, okay, der Tod kommt nach, der muß nur noch etwas Rouge auflegen. Das spiele ich hier!, das ist die Dreifaltigkeit, die eben oft zu viert kommt, manches von ihnen so klein zusammengefaltet, daß man nicht lesen kann, was draufsteht, nehmen wir das Geld, das Liebe sucht und statt dessen von einer Taschenlampe geblendet und abgeknallt wird, man rief es, und es kam auch brav. Macht was draus! Bei solchen Verhältnissen, was sucht das Geld noch hier? Was macht es da noch? Tiere sind tot, Menschen auch, was macht das Geld also den ganzen Tag? Schon viel. Doch Geld sucht mehr, es sucht immer mehr. Schauen Sie: Die Armen haben nichts, und es wird ihnen auch nichts gegeben; nur all jenen wirft man aus der Leere etwas entgegen, die schon etwas hatten, aber nichts gaben, und sie schnappen natürlich danach, würde ich genauso machen. Hier gibt es Geld gratis!, das wollen wir nicht versäumen. Wie soll ich es sagen, versuchen wirs noch mal, halten wir diesen Augenblick in der Schwebe, bis wir es kapiert haben: Diese fiktiven Aktien waren gar nicht mit echten Börsenpapieren unterlegt, hinterlegt? Na sowas. Nein, besser sage ich: Für diese Börsenpapiere waren Phantome hinterlegt, fiktive Aktien, Nebel, Schall und Rauch hinterlegt für diese Zertifikate, in denen irgendwie das Wort sicher steckt. Eine Irreführung. Man ist so entgegenkommend, jene zu belohnen, die nichts gegeben, aber etwas bekommen, das heißt wiederum: genommen haben, Eigentum ist nicht Diebstahl, man würde es aber gern stehlen. Diese Lilien auf dem Felde, die nichts kümmert, sie säen nicht, ich habe das schon oft erklärt, sie sehen nichts, weil ein voller Parkplatz ihnen die Aussicht verstellt, ernten können sie auch nicht, man kann auch sie nicht ernten, weil sie giftig sind, toxisch, und aus diesem saugenden Nichts, das aber diesmal gar nicht gesaugt hat, es war ja nichts da zum Aufnehmen – der Staubbeutel bleibt leer, die Küche bleibt kalt –, kommt ihnen was zurück, für nichts kommt ihnen etwas zurück, ist das ein Vogel?, das Glück ist ja ein Vogerl!, da kommt etwas, stellen Sie sich vor! Für Dividenden, die sie auf nicht existierende Aktien nie erhalten haben, für die sie auch keine Steuern bezahlt hatten, logisch, nichts für nichts, dafür wird ihnen etwas zugeworfen, mjam, köstlich!, der Radfahrer ist schon unterwegs mit seinem Rucksack, schauen wir mal, das Aktiendach war nicht vorhanden, und doch wurde etwas erstattet, das es nie gab, denn das war gar kein Haus!, das war ein Fußballplatz, da haben nur die Tribünen ein Dach, und auch das nicht immer. Bis es ihnen allen hineingeregnet hat. Hier würde mir jetzt der Tod gut reinpassen. Ich lasse ihn aber nicht.

Sind Ihnen inzwischen Erkenntnisse über rechtswidrige Steuererstattungen zu Ohren gekommen? Nein, uns ist nichts zu Ohren gekommen, uns nicht, andren vielleicht schon, aber das wären doch nur 200 Millionen gewesen, was ist das schon. Wie üblich so viel für nur wenige, die sich eine Rückerstattung gestattet haben, es könnte aber deutlich mehr werden. Das ist wie mit der Seuche. Wann wird aus nichts etwas? Wann wird aus einem kleinen, hübschen, hilflosen Wesen, Wesen ist Blödsinn, das Virus hat keinen Charakter, wann wird aus ihm eine Pest, also eine Pandemie? Die Aktien schießen schon durch die heimatliche Decke, da muß sie doch bald kommen. Wann?, das weiß ich nicht. Es muß in Hinkunft in einer hinkünftigen virenfreien Welt darauf geachtet werden, daß nur der etwas rückerstattet bekommt, der auch vorher etwas abgedrückt hat. Sie verstehen das und halten die Faustfeuerwaffe bereit? Aber Faust benötigte doch gar keine Waffe! Er benötigte nur ewige Jugend! Ein Kinderspiel. Ein Nullsummenspiel? Beide Aktienbehälter hätten sich das Zahlen schenken können? Sie sollen bald geleert werden, die Behälter? Nein, das sind Mistkübel, die alles behalten und nie was hergeben. Was der Mensch wegschmeißt, das soll getrennt und dann verbrannt werden. So wird das Müllproblem gelöst, und nicht von unseren Umweltschützern, denn der Müll wird davon ja nicht weniger. Es ist so einfach: Man schmeißt etwas hinein, und dann ist es weg. Also ich kann nur sagen: Es ist nicht wie bei der Krankenkasse, obwohl man dort auch manchmal mehr zurückbekommt, als man eingezahlt hat. Dafür muß man aber krank werden. Dafür darf man nicht krank werden, sonst verbraucht man seine Einzahlungen doch für sich selbst! Blödsinn. Alles total falsch, was hier steht und nicht weggeht, ich löschte es denn, was ich nicht übers Herz bringe. Man bekommt immer weniger zurück, als man hineingesteckt hat in seinen Körper. Wird der krank, nützt einem das alles nichts.

Ein Beispiel, ich weiß jetzt nicht, wofür. Also: Fußball gibt mir wie gesagt auch nichts, aber Milliarden Erdenmenschen verfolgen ihn mit den Augen und mit Dosen in den Händen. Bloßfüßige rasen durch ganz Afrika, nur damit sie nicht den Boden mit sich kehren müssen. Sie aber, Sie müssen immerhin Fernsehgebühren bezahlen, dafür wird Ihnen etwas in die schreckgeweiteten Augäpfel geworfen, das war doch ein Elfmeter, das war einer, wenn wir je einen gesehen haben, dann den! So, und jetzt verprügeln wir die Gattin und die Kinder, wenn wir für sie noch genug Kraft übrig haben, die der Alkohol übriggelassen hat. Sagen wir, ein schönes Spiel unter Nullen, sie haben sich so darauf gefreut, und sie haben mit Lebenszeit bezahlt, sie alle, mit schlafloser Zeit anstatt Leben, nein, sie wurden dafür bezahlt, sie wurden mit diesem Spiel schon reichlich belohnt, doch es wurde ihnen in Wahrheit heimgezahlt, daß sie Fußball ohne Eintrittskarte in ihr Heim gelassen haben und dabei nicht gelassen bleiben konnten, woanders war es ja verboten, außer Haus darf man nichts mehr sehen. Das Geld ist genauso ein Geisterspiel wie dieses Fußballmatch. Sie haben es am Bildschirm angeschaut, diese Zeit wird ihnen dann morgen fehlen, keiner wird sie ihnen ersetzen. Vorsicht, treten Sie zurück!, hier arbeiten Menschen mit ihren Füßen!, manche nehmen auch die Hände dafür, die Türhüter, die niemand hineinlassen wollen, es aber manchmal müssen, aber wirklich nur die!, die Torwarte, alle sind sie in einem Verein zusammengefaßt und der Verein wieder in einem Dachverband, Ordnung muß sein. Wir sind in der Schweiz, wo alles in Ordnung ist und viele wissen, wie man auf die Berge hinaufkommt, welche sich aufgetürmt haben wie herrenlose Schulden, die von nichts gekommen sind und plötzlich einfach da waren, um den Alpinisten zu dienen, alles Wanderer, aber schon extrem. Menschen, welche ihr Leben dafür einsetzten, um bloß schnell wieder runterzukommen, bevor das Gewitter aufzieht, sehen Sie, der erste Blick zuckt schon, als wäre er gepeitscht worden! Er trifft auf nichts. Diese Stadt ist geschlossen, was ein vorübergehendes Ereignis sein wird. Dort sind jetzt viele befreit von lästigen Zahlungen, sie haben sich das mit den Behörden so ausgemacht, und auch die Fifa ist ein nicht steuerbefreiter Verein im Kanton Zürich, und sie zahlt, das muß es ihr schon wert sein!, eine reduzierte Gewinnsteuer von 4 %. Oje, damit kann die Schweiz keine großen Sprüngli machen, also diese 4 % muß sie entrichten, bitte rechnen Sie es sich selber aus, was die alles nicht zahlen müssen, die Glücklichen.

In Deutschland wieder muß man mit allem rechnen, denn die können es noch nicht selber, das Rechnen, nur das Abrechnen und das Verrechnen, na, das kann ich auch, ich versuchs mal: Dort wissen sie nicht einmal, wie viele Anträge auf Steuererstattung mit Bezug auf diese Rauch- und Nebelaktien in den vergangenen zehn Jahren gestellt wurden, einige stehen dafür jetzt vor Gericht, wissen aber auch nichts; na, von mir wissen sie dafür alles, was in den vergangenen zehn Jahren passiert ist. Es gibt aber kein Gesetz dafür. Es gibt nur eine Lücke im Gesetz, das es schon gibt. In der Schweiz, das ist wie immer nur ein Beispiel, da kann man mit dem Wesen, dem Finanzwesen, vernünftig verhandeln, dort kann man hinfahren, dort kann man herumfahren, in Deutschland verhandelt man nicht, man führt Krieg. Das deutsche Unwesen, das sich jetzt vor mir aufrichtet, ein gefräßiges Tier, schlägt mit der Pranke nach mir. Man muß sich ihm stellen, dem Wesen, und ich kann keine Anträge auf Erstattung mehr stellen. Die Erstattung kassiert schon ein andrer. Und das Phantom bin ich selbst, sagen mir die Deutschen, einmal bin ich hier, einmal da, einmal mehr hier, dann wieder mehr dort. Nicht zu fassen. Sie werden mir schon sagen, wo ich gewesen sein werde, sie haben Späher, Kundschafter, und sie werden mich dafür, daß ich irgendwo gewesen bin, zur Kasse bitten. In dieser Schlacht zu kämpfen, begehre ich nicht. Sie haben recht. Schon jetzt bringen es andre besser und müssen gar nichts einsetzen dafür. Es muß dem Wesen ja noch Zeit für das Abspritzen und die Verdauung bleiben, diesmal ohne Duschen, wenigstens anständige Duschen-Attrappen hätten sie sich leisten können, damit man glaubt, man kriegt was für sein Geld, wenn man mal ordentlich aufdreht. Man kriegt etwas Leben dafür, daß man sich vor vielen Leuten ausziehen muß, aber nicht viel. Die Ösen hatten ebenfalls lange Zeit zum Üben, wie man die Menschen aussackelt und ihnen dann das Gewand auch noch nimmt. Schon damals konnten sie es bald besser als ihre deutschen Oberlehrer, welche damals, als der gemütliche Oberösterreicher herrschte, das gesamte Gold unserer Nationalbank raubten, einfach mitnahmen und aus. Ja, da waren sie flink. Wir nahmen uns dann den Rest, die Deutschen waren schon neidisch, weil wir soviel Rest konfisziert hatten, welcher sich bei Menschen befand, die wir dazu aus ihren Wohnungen holen mußten, wer zählt schon nach. Das Wandern ist des Müllers Lust. Ob der Wilhelm Müller da sich selbst gemeint hat?

Ich wandere nicht, ich schlafwandle herum, man sieht mich nirgends, nur mein Geld geht so aufrecht, daß jeder sieht, wie es davonwandert, es muß immer wandern, der Wandel ist mir unzugänglich, der Wandel ist des Müllers Lust und des ewigen Juden, ob dem das Freude macht, weiß ich nicht. Die Juden haben den Vorteil, daß sie immer Geld haben, außer sie haben keins, in der Schweiz haben sie es jedenfalls angelegt, als sie das noch konnten, und die Schweiz mag es nimmermehr hergeben, nichts von meinen Vorfahren, wir hatten und haben nichts!, darunter war einer, welcher schöne Taschen nähte, der hätte sich sogar einiges ersparen können, bevor er sich in seine Ahle stürzte, weil seine Frau ihn betrog, ich sage das hier nur, weil ich das Wort Ahle so mag, es ist mein Lieblingswort (nein, nicht Aale!, äck!), Geld wandert immer, fragen Sie meine Verwandten, die schon ewig gar nicht mehr da auf der Erde sind und keine Ahnung haben, wie es dort aussieht, sie sehen die Erde ja immer nur von unten, manche auch von oben, aus den Wolken, keine Ahnung, ob sie sich mitnehmen konnten, was sie sich erspart hatten, oder ob man es ihnen erspart hatte oder ob sie das, was sie gar nicht hatten, mitnehmen durften oder das, was schon vorher endgültig weg war, ob sie sich dafür was andres mitnehmen konnten, Brillen, Goldzähne, Tonnen von Haaren, welche doch einst in lebendigen Menschen angewurzelt waren, um deren eigentliches Ganz-sein-Können zu betonen und sie blind zu machen für das Sein zum Tode, dem sie nur vorgelaufen waren, wir bald hinterher, immer hinterher; und dann gerieten sie an eine Grenze und in eine Grenzsituation. Die Haarvorhänge hoben sich, ihre Besitzer mußten da durch, Haare, welche angewachsen oder wie angewachsen an ihnen waren. Ob der Boden in Bergen-Belsen, Sobibor oder Auschwitz, Mauthausen noch was hergibt?, nein, der gibt nichts her. Was wir gefunden haben, befindet sich jetzt in einem schönen Museum. Ich bin nicht berechtigt, außer von mir selbst, hier etwas darüber zu äußern. Was ich hier tue, ist vollkommen unzulässig und undurchlässig. Ich bin eine Art Windel für die Welt. Ich lasse nichts durch. Ich nehme mir alles für mich selbst, falls mir jemand was gibt. So, und diese Feier gibt mir nichts, weil zu viele an ihr teilnehmen dürfen.

Es sollten alle schweigen. Wenn sie schon nicht auf die Straße dürfen, sollen sie wenigstens schweigen. Auch ich sollte mich dran halten. Die Schweiz gibt mir auch nichts. Immerhin, sie hat Teile meiner Familie in Schutz genommen und nur zu gern wieder hergegeben, jede Woche haben sie gefragt, wann die endlich abhauen, trotzdem vielen Dank. Ich sage Mauthausen, damit auch meine Heimat mal zum Zug kommt und der Zug zu ihr, aus dem die Menschen ausgeladen wurden, welche man vorher eingeladen hatte. Ich sollte es nicht sagen, wie das meiste andre auch nicht. Der Boden also bedeckt von Geld, das eigens in die Schweiz gefahren ist? Das sie zurückerhalten wollten, aber nicht mehr konnten. Schweigen im Walde. Auch ich sollte ruhig sein, ich sollte angesichts dieser Missetaten still sein, als Rednerin wurde ich nicht eingeladen, also muß ich es schreiben, ich gebe sogar eine Zugabe. Das ist ja alles Zugabe, damit man es jederzeit wieder auslassen kann, denn das macht man mit Säumen, man will ja nichts versäumen. Weshalb ergreife ich diese Gelegenheit? Ich hatte unrecht, mein Schicksal neben die Verfallenen zu stellen und zuzuschauen, wie alles zusammenbricht, ja, auch der deutsche Wald. Der Handel ist jetzt auch eingebrochen. Der Verkehr lahmt. Ich habe kein Recht. Auch deshalb nicht, weil nicht einmal das Phänomen des Augenblicks, und der ist schon sehr kurz, aus dem Jetzt aufgeklärt werden kann, das Gegenwärtige ist uneigentlich und unheimlich, schon ist es wieder weg. Ich gewärtige die Gegenwart und vergegenwärtige mir die Vergangenheit. Und dann stelle ich mich für ein Selfie daneben. Jesus Christ on a stick! Eigentlich wollte ich etwas ganz andres sagen, doch ich beuge mich der Wortgewalt eines anderen. Ich selbst habe hier unrecht.

Ich, ich, ich, schreie ich immer und schäme mich, nein, nicht ich, aber mein Onkel Poldl hat andre zurückgehalten, als die angefordert wurden und unbedacht und unbedingt losrennen wollten, der war mit keinem Verwandten verfeindet, mein Opa dafür mit allen, meine Mama mit mehr als allen, ich meine, zurückhaltend war der Opapa nicht gerade, der hat die Familie gequält, frage nicht, der einzige Mensch, der sogar Mama gequält hat, da ist ganz Bayern samt Austria nichts dagegen. Mein Onkel Poldl also in seinem Schlossergwandl, der war nett, der war ein tüchtiger, wenn auch zurückhaltender lieber Mensch, der Leopold Jelinek, mit Geld konnte er nicht zurückhalten, er hatte keins, aber er konnte andre in der Familie aufhalten, damit sie sich nicht in der Öffentlichkeit zeigten, wo sie zumindest damals nicht hingehörten, und damit Argwohn erweckten, wenn sie öffentlich herumflanierten, dem Stern hinterher, den sie schon wieder nicht finden konnten, einfach nur so, und doch nur um eingefangen zu werden, oder was der blöden Einfälle mehr waren. Immer ist was. Es gibt Zeiten, da bleibt man eben daheim, zum Beispiel jetzt, bei 35 Grad im Schatten, oder jetzt, mit 39 Grad Fieber von der Corona, nein, ein andermal, später, bei minus acht heutiger Messung, ach Gott, dauert dieses blöde Schreiben lang! Das arbeitet sich durch die Jahreszeiten und Körper, wie meine Garderobe, wie meine Kleider, die sich an meinen Körper nur noch mühsam heranwanzen können! Ich weiß nicht, welche und wieviel Zeit angebrochen ist, ich weiß auch nicht, wer die ist, aber klar, es ist schon wieder unsere, sagt der Deutsche, der es weiß und sich höchstens vom Taxi oder von Uber, falls erlaubt, abholen und mitnehmen läßt. Wir sollen immer die Bürger mitnehmen, man muß die Menschen mitnehmen, damit sie uns verstehn, wird einem gesagt, ich weiß jetzt nicht, wohin. Wir sind wieder da, ins Große hochgerechnet, sind wir wieder da und interessieren uns für keine Probleme andrer Leute, die wir zum Glück nicht sind. Wer dem Onkel Poldl nicht glaubte, mußte selbst dran glauben. Dafür mußten manche dann im fremden Land sterben, eine harte Strafe für Ungehorsam, zu hohe Gebühren außerdem, ich weiß jetzt nicht, wofür, doch da kann man nichts machen, und einem nackten Mann oder einer nackten Frau, von denen gabs natürlich mehr, nackte Frauen sind einfach interessanter, da ist auch mehr zu sehen, fragt sich nur, wo, denen greift man nicht in die Tasche, man kann es nicht; den nackten Menschen aussackeln, welchen die Deutschen schufen, also nicht direkt schufen, wie Gott sie selber schuf, sie haben diesen Menschen nicht nur ausgenommen, sondern auch noch splitternackt ausgezogen, bevor sie ihn umgebracht haben, das letzte Hemd, welches vielleicht Taschen gehabt hätte, blieb dem Menschen versagt.

Nun ja. Eher nein. Ich sage den Deutschen wieder einmal in aller Deutschlichkeit: Ich weiß nicht, was ich sagen soll, das sage ich aber ständig. Vielleicht diesen guten Rat: Auf eine gewisse Größe kommt es unbedingt an, sprach Deutschland, was bis dahin uneinig war, und holte sich, was ihm zustand, seinen armen Bruder im Osten, den es aufzupäppeln galt, das ist gelungen. Jetzt ist Deutschland viel mehr wert als vorher, auch wenn sie im Osten schon wieder die Leute umbringen, diesmal andre, solche, die nicht von hier sind, es ist ihnen aller Ehren wert. Falls Sie zwei Telekom- oder VW-Aktien Ihr eigen nennen, nun ja, das ist sicher gut für Sie, ich gratuliere, aber deswegen gleich offshore gehen, bloß weil Sie von hier wegwollen? Das lohnt sich nicht. Geben Sie die Aktien wieder her, und die Sache hat sich. Wenn Sie und Ihre Familie die einzigen Gesellschafter Ihrer GmbH sind, der Laden gut läuft und die Zukunft auch rosig aussieht, dann sollten Sie überlegen. Sie könnten zum Beispiel alle Anteile an Ihrer GmbH an eine Offshore Ltd. verkaufen. Einen Veräußerungsgewinn Ihrer von Jahr zu Jahr, dank Ihres Fleißes, mehr Wert habenden Firmenanteile, also diesen Gewinn, der vom Veräußerln zurückkommt, klar?, dort, wo schon ein Sackerl drauf wartet, ihn einzusacken, damit es nicht so stinkt, dieser Gewinn taucht dann sicherlich nie mehr in den heimischen Finanzgestaltungen auf, welche von Anfang an niemals auf einen Bierdeckel draufgingen, sie sind zu kompliziert, diese Gestalten, soviel Augenmaß hab sogar ich. Er taucht einfach nie mehr auf, der Wert. Die Werte tauchen immer nur ab. Am Ende werde ich mich selbst nicht mehr verstehen. Was sollte das auch für einen Wert haben?

Haß ist ein schlechter Ratgeber, vielleicht hänge ich auch zu sehr an meinem Geld, das sie mir genommen haben, um richtig nachdenken zu können, um mich in die Kolonne einreihen zu dürfen, welche Drohungen und Abgase ausstößt, weil hier nichts weitergeht. Ich denke meinem Geld zu sehr nach, hätte ich doch ein Andenken verlangen sollen? Sie können gern mein geistiges Eigentum nutzen, es ist ungefähr zehn Euro fünfzig wert, was damit tun? Ich schicke es also los, ich probiers mal, mein geistiges Eigentum darf fortreisen, es ist frei wie mein Geist nicht. Software-Patente habe ich nicht, aber ein paar Stücke, die ein paar Stückln spielen, meine gesamte Software im Hirnkastl, alles in Plastikfolie, und dann noch in einem Umschlag, fest verschlossen, wo sie auf den Warenumschlag wartet, so, das verschiebe ich jetzt alles in die Schweiz, ich muß ja nicht mitreisen. Meine Software, die woandershin wollte, wo es wärmer ist, randaliert schon herum, aber das macht nichts, ich bin ja nicht dabei, ich bin woanders, es stört mich nicht. Die Gewinne müßten jetzt eigentlich irgendwo versteuert werden, wo sie aber Abfall sind und daher überhaupt nicht steuerpflichtig, ich meine: wo sie abfallen, ich weiß gar nicht, wo. Sagen wir, es ist eine tolle Software, mit der Ihr Kühlschrank das Essen selber bestellen kann, ist doch praktisch, Sie müssen dazu nicht mal selber reinschauen, gut, also. Ein Konzernteil, den Sie in einer Steueroase etabliert haben, der verlangt jetzt von seinen Länderfilialen Geld für die Nutzung geistigen Eigentums. Dadurch kann in Ländern, wo Sie halt sind, der Profit abgeschöpft und der steuerpflichtige Gewinn kleingerechnet werden. Der Rest schwimmt dann rasch oder krault ein bisserl zur Steueroase rüber und duscht danach ausgiebig, um die Schmiere wieder loszuwerden, und siehe, es geschah, auf dieser Insel geschah es, daß auf dies alles, bin ich froh, daß ich das nicht ausführen muß!, kaum Steuern erhoben wurden und nur der Sünder, den Gott mehr liebt als 99 Gerechte, sich erhoben fühlen konnte, ein schönes Gefühl. Sie können alles verschieben, aber Sie sollten nicht vergessen, was Sie wohin verschoben haben, so viel Vermögen, wohin damit? Das ist alles so kompliziert, dem armen Geld hängt inzwischen schon die Zunge heraus, weil es den Weg von der Wohnung zur Bank und von der Bank zur nächsten durch einen dünnen Draht zurücklegen mußte, per Luftfracht, unbequem, aber dafür umso schneller. Es rauscht also durch die Drähte, es überholt jeden und hat das Umweltproblem der Vergiftung durch schädliche Treibstoffe gelöst, in einer Leitung warm geborgen, daß sich nur die Elektronen noch an ihm reiben, an diesem Geld, das da durchrast durch seine Datenschutzleitung, damit keiner was erfährt. Das schont die Wiesen und Wälder, und man braucht keinen Kraftstoff, man braucht nur die Kraft, die Vermögen schafft und die von Vermögen geschaffen wird, was soll ich machen, was soll ich gegen sie machen? Nichts.

Ich klage an, was nützt es mir? Nichts. Ich klage, das ist allen Menschen außer mir egal. Die Deutschen stellen sogar die Schweiz in den Schatten, obwohl sie viel weniger hohe Berge haben, dafür aber dunkle Nadelwälder, die kein Licht durchlassen. Bloß nicht zu viel Licht auf die Sachen fallen lassen, die verbleichen sonst, und man sieht dann womöglich auch noch die bereits Verblichenen wieder, bloß ohne Wiedersehensfreude. Aua, Kalau!, schon wieder! Dunkler Tann steht Deutschland gut, es sind aber auch Fichten darunter. Der Sieger der Geschichte nimmt alles, vor allem, wenn er früher einmal der Verlierer war. Das soll ihnen nicht noch einmal passieren, diesen Weltmeistern der Tüchtigkeit, welche von guten Handwerkern ausgebildet wurden. Es heißt hier: sie oder ich. Natürlich sie, ich habe ja nichts gelernt. Im Ebersberger Forst zum Beispiel hängt an einer Hütte ein ganz besondrer Briefkasten. Es ist der Firmensitz mehrerer Fondsgesellschaften. Sie sparen dadurch viel Steuern, vollkommen legal natürlich, denn alles, was die Deutschen machen, ist grundsätzlich und von Natur aus legal, so auch die Briefkastenfirma im Ebersberger Forst bei München, die uns noch viel Freude machen wird, na, mir macht das gar nichts, ich führe das hier nicht weiter aus. Der Holzstadl in der Nähe der Waldwirtschaft «Sankt Hubertus» ist offizieller Firmensitz einiger Anlageunternehmen. Den Rest können Sie sich denken oder in der Zeitung nachlesen, wo er aber nicht stehen wird. Ich gebe Ihnen den Namen, Ebersberger Forst, den Rest müssen Sie selber erledigen, heben Sie die Fingerchen über der Tastatur und ab die Post an und von Gucki, Sie wissen, wo der Briefkasten hängt, hängt ihn höher!, sonst entscheidet er in Amerika noch die Wahlen! Hat er schon. Er wird trotzdem gern weiter benutzt werden, er ist ja so fleißig. Da liegt es also und lebt nicht mehr, arbeitet aber trotzdem noch, das liebe Geld, das nicht zu jedem lieb ist. Es sind für die Gewerbesteuer, die das abwirft, wenigstens schon ein paar Schulen saniert worden! Woanders könnten für das Doppelte, das dort abgeworfen würde, ein paar Schulen mehr saniert werden, Schulen kann man immer brauchen. Sie können hineinschauen, wohin Sie wollen, Deutschland ist eine Steueroase, Deutschland ist eine einzige Geldwäscherei, es fehlen ihnen nur noch deutsche Beamte, die das alles kontrollieren würden. Die sind aber natürlich immer woanders. So lange haben sie sich vor den Russen gefürchtet, jetzt sind sie da, die Russen, sie fälschen sich selbst, weil kein andrer als sie Russe sein möchte, auf Ibiza aber vielleicht schon, und sie schleifen Wäschesäcke rein, damit die sauber gewaschen werden. Die dürfen nicht gehen, bevor sie ein paar Häuser und ein paar Waldstückerl gekauft haben, mindestens.

Mit dem, was sie haben, können die Menschen Fische und Brote fangen, in der Bergpredigt wird es ungefähr so gesagt, aber nur sehr ungefähr, für die Fische brauchen sie dann das Salz der Erde, welche gerade müde winkend im Meer untergeht, wieder ein paar tausend Quadratkilometer Land ans Wasser verloren! Und am Strand der Dreck der Ausgewilderten, welche von ihren wilden Führern vertrieben wurden! Wieder ein paar Küstenstreifen weniger, wo man hätte bauen oder sich ausruhen können! Dort wird das Salz nicht gebraucht, das Meer hat selbst genügend, aber es wird auch viel benötigt, überall kann man es brauchen, die Toten müssen ja auch noch eingesalzen werden, damit sie etwas länger genießbar bleiben, gepökelt, vielleicht machen sie das noch! Ich will morgen auch noch von ihnen reden, und bedenken Sie: Das alles ist vorbei. Umso lieber benütze ich es für meine Zwecke. Der Zeitbegriff der vulgären Zeiterfahrung und die ihr entwachsende Problematik können selbstverständlich nicht unbesehen als Kriterien der Angemessenheit einer Zeitinterpretation fungieren. Ich bin ja schon ruhig. Lassen wir einem Ewigen den Vortritt, lassen Jesus zu uns herein, das will aber auch nicht jeder. Lassen wir ihn in Ruhe sein Wunder wirken und darüber reden, sonst wüßten wir es ja nicht: Zum Vermehren wurde also grundsätzlich geraten, manche haben es bereits getan, schon Jesus hat voll auf Vermehrung gesetzt, nicht auf seine, auf die Vermehrung von Menschen, Broten und Fischen, also Waren und Gütern plus deren Konsumenten, und die Financial Action Task Force soll die Geldwäsche in Steueroasen verhindern, sie schließt sich Jesus in dem Punkt an, daß man nicht Unrecht tun oder dulden soll. Daß ich nicht lache. Diese Organisation hat eine Liste von Ländern erstellt, die sich im Kampf gegen Geldwäsche als nicht kooperativ erweisen, und dann gibt es auch noch so eine Initiative, die sich auf die Zusammenarbeit von Industriestaaten und Offshore-Finanzplätzen spezialisiert hat; geht das eine Schlupfloch zu, geht sofort ein andres auf, das ist das Prinzip. Deutschland: immer geöffnet, aber nicht für alle. Da kommen dann immer welche unter die Räder, nein, nicht des Essens auf Rädern, das auch mich beliefert und daher dringend gebraucht wird, es genügt mir schon, wenn ich auf einem andren Gebiet leiden und dafür bezahlen muß, da will ich nicht auch noch hungern und frieren. Selig sind, die um der Gerechtigkeit willen verfolgt werden, denn ihrer ist irgendwas, das ich hier nicht brauche, denn mir genügt schon eine Oase in einer schönen warmen Gegend, das Himmelreich bietet man mir vermutlich an, gähn, können sie haben, kann auch nicht schlimmer sein als die flüchtige Existenz in anurinierten Luftfahrzeugen und ruinierten Erden. Man wirft einen saftigen Köder aus Sprache aus, und sieh da! Etwas kommt einem zurück, man muß nur sagen, was man will. Wie gut ich doch die Menschen verstehe, die was verdienen wollen, ich bekomme ja auch Geld für mein Sprechen.

Vielleicht hier ein Heiliger, mit dem ich sprechen könnte? Hat sich früher schon bewährt. Seine Maske muß er sich selber nähen:

Seid fröhlich und getrost; es wird euch im Himmel reichlich belohnt werden, na hoffentlich, jetzt weiß ich endlich, wo das passieren wird. Und was ist, wenn ich dorthin gar nicht komme? Denn ebenso haben sie verfolgt die Propheten, die vor euch gewesen sind wie der kleine Russe, wen meine ich damit?, es wird doch wohl mehrere kleine Russen geben, mit Zwiebel in ein Glas gepfercht, doch das bißchen Leben, das ich hergeben muß, Wahres für Bares, was ist das schon, na ja, ich hänge halt dran. Und an mir hängt kein Faden wie an einem Tampon, so daß man mich aus mir selbst rausziehen kann, bitte, tun Sie es trotzdem. Hängen doch bitte wenigstens Sie an mir! Es klafft hier eine Lücke, deren Ausfüllung nicht möglich ist. Es wurde mir untersagt zu sagen, was ich wollte. Mein Leben, ja, das will komischerweise niemand, obwohl es das meiste ist, was ich habe. Darauf legen sie keinen Wert. Niemand. Ich garantiere Ihnen was-weiß-ich. Ich garantiere mit meinen Vorauszahlungen, welche pünktlichst, fast immer sogar zu früh erfolgen, da ist schon wieder was für den Staat abgefallen, wie das eifrige Obst, das es am Zweig nicht mehr aushält, es muß immer was tun. Alles muß einmal fallen, alles muß Marmelade werden oder Kompost. Ich erhalte mein Land, ich habe mein Land erhalten, brauchen Sie eine Quittung?, das Datum steht drauf, danke, aber danke nein, ich will es gar nicht, kann es aber doch nicht wieder hergeben, denn ich hänge an ihm, ich behalte es, ich behalte es ein, irgendwelche Einsprüche, Ansprüche, Forderungen? Ihr seid das Licht der Welt. Was?, wer? Es kann die Stadt, die am Berge liegt, nicht verborgen bleiben, Wien aber liegt am Fluß, wo ich nicht liege, ich liege mehr in den Bergen, welche bereits Teil der Nordalpen sind, nicht so massiv, aber doch ganz ordentlich. Ich wollte mit alldem nur sagen: Auch ich erhalte mein Land!, ja, ich bin eine von denen, die Steuern zahlen, ich sage nicht, ich erhalte es, denn man gibt es mir ja nicht! Ein Teil des Landes gehört mir aber schon, ca. 400 Quadratmeter in steiler Randlage, welche das Mähen mühsam macht. Ich bin grade dort, wie so oft, schauen Sie nur, der Späher, der Geheimagent mit seiner Kamera schaut natürlich grade jetzt nicht her, da sitz ich wieder mal droben auf meinem Berge und schaue hinunter ins Tal. Zur Zeit, die nie die rechte Zeit ist, wird in der andren Stadt mein dortiges Nifel, nein, Neben-Heim durchsucht. Sie drehen alles um, finden aber darunter nichts, und unter vielem anderen auch nichts. Dabei bin ich nicht gekommen aufzulösen, wie es der Herr hier mit uns vorhat, sondern zu erfüllen, spreche ich, was wissen wir eigentlich über das Bewußtsein? Ich rede ihm zu mit Worten, doch es hört nicht auf mich. Wir wissen doch alle, daß es neben der Spur ist, das Bewußtsein entsteht neben der Erinnerungsspur. Doch die Erinnerung an diese Schrecken, die ich gar nicht selbst erlebt habe, muß erst gebildet werden. Mein Erregungsvorgang verpufft, während ich noch mit der Bewußtwerdung beschäftigt bin. Ich stoße an der Außenwelt an, es gibt einen hohlen Ton. Deutscher Staat, ich hasse dich. Für meinen eigenen Staat kann ich mir aber auch nichts kaufen, und er würde mich schon gar nicht kaufen, obwohl ich gar nicht so teuer bin. Allein unterhalten kann ich ihn natürlich auch wieder nicht, den Staat, mir tut schon alles weh von all dieser Alleinunterhaltung, doch ich bin die einzige, die darüber lachen kann, wieso? Keiner spricht mit mir, obwohl ich dazu stets bereit wäre, aber das ist derzeit sogar gut so. Ich war auch einmal jung und habe mit dem Staat damals nicht gesprochen, ich habe ihn grundsätzlich abgelehnt, heute, da ich alt bin und einen Staat manchmal brauchen könnte, heute würde ich das vielleicht probieren, ich würde den Staat anrufen, daß er mir helfen soll, was kann schon passieren? Ich würde

Klarheit herzustellen zumindest versuchen, ich würde Vermittlungsversuche anleiern, die alle schiefgehen, die Frau Minister, ja, die Dame dort drüben, der Herr Sektionschef, der Herr dort ganz oben, kommen Sie doch bitte zu mir herunter und antworten Sie unserem Saalpublikum und andren Publikationen! Den Nibelungenschatz im gut bestückten Strudelgau, nach dem wollen Sie tauchen? Im Ernst? Von mir aus. Mir gehört er ja nicht. Staatskünstlerin? Ich? Danke vielmals, aber da hätte ich keine steuerlichen Probleme, dann hätte sie nämlich der Staat, die Probleme! Die Rheintöchter, nein, diesmal die Donautöchter, die auf einem Brett samt Paddel unermüdlich von einem Donauufer zum andren unterwegs sind, ein ganz neuer Sport, der viel Spaß macht, man kann sogar stehen dabei!, lachen mich aus, die lachen sich kaputt über so eine, die nicht einmal gern ins Wasser geht, wie soll sie da auch noch kräftezehrend herumpaddeln? Ans andre Ufer komm ich auch so. Ich warte auf die letzte Überfuhr. Sie können ja lachen, von mir aus, wer Ohren hat, der kann sogar hören, ich habe vielleicht auch einen Anspruch auf öffentliche Erkenntlichkeit. Aber nein. Nichts für mich.

Ich gehöre hier zum Personal, nicht zur Herrschaft, ich habe doch diesen persönlichen Personal-Ausweis, der beweist, daß ich zum Personal gehöre, in solchen Verfahren jedoch null Komma nichts zählt. Wen interessiert, wo Sie geboren wurden, der Paß zählt nur, wenn Sie zum Beispiel Türke sind. Dann haben Sie oft sogar zwei davon, zwei Pässe, die beide fehlgehen, jetzt haben Sie nichts mehr davon. Hier also mein Wohnsitz, hier mein Aufenthalt, hier mein Ständchen, hier meine Volksvertreter, die ab und zu gern auf mich hintreten. Ich habe trotzdem das Recht, hier zu sein, ich habe eine Einantwortungsurkunde, die mir jederzeit antworten würde, fragte ich sie denn, ich kann alles vorlegen und beweisen, ich kann mir selbst die Antwort geben. Für mein eigen Häuschen klein bin ich ganz besonders eingeantwortet, ich wohne ja selbst drin, es bleibt mir aber die Antwort schuldig. Da liegt ein Ziegelstein in meinem Vorgarten.

Der alte Mann, der mich vorhin so beschimpft hat, Nestbeschmutzerin!, zwar ein rüstiger Greis, es fehlten nur noch die Nordic-Walking-Sticks, mit denen er mich hätte stechen können, der sah mir nicht danach aus, als hätte er noch einen Ziegelstein heben können, hat er ihn geworfen?, wollte er, daß ich taufrisch, wie eben gestorben, dann da liege, oder vielleicht damit ich den als Grundstein für ein andres Haus verwende?, woanders, Hauptsache, woanders!, der wird dann vielleicht noch gebraucht, der Stein!, dieser eine, der sonst fehlen würde, damit ich ihn mir um den Hals hänge, könnte auch sein, daß das der letzte Stein zu meinem Sarg ist, in dem ich lebendig begraben bin.

In dulci jubilo, drum singet und seid froh, wenn ihr Spieler des großen Bayern-Vereins seid, dann ganz sicher! Ihr seid es nicht? Ihr seid nicht unser Alaba, der Millionen verdient hat und noch mehr Millionen bekommen möchte, damit er jetzt woanders ist. Was, ihr seid es nicht?, dann könnt ihr euch nicht an den Worten des Herrn Staatssekretärs erfreuen, welcher mitsamt seinen lieben Bayernspielern die auswärtigen Einnahmen davonschleppte, was sagte er zum Zöllner, was sagte damals Jesus zum Zöllner?, er sagt ihm, er will bei ihm übernachten, und dann nimmt er ihn gleich als Jünger mit, nein, so weit geht er denn doch nicht. Die Leute mögen den Zöllner nicht, weil der sie ständig abzockt oder zumindest sein Fieber an ihnen mißt. Und dennoch tritt Jesus in sein Haus und wohnt bei ihm. Und der Zöllner sagt: Ich gebe die Hälfte meines Vermögens den Armen. Aber jenen, denen ich zu viel abgeknöpft habe, gebe ich das Vierfache zurück. Das nenne ich Einkehr und dann Umkehr. Jesus kehrte ein, der Zöllner kehrte sofort um. Das Volk ist entsetzt, aber es ist immer entsetzt, daß Jesus so auf Verbrecher, Gauner, Wucherer, Blinde, Lepröse, sonstwie Kranke und Lahme steht. Was sagt hingegen der Herr Staatssekretär? Was sagte er einst zu den Zöllnern am Flughafen? Er sagte: Wir haben nichts anzugeben, wir geben mit uns selbst an, und was wir auswärts mühsam verdient haben, das gehört zur Gänze den Spielern. Wir geben es nicht einfach, nicht doppelt, nicht vierfach und auch nicht einen einzigen Bruchteil davon geben wir zurück, lassen wir in die Staatskasse fließen, da fließt eher die Isar über. Und sogar die haben wir reguliert. Sie haben es sich verdient, sie haben alles verdient, was sie kriegen konnten, die verdienten Spieler. Bitte einen Augenblick Ruhe, der Herr Staatssekretär sprach, nein, hier spricht er ja immer noch, bloß ist es ein andrer: Willkommen! Er sprach also am Flughafen vor versammelter Mannschaft, die eben von einer ihrer vielen Freundschaftsspielreisen zurückkehrte, der Herr Sekretär von diesem Staat sprach einst zu dem Zoll, ein Honoratior zu einem Honorigen: Laßt das durchgehen! Laßt ihnen das durchgehen! Laß das Mädchen gehn und nehmet dafür andere. Laßt uns den Mund dieses Mädchens befragen, was wird er sagen? Der Mund wird sagen: Ich will gehen. Ich will mit diesem Manne gehen, mit diesem Mittelstürmer. Dafür habe ich mir das ganze Gesicht sorgfältig bemalt, ja, die Haare auch. Und auch ich meine: Laßt uns durchgehen, wir sind der FC Bayern München und haben Honorare bekommen, wenn auch nicht zum Versteuern, oh nein! Das hat uns keiner gesagt. Wir haben was Besseres damit vor! Wir haben sie in Briefumschlägen erhalten, unsere Honorare, und dann in Zürich im Klo, nein, in Kloten, liegengelassen, dort wurde eigens eine Zwischenlandung veranlaßt, oder habe ich inzwischen was falsch verstanden?, war sie gar vorgesehen, die Zwischenlandung? Also diese Zwischenlandung, die gab es, und sie war bitter und doch süß nötig, damit das Geld schlafen geschickt werden konnte, auf einem gemütlichen Schweizer Konto, ja, dort durfte es sich einmal ordentlich ausschlafen, während die Spieler weitermußten, auf zum nächsten Freundschaftsspiel! Auf ein neues! Ihr Geld, ihr Freundschafts-Erhalt, das durfte nie bayerischen Boden berühren. Das müssen Millionen gewesen sein in altem Geld, Geld bringt immer Nöte, ob alt oder jung, aus alt mach neu, und so waren auch die Bayern damals in Geldnöten, sonst fehlte ihnen nichts. Und den

Zöllnern fehlte daher auch nichts, für dieses Nichts mußten sie nicht einmal auf einen Maulbeerbaum klettern, um ihren Erlöser zu sehen, ihren Ausputzer, den Abwehrspieler, nur Geld wehrt er nicht ab. Den Beckenbauer konnten sie auch von unten betrachten, meist aber von hinten, kommt drauf an, wie man es sieht. Ach ja, weil wir schon dabei sind: Für die Spielerhonorare, genau!, benötigen wir auch noch etwas schwarzes Geld, wie das?, da sieht man ja nicht, was draufsteht!, kein Name!, Namen sollen verloren sein, tja, und für die Spielerkäufe benötigen wir es erst recht, und nicht zuletzt für uns selbst brauchen wir es, jeder sagt es, es muß mehr werden, bar auf die Kralle, lustig lustig, es gibt Zeitzeugen, die es wissen müssen, aber nicht wissen. Wir wissen ja auch gar nicht, was wir alles nicht wissen. Die Steuerfahndung jedoch will das alles auch noch wissen. Was machen wir, wenn wir kein Geld haben? Wir werden, Freundschaft!, Spieler des weltberühmten Bayernclubs, denn wären die nicht so berühmt, sie würden nicht so oft eingeladen, sich regen bringt Segen, Freundschaft bringt auch irgendwas, Freundschaftsspiele bringen noch mehr, kommt drauf an, gegen wen, und der Herr Minister sagt es dann auch, halten Sie seine Worte zurück, aber halten Sie ihn nicht mit Worten zurück!, der sagt es ausdrücklich: Sie spielen doch so viel im Ausland, sagt er, da können Sie sich doch helfen. Wer schaut schon hin? Bar auf die Kralle, so machens alle, lustig lustig tralalala, da ist sie schon, die Rückendeckung aus der Politik. Die Abwehr steht. Man sieht schließlich nicht, wer von hinten durch die Tiefe des Raums kommt. Das ist jetzt alles Geschichte, ich bins noch nicht, aber mit dem großen Olympiastadion konnten die Bayern in den ausverkauften Heimspielen dann selbst glänzen, sie konnten Geld erwerben, welches durch die Bücher glatt hindurchging wie die Israeliten durchs Rote Meer. Ich kann nichts dafür. So wurde es überliefert.

Der Staat ist der Nehmer, ich bin der Generalunternehmer, der aber nie was unternimmt. Ich halte meine Dichtungen in Händen, schaue sie an, schaue sie noch einmal an, und dann dürfen sie verschwinden oder, falls gewünscht, selbst was unternehmen, wenn sie wollen, ich lasse sie raus, einige werden sofort flüchten, andre dazukommen, sich unauffällig dazustellen, hoffentlich erwischt man sie nicht. Es muß Werfer und Fänger geben. Und Behalter. Nehmer und Behalter. Und Behälter sind auch ganz praktisch, wenn man Mehl oder Zucker zu verstauen hat, wobei auf den Steuerspareffekt zu achten ist. Mehl, Nudeln und Klopapier zu horten, das hat keinen Sinn. Geld zu horten schon eher. Nur kann meine Auslandsholding im Nachbarland da gar nichts machen, weil ich sie gar nicht habe. Sie könnte ansonsten vielleicht Kredite an das ewige Tochterunternehmen, das ich bin, vergeben und würde dadurch zur Kapitaldrehscheibe werden, zu einer Art finanzieller Töpferscheibe. Man kann formen und gestalten, und das nicht nur mit Worten, es gibt Zinsen für diese Kredite, welche ich dann vom zu versteuernden Einkommen abziehen könnte, bloß ziehen mir die Finanzgesellschaften, nein, die Gemeinschaft der Finanzämter schon vorher alles ab. Eigentlich dürften bei solchen Unternehmungen keine zusätzlichen Steuern oder Gebühren anfallen, so aber falle nur ich vom Baum des Lebens ab, oje, nur mit den Fingerspitzen, denen das dazugehörige Gefühl fehlt, halte ich mich noch fest.

Ich bin eine, die fällt oder gefällt wird, je nachdem, wie man es sieht, und mit dem, was mir eingefallen ist, muß ich eben irgendwann bezahlen. Die Menschen haben im allgemeinen ja hohe Ansprüche an fremde Einfälle, allein für den Einfall der Türken haben sie damals sogar Polen auf Pferden geholt und die ganze Stadt eigens untertunnelt, der Herr Innenminister hatte das damals sicher im Auge, als er selbst sich Pferde holte, Pferde hat er geholt, und Menschen sind wieder gegangen, das heißt, die durften erst gar nicht rein. Ich kann sie nicht noch einmal unterminieren, die Stadt, sie ist ja schon hohl. Ich habe öfter gedroht wegzugehen, um mich wichtig zu machen und weil ich Angst hatte einzubrechen, der Boden ist durch die Tunnels gegen die Türken damals ja recht dünn geworden. Diese

Drohungen sind ja vollständig leer, da soll was drin sein für Sie? Es wäre völliger Blödsinn, fortgehen zu wollen, hier versteht man Sie ja doch am besten, ja, Herr Schleef, Sie hatten recht, als Sie mich in dieser Hinsicht ermahnten. Also bin ich immer noch hier. Rausschmeißen können sie mich nicht. Ich habe einen Ausweis, sie können mich also gar nicht ausweisen. Sie können wieder Türken rausschmeißen, wie früher, aber mich nicht. Sie können Afghanen rausschmeißen, Syrer, sonstige Araber, gehts noch?, kleine Kinder, kranke Greisinnen, mich aber nicht. Sie können nach Illegalen in den Lüften herumschweifen, in den Wolken, den Wohnungen, die bereits überquellen vor Menschen und dennoch immer wieder neu vermietet werden, an völlig Fremde, das ist ja der Zweck. Dort liegt das Geld, dort liegt es auf oder unter dem Fußboden und ist krank, es hustet, das sollte es nicht, damit man nicht drauf aufmerksam gemacht wird. Es wird immer weniger, kein Bett mehr frei, zwei Spitäler sind schon komplett voll, nur in den Lüften ist noch was frei, von dort holen wir unsre Mieter schließlich her, überall und nirgendwo können Sie nach ihnen suchen gehen. Mein Geld, der einzige legale Mitbewohner, den ich habe, sonst halte ich ja niemanden aus, jedenfalls keine Menschen, das wollen sie, das kriegen sie, das steht ihnen zu, Geld ist das einzige, das nicht Auskunft über sich selbst geben muß, ich muß vielmehr Auskunft geben, woher ich es habe und wieviel ich damit verdient habe, daß ich diesen Touristen aus Tourkmenistan hier wohnen ließ. Es ist ein Versprechen auf keine Zukunft für mich, das Geld. Und viel mehr wirds nicht, viel mehr Zukunft auch nicht. Wohin es gehen soll, das habe ich nur zum Teil selbst zu bestimmen.

Ferner habe ich eigentlich über mein Leben im Außer- und im Innerfernerliefen nichts mehr auszusagen, möge es kurz sein, möge es lang sein, ich muß endlich entscheiden, was danach, nach meinem Leben mit mir passiert, keiner kann es mir sagen, ein Jammer, sicher werde ich auch dafür zahlen müssen, auch dort natürlich Vorkasse, Geld nimmt man überall gern. Von den

Toten weiß er nicht, der Herr Staat, er sieht sie nicht, er weiß nicht, was sie interessieren könnte, daher kosten sie ihn nichts, nur die Angehörigen müssen fürs Grab blechen. Grad habe ich 500 Eier abgedrückt, damit meine Eltern weiterhin ein paar Jahre in Unfrieden ruhen können. Ohne mich. Und was bitte soll der Staat jetzt tun? Er weiß ja nicht einmal, wieso die überhaupt tot sind. Ich zum Beispiel werde mir einen Fernseher in meinen Sarg einbauen lassen, welcher von einer tüchtigen Solarzelle oben auf der Erde gespeist werden wird, ich habe bereits Entwürfe gemacht, weiß nur noch nicht, wer die Zellen speist, wenn keine Sonne scheint, na ja, ein bisserl Strom wird für meine ewige Ruhe schon noch dasein, daß ich meine Lieblingsserien sehen kann. Ein Kanal sollte auf jeden Fall für die Toten reserviert sein, nach all den Abgaben, die sie leisten mußten, bevor sie ihr Leben abgaben, ich selbst würde sogar weiter zahlen, damit man mir dort unten den Strom nicht abdreht, ach Gott, an sowas hättest du aber wirklich denken können!

Meine Kraft hat sich schon fast erschöpft, nein, noch nicht ganz, Sie brauchen keine Angst zu haben. Wir stehen erst am Anfang, nein, das auch wieder nicht. Da stehen sie schon wieder an den Grenzen, nicht diejenigen, die hineinwollen, sondern diejenigen, welche sich dort hinstellen und ausländische Finanzinvestoren anlocken wollen, indem sie erhebliche Steuervorteile für Holding- und Finanzierungsgesellschaften anbieten, damit sie andere nackt ausziehen können und neue, noch fremdere mit diesem Anblick herbeilocken. Ja, dort an der Grenze, wo minderjährige Mädeln sich selbst anbieten, ohne kontrolliert zu werden. Die Zinsen dafür kassiert in diesem Fall ein andrer, das tut er in jedem Fall. In jedem Fall ist es ein anderer. Die Mädeln bleiben dort stehen und überschreiten keine Grenzen, sie erledigen ihre Geschäfte an Ort und Stelle, jaja, die Madeln, servas die Buam, die kommen ja in Scharen, im Rudel! Der Gewinn bleibt ihnen nicht, und keinem bleibt seine Gestalt, meine wird größer und immer größer, sie schwillt an. Da kann die ganze Schweiz mit

Gewinn und Gewinnzuwachs werben, soviel sie will, ich nehme mehr zu. Hauptsache, ich bin mit den Zinsen nicht im Verzug, oje, dieses Jahr leider schon, ich bin mir aber meist sogar voraus, ein bißchen, diesmal aber nicht, bitte, ich bin oft sogar meinen Vorauszahlungen voraus!, ein bißchen, ich bin nicht meiner Zeit voraus, nicht mal ein bißchen, meinem Geld aber schon, da habe ich die Nase vorn, das sehen Sie ja. Das haben Sie in Ihren Unterlagen, hier steht es doch, übersichtlich, voraussichtlich, vorausschauend, wie ich finde, nur ich übersehe es nicht, macht nichts. Spesen werden später beim Italiener verrechnet, wo sie anfallen. Da sitzen sie, die Wolfsburger Wölfe in ihren VWs, die machen wenigstens was, sie machen es in Brüssel, wer hätte das gedacht, Wolfsburg in Brüssel konzentriert, und konzentrieren müssen sie sich jetzt, da ihnen die Amis alles wegnehmen wollen; nein, das machen wir nicht einmal mit den armen VWs, in Brüssel interniert, koordiniert zu werden, das ist hart, ein Koordinationszentrum, wo schon viele andre sind, die sich genauso ihre Vorteile erhoffen und auch bekommen, ich könnte noch viel dazu sagen, doch ich verstehe selber nicht, wie Reiche, wenn nicht Weltreiche so gemein sein können und sich bis ins Ausland hinein ausdehnen müssen, vielleicht weil wir hier schon genug von ihnen haben? Bis irgendwann einmal alles einem einzigen Menschen gehört? Vielleicht dem, bei dem wir immer einkaufen? Okay, und das machen sie ganz ohne Krieg, immerhin, dort sitzen sie, die internationalen Gesellschaften, doch jeder zahlt für sich allein, wenn er keine Gesellschaft hat, irgendwann wird vielleicht eine singen, hoffentlich nicht!, ein Besitzer für alle, einer für alle, keiner für niemand, und die einzigen Sachkosten, die entstehen, sind im Fall des Volkswagens, der eigentlich für alle dasein sollte, wie schon der Name sagt, die Honorare der belgischen Steuerberater, und von denen zahlen die Konzerne dann 8 % Einkommensteuer, keine Ahnung, wo die hinsteuern im VW, derzeit in Richtung Gericht, derzeit in die Verlustzone, jetzt sind sie schon wieder raus, jetzt wieder drin, ach, wäre ich doch auch dort, in Belgien war ich noch nie! Von dort wurde meine Tante Lotte samt Mutter nach Auschwitz ausgeliefert, das möchte ich mir doch einmal anschauen, dieses Land der Kontinentaldrift, nein, der kontinentalen Einheit, nein, Einigkeit. Das ist sicher sehr interessant. Der Gewinn solcher Gesellschaften wird in Abhängigkeit von den Kosten ermittelt, und er beträgt nur 8 % der Sachkosten, jawohl, mein Gewinn trägt nicht einmal so viel, viel weniger, das bißchen Farbband für den Drucker, das gar kein Farbband ist, weil es nur schwarzen Staub enthält, wenigstens noch nicht meinen, die neue Handstütze, auf der sich angeblich meine Hände ausruhen anstatt trainieren werden, das liebe Mausbettchen, dann ein paar Stifte und Hefte zum Notieren, was ist das schon, das sind doch niemals 8 %!, das Modell wird nie für mich anwendbar sein, fürchte ich, für VW aber schon, und bei der Generalversammlung gibts belegte Brötchen, die Belege werden nachgereicht, bald!, erst müssen wir die Brötchen beleben, mit Hoffnung erfüllen, mit frischem, durch Räuchern manipuliertem Lachs, es lebt, dieses Brot lebt, wenn auch nicht lange. Ich werde von meinen Ersparnissen leben müssen, wie lange, das weiß ich jetzt noch nicht. Im Erfinden des Kleinsten bleibe ich leider immer stecken, auch hier, deshalb komme ich nie zum Großen, zum Beispiel zur Konzernbilanz von VW, was Größeres fällt mir auf die Schnelle nicht ein, die habe ich noch gekannt, als sie soo groß war, und jetzt sind die immer noch groß. Die haben in Belgien zwar nur 50 Beschäftigte, aber was man mit denen alles anfangen kann!, womit und wie oft man sie beschäftigen kann, bis sie endlich wieder nach Hause fahren dürfen! Nehmen Sie sich dafür ein Beispiel zum großen Gedicht, das entstehen sollte, zur großen Sprache, die da kommen soll, nicht von mir, von nichts kommt nichts. Ich weiß nicht, was ich machen soll, na, das ist ein bisserl simpel, finden Sie nicht? Warum sagen Sie sowas Einfaches dermaßen kompliziert?

Ich würde ab jetzt gern meine Pension einfach genießen, einen echten Euro-Tausender im Monat, den sich irgendwer irgendwo vom Munde abgespart hat, damit ich ihn bekomme! Flüchtlinge und Asylanten, die sich als Flüchtlinge getarnt haben, bekommen mehr! Die bekommen immer mehr als wir! Egal, wieviel wir bekommen, sie bekommen immer mehr. Glauben Sie nicht Ihren Verehrern, ich weiß jetzt nicht, warum, doch denen glaube ich noch eher als dem geschriebenen Recht, das nicht identisch ist mit dem gesprochenen. Sie sind schuld, Sie Deutsche, das sind Sie doch, können Sie sich ausweisen?, ja, Deutsche, deutsche Zeugmeister, deutsche Zenmeister, was weiß ich. Von den Ostgoten in uralten Zeiten, die gar nicht mehr wahr sind, ging es zwar aus, wie der Herr Murer, der Herr Kaltenbrunner, der Herr Seyß-Inquart, der ganz besonders, und noch ein paar Aktive ohne Filter, der ihre Schadstoffe zurückgehalten hätte. Alles schlecht ausgegangen. Sie aber sind der Exekutor! Oje, ich bin in die Räder Ihrer Justiz gefallen, in die Ölwanne Ihrer Bürokratie, deswegen rutsche ich in meinem Büro ja so oft aus beim Schreiben. Weil ich nicht aufgepaßt habe? Weil sie mich abgepaßt haben? Ja, da lieg ich jetzt, direkt vor diesen praktischen Raupenketten, wenn die brechen, geht im Krieg gar nichts mehr, diese Fortbildungs-, nein, Fortbewegungsmittel haben andre durch ihre ganzen Leben begleitet, weil die Menschen Fehltritte machen, statt einfach geradeaus ins Wirtshaus zu gehen und schief wieder rauszukommen. Mich hat sie vorher nie begleitet, die Justiz, hatte nichts, nie mit ihr zu tun, hatte aber oft recht, ohne es durchsetzen zu müssen, ich kannte sie bisher nicht, die Justitia, sie soll angeblich blind sein, vielleicht verwechselt sie mich ja mit jemand anderem. Alles meine eigene Schuld, daß ich bin wie alle.

Gott erhält das Land der Bayern, es hat wunderbare Maßnahmen gegen den Tod der Massen getroffen, und ich sollte das auch tun, ich meine, es erhalten, es wird Gott im berühmt blauen Himmel ohne größere Zeremonie ausgehändigt, das schöne Land, kein schöner Land, doch dieses Land will lieber von mir erhalten werden, von mir und dem Wurstfabrikanten, den sie damals eingesperrt haben. Sie legen hier ihre Axt an alles, was nicht Wald ist, diese südlichen Menschen, na ja, südlich ist relativ; starkbrüllend vor starkem Bier, dafür wären andre zuständig, fürs Brüllen, hier weichen sie nur zurück in die Schar der Gefährten und Gefährder, damit sie es später nicht gewesen sein werden. Sie legen die Axt an Töne und Worte, an tönerne Worte und wortreiche Töne, sie legen sie ans Symphonieorchester und holen sich einen neuen Chefdirigenten, der ziemlich teuer ist, wieso, der alte war doch noch gut?, hast du Töne, hast du Worte?, nein, ich schau mal nach, ein paar sind noch da, mindestens zehn Stück Menschen pro Wohnung, die durchsucht werden soll, zehn müssen anwesend sein für meinen Zehent. Sie reißen wie die Wölfe Aktenordner aus den Regalen: chaos reigns, wie schon der Fuchs zum Antichristen sprach. Papiere, überall Papiere, dort eilen sie dahin, die zehn, mit meinem schönen fetten Archiv, fast alle Worte drin, die ich je auf eine Festplatte geritzt habe, anstatt daß ich sie in all diese blöden Rinden eingeschnitten hätte. Mit den Rinden, die schon so oft erwähnt wurden, fast immer nur von mir und meinem lieben Schubert Franzl, wäre ich nämlich fein raus, denn die Bäume werfen nicht nur Schatten, sie werfen auch mit was andrem, die Eichen-Spinner formieren sich zu einer Prozession, sie haben schon die Händchen gefaltet, und mich werfen sie hier auch raus, sie werfen mich runter, ich darf sie nicht schneiden, dafür stutzen mich die Menschen vom Amt zusammen. Recht haben sie. Dabei sind meine Triebe im Alter nicht einmal gewachsen.

In Zypern zum Beispiel haben sie Umfärbemaschinen, schwarzes und graues Kapital wird grün eingefärbt, und wie Aphrodite entsteigt der Dollar dem Meere. Auf Zypern, auf der ganzen Insel gibt es angeblich einen einzigen Betriebsprüfer, und den hat noch keiner je kennengelernt. Ich will aber nicht ins Ausland, es macht mir angst, bleiben wir in der Provinz! Entnehmen wir das Geld halt von wo und geben es anderswo hin, das kann sogar in Vorarlberg, im Kleinwalsertal geschehen, entdecken Sie seine erstaunliche Vielseitigkeit, klein, aber oho!, dort, wo garantiert keine Bedürftigen sich und uns aufhalten.

Hätte das deutsche Land, das damals einfach überall war, noch länger, tausend Jahre mindestens, sich breiter aufgestellt, Länge mal Breite, als meine Eltern es aushalten konnten, dann gäbe es mich nicht, und das liebe Österreicherlandl mitsamt der Wachau und dem Mariandl, inklusive Großglockner und dem Dazwischen, das auch nicht ganz glatt und eben ist, hätte genausowenig existiert, weil ich es nicht gesehen hätte, stellen Sie sich das vor, ich hätte soviel Schönes nicht gesehn, weil alles Deutschland gewesen wäre, genauso Deutschland gewesen wäre wie alles andre auch, heute noch wird dieses Land mit mir im Paradiese sein, oder es geht mit jemand anderem dort hin, jedenfalls nicht mit England. Nein, ich hätte das nicht ausgehalten, alles ganz Deutschland!, diese beiden niedlichen Länder wären ja eins und einig gewesen, sozusagen verschmolzen. Kein Blatt Papier hätte zwischen sie gepaßt. Dann hätte ich den ganzen Zores nicht, es gäbe mich nicht, Deutschland, das ewige Deutschland gäbe es, immer, aber dafür mich nicht, tja. Dann wären mir alle meine Ersparnisse erspart geblieben, Deutschland wäre da, ich nicht. Hätte das Land länger, als es mußte, auf garantiert rassereinem Nachwuchs bestanden, gäbe es mich nicht, meine Rasse ist unrein, ich weiß, ich gehöre nirgends dazu, viele Anteile ergeben noch kein Ganzes, aber reiner wird sie halt nicht mehr, meine Rasse, tut mir so leid, ich kann mich auch nicht zurückstopfen, der Wirtskörper ist nicht mehr vorhanden.

Alles um mich herum ist verfallen, die Fassade müßte gesäubert werden, die schaut ja furchtbar aus; sogar um mich in meinem Grab niederzulassen, brauche ich, ja, was brauche ich, eine Auslandsfirma, die ihrerseits nicht von außen verwaltet und kontrolliert werden sollte, so wie ich, lang, lang, lang ists her, von meiner Mama kontrolliert und verwaltet wurde, und so sind alle Geschäfte, die ich von hier aus tätige, garantiert steuerfrei. Da können Sie an die Erde klopfen und mir drohen, soviel Sie wollen, haben schon gewühlt, die Herren Menschenfischer?, bitte nicht mich, ich werde Ihnen keine Kirche erbauen, ich liege still und werde von außen gewartet, der Gärtner mäht den Rasen, Laterne und Vase bleiben leer, Kupfersammler werden sie bald abmontieren; mit viel Erd-Schlagobers auf mir drauf spüre ich diese Accessoires ohnehin nicht, es kommt ja auch nie was rein. Die Kommunikation ist recht gut, das Urlaubsklima hervorragend, nur ist es leider kein Urlaub, denn ich muß hier verweilen, und nicht einmal ein Minimum an Kapital ist für meine, dann endgültig nicht, nicht, nie mehr offshore gegangene Firma noch nötig. Es wird einem nach dem Tod auch nichts mehr vorgeschrieben, selbst wenn immer noch Geld hereinkommt. Zahlen muß das dann ein andrer. Ich habe schon öfter geschworen, daß ich das nicht mehr schreiben werde, verzeihen Sie meinen Wortbruch, geben Sie her, den Verband, in dem meine Worte auftreten, der ist schon ziemlich schmutzig, und jetzt ist die Wunde auch wieder aufgebrochen, also nein, lassen Sie ihn lieber drauf, den Verband, damit man Ihre blöde Wunde nicht sieht, und lesen Sie ein Wörterbuch, das hat mehr Gehalt, ich bekomme leider keinen, muß schauen, wo ich bleibe. Genau bei diesem Grab hört es endlich auf. Und wenn einmal niemand mehr für die Ruhestätte zahlt, werde ich sowieso aufgeschmissen und komme zu den welken Blumen und Kränzen auf den Misthaufen. Egal. Alles Bio. Mein Schöpfer, welcher mich aufgegeben hat, hat keine Adresse auf dieses Paket geschrieben. Wahrlich, wahrlich, noch heute werde ich auch nicht im Steuerparadiese sein, ich weiß ja nicht einmal, wie man online ein Ticket kauft, und der da neben mir hat auch sein Kreuz zu tragen, wer das wohl ist?, auch er muß überlegen, wann er buchen sollte, um alle Vorteile mitnehmen zu können und die Nachteile hierzulassen. Was sagt die Bibel über Weib und Mann?, ich sage nichts, die Bibel hat schon alles dazu gesagt. Das spart mir Platz, den ich aber auch nicht für mein Grab verwenden werde dürfen, denn dort ist der Platz beschränkt, also der, der jemandem zugewiesen wird, Platz wäre schon noch mehr da, nur nicht für mich und den Fernseher.

Was, echt?,
da kommt noch was?
Geh bitte!

Ich bin fremd hier. Sie haben ganz recht, Ausländer nicht zu mögen, es ist sogar Ihr gutes Recht: Hausdurchsuchungen in meiner Wohnung dorten, jawohl, wo man noch Deutsch mit den Leuten spricht, aber es nützt einem nichts, wenn man es nicht kann. Sie verstehen einen nicht. Vor jeder Zimmertür ein stiller Beamter, er darf ja nichts sagen, auch vor der Klotür einer, nehmen Sie nichts raus, und geben Sie nichts rein! Wo werd ich denn! Ich bin ja gar nicht da!, oder sehen Sie mich hier irgendwo?, ich liege woanders in meinem Liegestuhl, am letzten schönen Tag des betreffenden Jahres, das mich noch ganz besonders betreffen wird, und dennoch, Gott ist überall, aber leider nirgends zu sprechen: Alles, was ich habe, muß gründlich angeschaut und untersucht werden, das heißt natürlich, ein Teil davon, das meiste, das ich besitze, ist dort, wo ich zu Hause bin. Wetten, die finden nichts? Ich finde hier ja auch nichts. Ich kann es nicht richtig sagen, ich kann gar nichts mehr sagen, ich bin sagenhaft aufgeregt, ich rege mich so auf, daß das Wesen meiner Sprache sich längst, unter ängstlichen Seitenblicken, ob es dabei von jemandem beobachtet und eventuell sogar zurückgehalten werden könnte, was nun wirklich keiner will, geschlichen hat, verflüchtigt. Hier in meinem Gärtchen, Wien West, bin ich zur Gänze enthalten, in meinem Wien, meinem lieben Wien, kein Schwein glaubt mir, wie sehr ich es liebe, was bleibt mir übrig, ich kenne ja kaum was andres, mein Wien also, wo war ich? Dort war ich. Ja, unsere Deutschen, diesmal auf meiner Spur. Die sind auf dem Holzweg. Ich bin doch immer nur zu Hause, doch diesmal bin ich woanders zu Hause. Ich bin es nicht. Da schritt einer für sich hin, na, für mich nicht, die Menschen tun immer alles nur für sich, der hat sogar mein Haus von außen abfotografiert, ich weiß bis heute nicht, wer und wieso, von außen sieht man ja nichts, man sieht nicht, ob wer drin ist, also wieso er da ist, wer er ist, was weiß denn ich! Hartnäckig suchen sie nach Spuren einer Anwesenheit, die gespenstisch ist, wenn auch nicht spukhafte Fernwirkung, die Quantenwelt ist mir verschlossen wie jede andre auch, in der ich nicht bin, fern, fremd, obwohl sie derzeit in aller Munde ist, ich glaube, es gibt sie gar nicht, da so viele drüber reden, daß sie Krankheiten heilen kann, weil sie so klein sind, die Quanten, daß sie überall hineinschlüpfen und alles ruinieren können, was sich dort aufhält, jeden bösen Keim, die Quanten wären doch die Lösung, oder?, statt Wiedergutmachung dafür zu leisten, daß man sie nicht sieht, würde das nicht auch für mich gelten? Könnte nicht ich das Virus zerstören? Nein. Könnte ich das Virus sein? Papa sagte: Virus, Virus, gib mir meine Millionen wieder, Gymnasiastenwitze aus einer Zeit, da man den Varus noch kannte. Jetzt gibt es ja eine Serie über ihn, wie es Serien für alles gibt, das sich vermehren oder zumindest dehnen lassen kann. Könnte ich nicht meine Eltern wieder zum Leben erwecken? Nein, bloß das nicht! Lieber einen schönen Film schauen.

Hier können Sie die Ambivalenz von Liebesbeziehungen gut beobachten, schauen Sie: Der Verlust des Liebesobjekts ist dafür ein ausgezeichneter Anlaß, um diese Ambivalenz zum Vorschein zu bringen! Ich möchte diesen Anlaß ergreifen, ich trauere nämlich nicht um meine Eltern, nicht ums Verrecken, ich könnte diesen Anlaß also zum Anlaß nehmen, um der Trauer, die ich gar nicht empfinde, eine pathologische Gestaltung zu verleihen. Hilfe!, ich werde gezwungen, meiner Trauer, die gar nicht da ist, also in Abwesenheit ein neues Gesicht zu geben. Vielleicht trauere ich dann endlich? Mal sehn. Die Trauer hat ein neues Gesicht, es ist irgendwie pathologisch gestaltet und zwingt mich, mich endlos in der Form von Selbstvorwürfen zu äußern, daß ich nämlich den Verlust dieser beiden Liebesobjekte, die schon keine Liebesobjekte waren, als sie noch lebten, und jetzt, da sie weg sind, noch weniger, daß ich also diesen Verlust selbst verschuldet habe, daß ich den Verlust der ungeliebten Liebesobjekte gewollt habe. Jetzt wissen Sie, warum ich Depressionen habe. Weil mir die Depressionen nach dem Tod der geliebten Eltern, welche doch gar nicht von mir geliebt wurden, im nachhinein irgendwie fehlen würden. Meine Melancholie, meine Depression geht weit hinter ihren Anlaß zurück, denn sie hat keinen Anlaß, sie geht zurück in die Zeit, als ich geliebt wurde und selbst lieben konnte. Was für eine Zurücksetzung, Kränkung und Enttäuschung, daß ich das jetzt nicht mehr kann! Ich verdiene wirklich alles, was mir passiert. Und mehr. Immer mehr. Die Liebe zum Objekt kann nicht aufgegeben werden, weil sie gar nicht vorhanden war, das Objekt also muß selbst aufgegeben werden, es ist unter der Erde ohnedies gut untergebracht; ich werde es, ich werde die beiden Subjekte, die meine Eltern waren, jetzt nicht eigens ausgraben, um meine narzißtische Fixierung auf sie, in die ich mich geflüchtet habe, zu beweisen und zu beweinen. Ich bin also mein eigenes Ersatzobjekt, niemand sonst taugt für diese Rolle, und an mir, dem Ersatz für meine ungeliebten Eltern, ja, an sowas hat Freud nicht gedacht, an mir betätigt sich jetzt freudig der Haß und frißt und frißt und frißt mich auf. Er wirft die blanken Knochen über die Schultern und will immer noch mehr. In mir beschimpfe ich mich selbst, bis es auch andre tun, ich erniedrige mich selbst, bis es auch andre tun, ich mache mich selbst leiden, bis das andre tun, und ich gewinne daraus eine sadistische Befriedigung. So. Wo ist mein Fluchtweg? Im Geld liegt er nicht. Auch wenn mir andre Hasser empfehlen, Geld für Flüchtlinge auszugeben oder sie gar bei mir wohnen zu lassen. Ich glaube ihnen nicht. Ich glaube ja auch den Quanten nicht. Sie glauben im Nahverkehrs-Bayern nicht, daß ich in meiner Heimatstadt lebe, sie glauben an diese spukhafte Fernwirkung, sie glauben, ich kann an einem Ort leben und am anderen sein und zwischen Löchern herumspringen, gleichzeitig zwischen mehreren Löchern, ich glaube, ich habe da etwas ganz falsch verstanden, wie ich ja schon Freud nicht verstanden habe. Ich kann es nicht erklären, ich kann es nicht klären, ich bin doch keine Kläranlage, an mir bleibt alles haften. Wenn eine Anwesenheit schon abwesend ist, ist die Abwesenheit kein Problem mehr. Man muß nur mit sich selbst, nein, von sich selbst ausgehen. Ich gehe aber nie aus.

Ab sofort wird einem überhaupt nichts geglaubt, wenn der Staat nach einem greift. So hat er das schon immer gemacht, der Staat, einmal der, dann der andre, dann wieder der eine. Es wird einem nichts geglaubt. Das ist überhaupt seltsam mit der Wahrheit: Was ist Wahrheit? Wo finde ich sie? Wenn man die Wahrheit sagt, glauben einem noch weniger Leute als sonst. Ist das nicht komisch? Die Wahrheit ist eine Lüge, so wie die Nähe dem Menschen am fernsten bleibt, achten Sie denn wenigstens die Wahrheit des Seins? Eher weniger, gell?! Da erscheinen mindestens zehn Personen und wollen mein Wesen dahin geleiten, daß es denkend auf die durchwabernden, durchwaltenden Dimensionen der Wahrheit des Seins achtet. Genau diese Wahrheit wollen sie jetzt endlich kennenlernen, ausgerechnet durch mich?, das wird nicht funktionieren, obwohl ich sie schon so oft mit Herrn Heidegger gemeinsam in einer Homeshow, liebevoll verpackt in Tupperware-Geschirr, vorgestellt und wieder zugestellt, nein, verstellt habe, inklusive den Plastikdosen mit luftdicht schließenden Deckeln und dem Käsemesser, das ich gekauft habe, um die Wahrheit wieder loszuwerden. Ich habe versucht, sie zu verkaufen, wie der ehemalige Finanzminister das Land, die Elektrizität, die Flieger, die Scheiße, vieles ist ihm gelungen, manches nicht. Ich habe versucht, die Wahrheit als mündelsicher (wie die guten Meinl-Papiere) zu verscherbeln, ich habe sie, als niemand kaufen wollte, mit meinem falschen Blick verstellt, wie es verlangt wurde, so oft, daß ich schon fast mit ihm verwandt bin, dem Herrn Denker, und dann glauben sie mir immer noch nicht. Dies hier ist keine Zusammenfassung von Durchsuchungen, ich habe nicht gesagt Versuchungen!, hier und dort, hie und da, ich habe die Übersicht verloren, der Staat die Nachsicht, und Sie kennen das alles schon, lesen Sie jetzt nicht weiter, lesen Sie jetzt nichts!

Schauen Sie nicht hin! Schauen Sie lieber auf den jungen Herrn Bundeskanzler, aber der ist jetzt auch ganz weg.

Wird Ihnen das Bleiben nicht auch oft zur Last? Wohin mit mir? Wo mich besuchen? Es steht ihnen frei, es steht ihnen zu, über mich zu bestimmen. Das steht jedem Staat zu, aber auch jedem Menschen, alle bestimmen für mich, sie sagen mir, wos langgeht, und wenn einer woandershin geht, dann kassieren sie ihn erst mal ab, und dann nehmen sie auch mich ein, und dann nehmen sie niemand für mich ein, was wünschen Sie, was darf ich bringen? Was darf ich fortschaffen? Ich schau mal nach, wann der Zug geht. Ich bin im Arsch. In einer halben Stunde schaff ichs doch nie zum Bahnhof. Bleib ich halt hier. Die Züge müssen trotzdem rollen, bis zum Sieg über die Seuche, und danach fliegt man wieder, aber nicht als Engerl. Bleiben Sie zu Haus! Noch nie habe ich mein Lebensmotto so oft gehört wie jetzt. Wir machen nur von unserem Hausrecht Gebrauch! Sie dürfen nur eine Person treffen, und die ist schon da. Wollen sie mich haben und behalten, oder würde ihnen mein Geld allein auch genügen? Wahrscheinlich. Es würde ihnen genügen. Doch mit meinem bißchen Geld werden sie nicht berühmt werden. Ohne mich. Ich meine: Ohne mich bekommen sie es nicht, das ist ihnen aber nicht wichtig, und sie selbst wären dann auch nicht wichtig.

Hilfe! Ich hänge hier fest wie in einer Zeitschlinge, die sich um meinen Hals gelegt hat. Das Verfolgtwerden scheint jedenfalls in meiner Familie zu liegen, ich bereue diesen Satz schon, bevor ich ihn niederschreiben kann, wieder einmal hat meine Eitelkeit gesiegt, die Angabe mit meiner Person, am liebsten würde ich mich verstecken. Aber wenn die Querdenker jetzt wieder Länge mal Breite denken dürfen, dann darf ich es auch. Ich nehme mir das Recht, sehe aber, daß ich es schon habe, zweimal brauche ich es nicht, ich werde es billig abstoßen, damit ich selbst keinen Anstoß errege. Heim ins Reich ging es, die Leute waren nicht zu bremsen, auch Menschen, die gar nicht dorthin wollten, sondern daheimbleiben, wie mein Onkel Adalbert Felsenburg damals, Sie erinnern sich, ich vergesse so leicht, woran Sie sich erinnern, das habe ich von meinem Land persönlich gelernt, deswegen muß ich es ständig aufschreiben, damit ich es mir merke. Jetzt ist meine Tante hundert geworden und weiß es nicht einmal. In meiner Verzweiflung, daß ich nicht mehr gelitten habe als er, greife ich immer nach diesem Onkel, so ein angesehener Journalist der Neuen Freien Presse, die weder neu noch frei war, was Adalbert nicht wußte, und dann das!, der soll für mich bürgen, er hätte den Dachau-Bonus!, typisch, das werden sie von mir sagen: Sie nutzt den Dachau-Bonus, pfui!, sie nutzt Tote aus! Ein Stummer war der, dem hat nichts was genützt, einer, welcher nach seiner Rückkehr in die liebe Wienerstadt das Gas selbst aufgedreht hat, ohne es anzuzünden, die Krematorien schwiegen damals schon still, die Gefängnisse wurden geschlossen, aber nur für die Nazis, die durften dort nicht rein. Wir müssen leider draußen bleiben, sagten sie mutlos. Ausgerechnet so einer wie dieser Onkel soll jetzt, nach so vielen Jahren, für mich bürgen, wo er doch längst nicht mehr da ist! Wo ich ihn doch nie gekannt habe! Die Opfer können heute für uns bürgen, sie können sich für uns verbürgen, oder?, was hätten sie sonst für einen Sinn, ihr Sterben, wofür wäre der Aufwand gut gewesen? Wenn wir sie ein wenig herrichten, kann man sie vielleicht noch für irgendwas brauchen, ich schaffe das!, wenn wir sie ein wenig ausschmücken und uns dann selbst mit ihnen schmücken, wie ich, ich zähle auf sie, dann bürgen sie vielleicht für mich, die lieben Opfer. Ich nehme mich der Opfer an, da können die ruhig auch was für mich tun. Bürger sein durften sie nicht. Hatten sie Bürgen, durften sie weg. Mit ihrem Opfer sollen sie sich bescheiden, denn das erste, was Opfer lernen müssen, ist Bescheidenheit. Gedenkt man ihrer in einer Feier, haben sie Glück gehabt. Aber Bescheidenheit ist ja das letzte, was der Deutsche kennt, immer gibt er anderen die Schuld, anstatt sich zu bescheiden. Ich hole ihn mir immer, wenn ich ihn brauche, den Deutschen, und dann merke ich, daß er längst mich geholt hat, obwohl es im höchsten Grade unmoralisch ist, einen Verzweifelten für die eigene Verzweiflung zu mißbrauchen. Endlich ein neues Opferl! Her damit! Sein total gerechtes Rechtswesen zieht der Deutsche hinter sich her. Wenn er nicht aufpaßt, wird man es ihm noch abreißen wie ein altes Kalenderblatt.

Ich kann ihm schließlich nicht mehr wehtun, dem Adalbert, doch ich kann ihn noch gut brauchen, sein Kapitel kann ich nicht abschließen, ich sollte es können, einfach aufhören, ist doch kein Problem, wo sie doch schon längst seine Frau vergast hatten, als er selbst ins Gas ging, aber hingehen mußte er dafür nicht, das Gas kam zu ihm nach Hause, seiner Frau, meiner Tante, besuchen Sie bitte ihre Gedenktafel, die freut sich immer so, der Tante wurde der Tod gespendet, sie mußte sich vorher nur ausziehen, mehr war nicht nötig. Der arme Adalbert in Dachau, das liegt zufällig bei München, Adalbert liegt woanders. Keine Ahnung, wo. In Wien, nehme ich an. Und vergib auch unseren Schuldigern, wie wir vergeben haben allen Schuldigen, nein, ich nicht!, das mach ich nicht!, wo sie ihm in Dachau also diesen blöden Arm abgesägt haben, keiner weiß, warum, denn was soll man mit einem haremlosen Herrn, nein, einem herrenlosen Arm jetzt anfangen?!, wenn man ihn noch nicht mal hat!, das ist meine einzige Entschuldigung, die mich leider nicht entschuldet. Ich bin seine Zeugin, doch gesehen hab ich ihn nie, es ist sich zeitlich irgendwie nicht ausgegangen. Wir haben uns verpaßt. Und dann verpaßten sie ihm noch eine. Macht nichts. Ich zeuge gern auch für andere, wenn Sie mir Namen und Adressen geben, letzte Adressen am besten, dann nichts mehr, auf diese Adresse folgt keine mehr, man muß nicht mehr suchen. Nur das Konto in der Schweiz bleibt brav da, das kann man nicht mitnehmen, das ist nicht nichts, das ist doch was! Sein Herrchen jedoch kommt nicht mehr, nach all dieser Zeit und dieser Mühe kommt es nicht mehr. Sollen wir das Geld jetzt ausgeben? Au ja! Man soll mich loben, weil ich eine Zeugin bin, wenn auch keine Zeitzeugin! Man soll mich überhaupt immer loben, weil ich die anstrengende Erinnerungsarbeit leiste. Eine einzelne Person tut das, was die ganze Regierung tut, wenn auch nicht jeden Tag? Dabei habe ich ihn nie gekannt, den Adalbert, Béla, nur seinen Sohn Walter. Inzwischen der auch tot. Und seine Frau erst! Das kann ja heiter werden. Seinen Hundertsten hat er in Las Vegas gefeiert, denn heiter war auch er stets. Er hat ja über lustige Streiche aus dem Gerichtssaal geschrieben, er war viel lustiger als ich, ich geh ihn gleich holen, wieder einmal, um ihnen endgültig das Maul zu stopfen und mir das Maul mit meinen toten Verwandten zu stopfen, leider bin ich noch nicht soweit, aber bald. Es ist wieder mal typisch für mich. Allein fühl ich mich zu schwach. Ich grapsche nach jedem Opfer, das ich erwischen kann, und ziehe mir seine Sachen an, auch wenn sie mir gar nicht passen. Vielleicht bin dann auch ich ein Opfer, also wenn man nur flüchtig hinschaut, und die Leute haben Mitleid auch mit mir. Ich lasse nichts und niemanden aus.

Wenn meine Herkunft Sie nicht interessiert, weil Sie eher alles über Königstöchter interessiert, wenn Sie wissen wollen (sehr unwahrscheinlich), wo ich wann und wie lang gewesen bin und was für ein Geld ich wofür verdient habe, dann wärs am besten gewesen, Sie hätten einen Zettel drangehängt: nicht wegschmeißen! Verfällt von allein! Dekompostiert sich selbst! Die Umwelt freut sich, sonst niemand. Was interessiert Sie dann sonst? Ich habe noch einiges zu bieten, suchen Sie sich was aus. Wenn Sie nicht interessiert, was Ihr Geld so macht, wenn Sie es nicht kontrollieren, so wie sie mich kontrollieren, die deutschen Dunkelmänner, dann sollten es wenigstens die Herkunft sowie das Wesen der Herkunft für das geschichtliche Menschentum sein, das Sie interessieren könnte, nein?, nicht?, oder wollen Sie ein andres Menschentrumm?, vielleicht eins ohne Geschichte, die einen nur beschwert und über die man sich selbst endlos beschwert, immer zu spät, sonst gäbe es ja die Geschichte gar nicht. Schau vorwärts, Engel! Frist verstrichen, letzte Mahnung übersehen. Mich können Sie vergessen, meinen Onkel Adalbert,

Béla genannt, nicht. Das erlaube ich nicht. Den merken Sie sich jetzt ungefähr zwanzig Sekunden lang, und dann können Sie ihn vergessen, denn bei den Gedenkfeiern ist er ausdrücklich nicht mitgemeint, er hat sich schließlich selbst heimgedreht, hamdraht, wie wir sagen, mittels Gas. Er gehört nicht dazu. Dafür sorge jetzt also ich, daß der Ihnen im Gedächtnis bleibt, auch wenn er keine eigene Feier dafür kriegt. Er hat meine Tante nur geheiratet, weil die im Synagogenchor so schön gesungen hat, wie unter uns gesagt wird. Ja, die Kunst wurde bei uns immer hochgehalten, bis uns der Arm abfiel. Mir wäre das nur recht gewesen. Hätte ich nicht mehr irgendwelche Instrumente üben müssen, doch soviel Glück hatte ich nicht. Geliebt hat der Onkel eine Primaballerina, eine Filmschauspielerin, das kommt davon, wenn man immer nach oben schauen und Theaterkritiken schreiben muß! Er wollte wohl hoch hinaus in der Partnerwahl, obwohl er schon eine Partnerin hatte, aus meiner Familie, einer guten Familie, wenn auch arm. Wir Jelineks haben eben immer Pech, die Leute wollen dauernd was Besseres als uns. Ohne Arm hatte er dann aber keinen Stich mehr bei der Ballerina gemacht, die ohne Bein doch auch nicht glücklich gewesen wäre. Der Onkel war ein bekannter Journalist in Wien, ich erwähne das dauernd, weil ich auch berühmte Menschen in meiner Familie haben und damit angeben möchte, ein Freund und Kollege Theodor Herzls, welchen er in Marsch setzte, ein neues Land zu erobern, mein Onkel hatte mit Pogromen im Osten dermaßen schlechte Erfahrungen gemacht, die haben ihn so aufgeregt, daß er den Herrn Herzl aufgewogen, nein, aufgewiegelt hat, damit das den Juden in Zukunft erspart bleiben möge, ja, mein Onkel, beim Prominententransport mittendrinnen, dem sogenannten, was für eine Ehre, auch nur dabeisein zu dürfen bei den Promis, ach, hätte man doch damals gewußt, was man heute weiß!

Brauchen Sie diese Spur noch oder kann die weg? Es soll nichts bleiben, was auf uns weist. Wenn Sie eine verzweifelte Frau händeringend, weil sie kein Navi hat, herumrennen sehen, die ihre Sprache nicht mehr findet, dann stehen Sie ihr bei, sagen Sie ihr ein, sagen Sie ihr, was sie sagen soll. Sie hat ihre Sprache abgelegt und ist schreiend in der Unterwäsche, die besser niemand sehen sollte, obwohl es schon die bessere ist, aus der Umkleidekabine gerannt, weil sie sich dort im Spiegel gesehen hat. Sie hat sie entsetzt auf den Boden fallen lassen, ihre Sprache, ein Ärmel ist dummerweise nach innen gerutscht, das ist beim Anziehen dann lästig, wenn man seinen zweiten Arm noch hat. Wenn Sie sie rennen sehen, weil ihr die Worte fehlen, dann rufen Sie uns, wir schneiden ihr das Wort sofort ganz ab, das sie gerade nötig braucht, vor ihrer Nase. Was wollte ich sagen? Jetzt weiß ich es nicht mehr. Sie glauben mir nicht? Auf einer Tafel am Westbahnhof, Wien, steht ein Name, zum Gedenken, aber das ist mir zu wenig Gedenken, wer liest schon Tafeln, wer kennt die Namen, als unfreiwillig und unwillig sie zusammenkamen, wer soll das alles lesen? Das wird gar nicht möglich sein. Niemand, niemand liest das, und zwar weil es niemand interessiert. Dort rennt einer mit einem abgeschnittenen Arm herum, Sie wissen schon, dort, wo die Arbeit frei macht, das macht sie ja überall, nicht nur die Armen, ich meine die Arme, es ist die Arbeit, welche die Menschen befreit, zuerst von ihren Gliedern, falls noch welche vorhanden und sie noch nicht in Rauch aufgegangen sind, dann von sich selbst. Er wurde nicht zurückgebracht, dieser Arm, schade, heute hätte man ihn vielleicht wieder annähen können. Ob sie den noch haben? Vielleicht paßt der hier? Nicht? Vielleicht paßt er ja mir, dann hätte ich drei, nein, wahrscheinlich wäre er mir zu groß. Wir wissen alle nicht, warum der Aufwand, was kann die Ursache gewesen sein? Ärztliche Mißversorgung, Faulheit, Folter, Nachlässigkeit, Unkenntnis, Verachtung, ein Unfall? Niemand weiß es. Mein Onkel fiel nicht unter die Deutschen, sie haben ihn eigens geholt, ich muß mir mein Ticket selber bestellen und ausdrucken, wenn ich hinwill, er aber mußte sich um nichts kümmern. Was fallen will, soll man stoßen, und dann haben sie ihn versehrt, nein, nicht was Sie glauben, nicht verzehrt! Die sind doch keine Menschenfresser, die Deutschen! Aber weiß mans, vielleicht haben sie ihn doch gegessen, den Arm? Es herrschte Krieg, es herrschte Not, das wird uns bis heute immer wieder versichert, deswegen wurde das alles ja veranstaltet, und Menschen wurden dafür verunstaltet und den Veranstaltungen der Welt auf Dauer entzogen.

Haufen von Geld bleiben ja auch einfach auf der faulen Haut liegen und verdienen dabei trotzdem noch was, sogar an einem unverdienten Schicksal. Heute wäre sowieso nichts mehr vom Arm übrig, nicht einmal Staub, vielleicht ein paar Moleküle, suchen Sie die einmal in so einem großen Land, welches damals ja noch viel größer war!, vergessen Sie das nicht!, in dem Staub der Millionen könnte niemand ihn mehr ausfindig machen, nicht einmal ganze Menschen, also Menschen total, all inclusive, kriegt man zurück. Sie haben bezahlt, doch Sie kriegen nichts heraus, stimmt, die Summe stimmt, die Nullsumme stimmt noch mehr, die stimmt immer, es kommen so viele Nullen weg wie hinzukommen, na ja, so ungefähr, gestern etwas mehr Geburten als Todesfälle, heute vielleicht umgekehrt, das Virus ist verwirrt, vorwärts oder rückwärts?, heute mehr Tote als gestern, morgen mehr Kranke als Tote, übermorgen beide gleich viel, in den Intensivstationen muß man schon reservieren, es ist uns nicht gleich, was weiß denn ich, aber ich wüßte zu gern, wohin diese blöden Moleküle gewandert sind, die Arm-Moleküle. Unsinn, es können doch nur noch Atome sein, doch Moleküle? Dann könnten sie den Onkel daraus klonen? Dieser depperte Arm, den sie meinem Onkel Béla abgenommen haben, wieso komm ich nicht von dem los, da der Arm doch von meinem Onkel losgekommen ist? Das Ärmchen beschäftigt mich fast täglich. Gibt es Aufzeichnungen, Aufrechnungen? Können wir ein Geschäft machen? Sie geben mir den Arm, ich gebe Ihnen nichts dafür, Sie Deutschland Sie! Und ich derzeit mittendrinnen! So! Morgen wieder zu Hause. Wenn Sie die zweite Hälfte meines Geldes wollen, könnten Sie mir dafür doch wenigstens diesen einen lumpigen, losen Körperteil geben, oder? Viel wert ist der nicht, außer meinem Onkel natürlich, der hätte ihn sicher noch brauchen können, doch er konnte das Gas auch mit dem anderen aufdrehen. Das ist doch ein gutes Geschäft, mein gutes Steuer-Geld gegen etwas, das nicht wert ist, noch irgendwohin gesteuert zu werden.

Sie wollen sich wohl nicht von der Opferrolle trennen, dabei ziehen wir schon die ganze Zeit an ihr, nein, die haben Sie sich zu fest angeklebt, die geht nicht ab! Etwas Nato-Draht gefällig? Damit könnten Sie auch noch diese Rolle an sich anbringen, und wir bringen Ihnen noch mehr Rollen, wenn gewünscht. So ein ganzes Land braucht ganz schön viel davon! Ihr! Fragt nicht nach der Wahrheit, fragt gar nichts. Kriecht da nicht grade etwas aus dem deutschen Schoß? Nein, ich muß mich geirrt haben, aber ich sehe es diesem Land doch an!, dem kleinen Schlitzohr!, seit Jahren schon, gerade ist es wieder etwas lebendig geworden, in Halle in dem Saale, Sie können aber auch eine andre Stadt einsetzen und begießen, damit was aus ihr wird, damit noch mehr Früchtchen reifen, egal wo, denn die Menschen dort sind ja so enttäuscht, daß sie damals zurückgeblieben sind, zurückgelassen wurden oder noch gar nicht da waren, als die klirrenden Waffen verteilt wurden. Fruchtbar wird das hier nicht mehr, glaube nicht, nicht einmal die Zschäpe war fruchtbar, ich sehe hier weit und breit keine Nachkommen, nur tote Menschen, am Ende zwei im Wohnwagen, auch tot, aus ist und gut ist, keine Ahnung, nein, wirklich keine, wie kommt der Vogel ins Ei? Keine Ahnung, wie kommt das Ei hier auf den Tisch? Das müßte ich wissen, leider ist es zu hart geworden und hat sich gegen mich gekehret. Und gegen diesen Politiker, den sie auch erschossen haben, heute schon weiß ich seinen Namen nicht mehr, morgen bereits werde ich auch mit ihm im Paradiese sein.

Ich führe doch hier kein Totenbuch, wie stellen Sie sich das vor?, es würde mich sofort zerquetschen in dieser riesigen Menschenmenge, und es wäre außerdem verboten, sich dort aufzuhalten, solang man noch seinen Atem ausstößt und die Leute infiziert, nein, ich spreche über mich, mich, mich! Endlich! Endlich wieder aufatmen, dann ausatmen, denn das Ausatmen, das bringts! Darunter, unter all den Toten, den Menschen, die weg sind, verschwunden, dem Land entnommen und nicht mehr zurückgegeben, findet eine ganze Flüchtlingswelle, ein Flüchtlingstsunami Platz, für den wir eigens, bevor sie untergehen, unsere Kernkraftwerke abschalten sollten, wenn Sie mich fragen. Ob man aus ihnen wohl Bio-Strom ziehen könnte? Nein, was tot ist, erzeugt auch keinen Strom mehr, außer es ist ein Frosch. Damit ist es vorbei. Jeder Tote, den wir erzeugt haben, ist für die Produktion verloren, der wird von Würmern konsumiert. Und die übriggeblieben sind, die bringen alles übrige um, damit sie endlich allein da sein können, die ganze Natur, die Menschen, alles, was Sie wollen, Sie müssen nur drauf zeigen, und schon wird es umgebracht, die bringen Ihnen alles um, was nötig ist, das Recht folgt der Regierung und liefert die Begründung dafür, ein solches Recht liefert für alles die Begründung, Sie müssen nur sagen, wofür, aber den Arm bringen sie nicht her, die Ratenlosen, am Ende wurde ja doch alles bezahlt, notfalls in kleinen Beträgen, wenn auch nicht von allen.

Alle weg, alle futsch, außer mir, ich bin die letzte, wieso bin ich dann immer zu früh, wieso komme ich immer zu früh?, wehe, wenn ich losgelassen, dann passiert nämlich überhaupt nichts. Wehe, Sie sagen da etwas dazu! Halten Sie den Mund, wenn Sie nichts Besseres zu halten haben! Mein Onkel Béla hat wohl gemerkt, daß es immer dieselben sind, daß sie nicht weniger werden, nur andre, oder dieselben, aber anders? Die Toten werden ja auch nicht weniger, sondern mehr, er hat gesehen, daß es immer dieselben waren, was soll man da noch groß schreiben! Ich sage, es sind nicht immer dieselben, es sind natürlich andere, es müssen schon aus Altersgründen immer wieder andere Tote sein oder im Ausland sein oder neue sein, die zur Leichenfeier, nein, zur Gleichenfeier geladen werden und anreisen wollen, und jetzt sitzen sie oder wohnen noch zu Hause, mitten unter uns, ha!, endlich ein Wort, das der Deutsche nicht kennt, ich benütze es besonders gern, sie sind schon geladen!, sie sind geladen zur Gleichenfeier!, sie sagen Richtfest dazu, die deutschen Richter, bei ihnen ist ja immer Richtfest, wozu noch eigens feiern? Rutschfest wie meine Socken? Nein. Richtfest, ja, da müssen sie dann still sein, eine Gedenkminute einlegen und Tasten am Handy drücken, wenn sie gerade nicht sprechen dürfen, bis Gucki erscheint und nicht pietätvoll schaut, sondern gleich spricht, falls man das Sprechen überhaupt eingeschaltet hat, diese wertvolle Funktion. Das Schweigen konnten sie besser, Vorsicht!, hier werden Tasten gedrückt und Fäden gezogen, obwohl die Wunden längst geheilt sind. Es sind keine guten Deutschen und es sind keine schlechten Deutschen gewesen, sie können es überhaupt nicht gewesen sein, sie schlagen sich deswegen schon auf die Brust, und dann schlägt ihnen jemand auf den Rücken, bis sie die ganze Schuld wieder ausgespuckt haben, bis sie die Richtigen gefunden haben, die schuld waren, die aber auch schon tot sind, es sollen ihnen möglichst viele dabei zuschauen, daß es die gar nicht mehr gibt. So, und dazu wird es auch noch übertragen, weil das Deutsche allein noch nicht ansteckend genug ist, nicht einmal mitsamt Corona, dem neuen, modernen Virus, macht ja nichts, kostet keinen Sprit, nicht einmal Gas, wir kochen elektrisch, und ganz besonders unschuldig sind die, die Verfolgung leiden. So, und jetzt sind einmal die andren dran, höchste Zeit. Wenn die ihre Schuld feiern, da steppt der Bär, da sind die Reihen im Bundestag besetzt, sie brauchen schon einen neuen Bund, schon wieder einen, das geht ins Geld, ein neuer muß her, mit Glaskuppel, damit die Raubvögel von oben hineinsehen können, wen sie sich holen wollen, aber nicht können. Und überhaupt, hier wird um Worte gerungen, und Worte werden gefunden. Weil die deutschen Bürger ja immer nach Schuldigen suchen, und dann gäbe es ganz neue, zu denen sie natürlich wieder nicht gehören können. Das Deutsche, es ist seit jeher ein Haßwort in der Familie, das Deutsche, ich kann nichts dafür, schließe mich diesem Gefühl aber an, wir im Hause Jelinek, einem Einfamilienhaus, in dem nicht einmal eine Familie wohnt, sondern nur ich, wir hassen alle das Deutsche, ja, ich weiß, das ist total ungerecht, es gibt ja auch gute Deutsche, so viele!, mehr als genug!, mehr als alle!, mehr als mich selbst!, es gibt die gute deutsche Sprache, so viele Wörter!, sagenhaft!, ich lebe von ihr, andre sterben durch sie, sie werden mir sicher noch einfallen, die Wörter, wenn ich mich länger mit ihnen beschäftige, schon damit sie sich nicht wieder mit mir beschäftigen, diesmal meine ich aber wirklich die Deutschen pur, die sind Zucker!, reiner Sirup! Keine Verwässerung mehr. Ich schreibe das hier einmal so hin und überlege, wen ich noch anklagen kann, vielleicht weil er mehr hat als ich?, ich schreibe das hier so für mich hin, nichts mehr zu suchen, hab ich im Sinn, ich weiß ja, wo mein Geld jetzt ist, immerhin, ich durfte es nicht begleiten, aber ich kenne den Empfänger. Es muß mich nicht mehr kümmern, ob es sich vermehrt, ich muß mich nicht mehr drum kümmern. Es spricht jetzt Deutsch, es spricht eine mehr oder weniger interregionale Sprache, deren Ticket nicht für jeden Zug gilt, falls Sie eine Ermäßigung wollen. Und doch, es versteht mich nicht mehr, und es gehört jetzt ohnedies einem oder mehreren anderen. Man hat die Mittel, aber man hat keine Macht. Man hat Berater, bleibt aber unberaten und unberechnend und unberechenbar. Wo ein Mittel, dort ein Weg? Wo ein Mittel, dort ein Mittelweg, für den man kein Ticket braucht? Nein, es gibt keinen. Entweder – oder. Dort und dort gleichzeitig, das geht nicht, ich bin ja nicht zwei, vielleicht bin ich ein Doppelgeschöpf, das man zweimal je zur Hälfte abkassieren kann, aber ich bin nicht zwei Personen, unmöglich, oder Sie müssen meinen Schatten mitgerechnet haben.

Wir gehen jetzt alle einmal weg aus Deutschland, damit andre reinkönnen, kommen Sie mit?, weshalb?, weil wir nicht müssen! Ich bin dagegen, und zwar gegen alles, ich bin gegen Menschen im allgemeinen und gegen meine Landsleute im besonderen, gegen andre Landsleute bin ich aber auch, wie Sie sehen, gegen meine Nachbarn bin ich sogar noch mehr, obwohl ich doch, unabweisbar, auch von ihnen unabweisbar, zu ihnen gehöre, die Meinigen, die mir zwei Fenster komplett zugebaut haben, nein, nicht die Meininger, natürlich nicht, wer immer das ist, wo der Heidegger vorübergehend gewohnt hat, im vornehmen Haus des Seins, das sich keiner der Sieger für eine Durchsuchung vorgenommen hatte. Sprachpolizei zeigt auf und droht mir mit meinen Lesern, welche auch bald abwandern werden oder schon gegangen sind.

Ja, Geld würden sie überall mögen und auch annehmen und anlegen und dann wieder ausgeben oder auch nicht, so viele Möglichkeiten, ach!, ich habe nur noch wenige, aber daran ist niemand schuld. So, das ist der erste Schritt in den Verfall, treten Sie zurück, sonst trifft es Sie auch noch, ja, ja, das Alter!, und auch meine beiden lieben Arme, ausgebreitet zur Umarmung, weil auch andre Arme haben, solange es Arme gibt, hehe, ich habe sie beide noch, die Arme, sie zerfallen bald, dieser Arm hier zerfällt oder ist schon zerfallen, wir alle *fallen*. Diese Hand da fällt, vielleicht vom vielen Waschen. Und sieh dir andre an: es ist in *allen*; ja, leider, man kann ihnen jetzt schon dabei zuschauen, also, wo war ich? Immer noch hier! Was sagst du, Mama? Das soll ich dir versprechen, du hast genug mitgemacht unter denen? Du sagst, du hättest es mir ja prophezeit. Ich lasse mich niemals scheiden, auch wenn Sie es mir hundertmal nahelegen, nein, eine deutsche Frau ist treu! Was muten Sie mir zu? So sprach meine Mama zu jenen deutschen Menschen, welche ihr die Scheidung von Papa mehrmals mehr als nahelegten, dazu wurde sie öfter eigens vorgeladen. Was muten Sie mir zu, eine deutsche Frau ist treu! Ja, auch einem Juden, wenn mal einer daherkommt, daher nennt man ihn ja einen Hergelaufenen. Eine Unverschämtheit ist das, was Sie von mir verlangen! Humor hatte sie, da gibts nichts, sie hat sich nicht scheiden lassen, was wiederum für mich nicht lustig war, und mein Vater, Chemiker, ja, die Chemie war damals beliebt, der mußte, zwangsverpflichtet, für die Deutschen und ihr frisch renoviertes, beinahe leergefegtes Land etwas erfinden, das ihm selbst nicht und nicht einfallen wollte, bis es in fremde Länder einfallen mußte, ohne ihn. Oh Land von meinem Papa, das alles Überflüssige ganz ohne Chemie entfernt hat, oh Land! Er mußte Sachen erfinden, mein Papa, und danach wieder andre schöne, praktische Sachen erfinden, von denen ich bis heute nicht weiß, was sie darstellen sollten, ich glaube, ja, genau, Klebstoffe, die sind immer nützlich. Milliarden von den Chinesen nützen vielleicht heute noch Papas Klebstoffe von damals, den sie heute beim Konzern, an den Vati damals gekettet war, einkaufen, damit sie besser zusammenhalten, ob als Fliegenfänger für das Virus oder damit die Pflaster am Körper fester kleben, keine Ahnung. Ich sage jetzt nicht, daß er auch mir ab und zu eine geklebt hat, das verschweige ich. Über jede Ohrfeige habe ich mich gefreut, denn sie war berechtigt. Die Chinesen freuen sich ja auch über alles, was sie von uns kaufen können, und wir freuen uns darüber, was wir von ihnen kaufen können, nämlich alles, was sie nicht mehr brauchen, weil schon durch die Seuche alle tot sind, nein, Blödsinn, echt jetzt, wieso kaufen die Chinesen bei uns ein? Damit man es dann ihnen, nur billiger und besser, wieder abkaufen kann. Ich kriege es nicht heraus, was es war, ich kriege nichts heraus, Stoff und Klebstoff sind hier untrennbar miteinander verbunden. Man kann, fragen Sie selbst die Chemie!, jede Verbindung lösen, was nicht der Aufgabenstellung meines Papas entsprochen hätte. Da mußte alles ordentlich halten. Das mußte einfach halten, möglichst einfach. Sonst hätte er einsitzen gehen müssen. Was krieg ich für diese wertvollen Infos? Nichts. Ich bezahle aber auch nichts dafür. Keiner sagt mir was. Die Firma Semperit sagt gar nichts außer Verkaufszahlen, welche sagen: Diese Firma wird ewig bestehen. Semper it picke. So, und jetzt ist sie auch noch abgebrannt, ehrlich! Vielleicht soll ich jetzt für ihn Steuern zahlen, für den Papa, nachträglich, die Juden mußten ja dauernd was zahlen, damit man ihnen nachsagen konnte, sie würden sich dauernd was nehmen. Allein um wegzukommen, das Fortkommen ist teuer, das Wegkommen aber auch.

Ich möchte an dieser Stelle nochmals ausdrücklich betonen, daß ich nicht verfolgt wurde und das, was ich als Verfolgung bezeichnet habe, ausdrücklich bedauere und mit dem Ausdruck, mit einem Ausdruck, nein, ausgedruckt habe ich es noch nicht, es ist zwar schwarz auf weiß, aber auf dem Bildschirm, ich habe es noch auf dem Schirm, also, wie gehts weiter?, mit dem Ausdruck des Bedauerns zurückziehe, meine Ausdrücke nehme ich wieder mit, weil mir keine neuen mehr einfallen. Die wirklich Verfolgten, die echten, die stauen sich jetzt überall, niemand will sie, Blockabfertigung, so viele sind es, keiner zählt die Namen, die werden alle dereinst ebenfalls Steuerzahler, wetten?, Hunderttausende, wenn Sie bis dahin noch Lust und Luft zu atmen bekommen, um sich produzieren zu können! Haben Sie noch nicht genug von denen, die sich in mißlichen Lagen in mißliche Lager begeben und einfach so liegengeblieben sind, faul, wie sie sind, auf dem Grund des Meeres, im Fluß, in der Schlange, wegen der Schlangen? Hilfe, ich stürze hier ab! Moment! He! Bin schon unten! Nix passiert. Die Fahrt war sogar recht angenehm, wenn man sie mit andren Fahrten vergleicht. Ich singe halt mein Lied, der Denker meint, das kann nicht stimmen, wie können die Russen denn Lieder haben?, sie können es nicht. Blödsinn! Singen, das können sie! Sollen sie vielleicht kommen? Nicht die auch noch! Körper haben wir hier genug, an denen können wir üben, keine Ahnung, was. Sie türmen sich auf, die Körper, so wenig würde zu ihrem Glück gehören, doch sie kriegen es nicht, nicht das wenige, damit sie nicht gleich wieder mehr wollen.

Jetzt kennen sie alles von mir, die Hundings, sie können alles, sie haben alles, sie können alles lesen, auch das Künstlerische, das zum großen Teil gar nicht von mir ist, aber ich zahle nicht auch noch für diejenigen, die ich verwerte. Die haben fertig. Selig sind, die da Leid tragen, denn sie sollen getröstet werden. Oje, das wird gewiß alles gegen mich verwendet werden, auch was Jesus sagte, auch wenn er es von anderen stahl, auch was ich von anderen stahl, du sollst nicht begehren deines Nachbarn Schreiben, ich mache es aber trotzdem, das können sie genauso mit mir machen, die Nachbarn, sie verwerten alles, sie wollen alles wissen, sie wühlen überall herum. Gott ist tot, da braucht man keine Rücksicht mehr zu nehmen, niemand bestraft sie, meine persönlichen Haus-Häscher, meine persönlichen Plüschhasen, sie kennen meine halben Unterhosen, meine halben Sachen, mein halbes Archiv, 33 Archivkartons von Ikea (der Herr Kamprad, dem das alles gehört, hat seine Schäfchen natürlich auch ins trockene gebracht und sich selbst dann dazugelegt): Das geht Sie aber gar nichts an, hier bin ich zu Hause, dies ist nicht öffentlich, wer es betritt, ist auf sich allein gestellt. Wartet nur, balde ruhe ich auch. Sie suchen nach meinen Anfängen, finden sie aber nicht, wie Krebs gehen sie rückwärts, hinterlassen eine Spur der Verwüstung, bekommen aber keinen zu fassen, so ein Krebs, der hat doch hinten keine Augen. Und dann wird er auch noch bekämpft. Sie haben sich alles genommen, na ja, nicht alles, aber doch. Ich sage es zum hundertsten Mal, wenns reicht: Das ist das schlimmste für mich. Daß sie alles Geschriebene von mir haben. Damit kann ich nicht leben, deshalb schreibe ich es hier, ich schreibe auf, was mein Leben ist, und dann schmeiße ich es weg. Oder Sie machen das selber. Soll ich mich etwa auch wegschmeißen? Vor Lachen? Ich suche nach meinen Anfängen, die gar nicht erst hätten stattfinden sollen, finde aber nur lose Enden.

Die einen sammeln, die andern werfen es wieder weg, so geht das mit den Nachlässen, wenn sie weg sind, sind sie weg. Meine Gedanken sind ohnedies woanders, meist bei Tieren. Sie sind verreist, nein, nicht die Tiere, die sind nur woanders, weil sie hier keinen Platz haben, sosehr man sie auch zusammenpfercht, ein paar kriegen wir sicher noch rein in unsre Mägen. Sie befinden sich in einem Tiertransport, warten Sie nur, wie das ausgeht! Das ist des Schrecklichen Anfang und Ende. Sie müssen reisen und weinen, weinen und reisen, bis sie endlich sterben dürfen, die Tiere. Meine Gedanken sind nicht in meinem Werk vertreten, keine Ahnung, wo die wieder hin sind. Daß ich auf der Welt bin, hätte ich Ihnen nicht ersparen können, mir aber auch nicht. Das Schreiben hat doch viel Arbeit gemacht, und jetzt schmeißen Sie damit herum! Bücher rief ich, und Menschen sind gekommen, welche wiederum die Bücher wegschmeißen. Menschen kann ich nicht brauchen. Dies hier, das hätte ich geschrieben haben können, warum tat ich es dann nicht? Wie kann man die Leere aufzeichnen? Man kann es nicht. Kann man schwarzes Geld sehen? Wenn es dunkel ist, dann nicht.

Was soll das nun wieder heißen? Deutscher Geist – ein Widerspruch in sich? Wo hab ich das gesagt? Ich würde einen Geist nicht mal erkennen, wenn er vor mir steht und buh macht. Ich bin keine Deutsche, nein, kein einziger Verwandter Deutscher, einige Mitglied deutscher Minderheiten irgendwo in Transsylvanien, was die Deutschen nicht gewohnt sind, weil sie nie eine Minderheit sein oder woanders wohnen wollen als dort, wo sie schon sind und wo sie sich sofort gemütlich ausgebreitet haben. Die Zigeuner haben sie schon an ihre Lagerfeuer gescheucht, denn reisendes, fahrendes Volk wollen sie selber sein, die Deutschen, vielleicht auf einem schönen Kreuzfahrtschiff. Dort können sie singen und Ziehharmonika oder Geige spielen hören bis zum Abwinken des Dirigenten, den sie aber nicht brauchen. Dazu sind sie da, fürs Singen und Spielen und Reisen. Es gibt ja Länder genug, viele würden sich den Deutschen sogar schenken, verkaufen wäre aber besser. Schon wieder beginnt eine Gedenkfeier, die sie an irgendwas hindert, denn solange sie weinen und Musik hören, können sie niemanden umbringen, ich habe selbst gesehen, wie sie daran gehindert wurden, wie immer gehindert, behindert, ich habe die Lebendig-Übertragung gesehen. Unsere Elfi ist ja so begabt, und sie will leben, eben! Die will nicht den Weg ihrer toten Verwandten gehen, die auch einmal gelebt haben. Haben Sie das Neueste schon gehört? Nein. Wer will sonst noch leben, wer hat noch nicht? Da sind wir unsicher, denn die Deutschen haben ja gar keinen Geist, den kann man sich daher bei ihnen auch nicht holen. Mit dem kann man sich nicht anstecken. Hat das Nietzsche echt gesagt? Das glauben wir nicht. Wo haben Sie denn das her? Wo soll der sonst sein, der Geist, wenn nicht hier, wo so viel von ihm gesprochen wird? Nie gehört. Und wohin will sie, die Frau? Sicher wieder in die andre Richtung. In ihr Heimatland kann sie nicht wollen, dort haben sie keine Worte, und ihre wollen sie nicht. Doch die sie haben, die benützen sie allzu häufig, überall liegen diese Haufen dann herum, ja, auch hier, und die Menschen treten hinein. Sogar für Hundescheiße müssen sie dann zahlen, wenn sie sie nicht eintüten wollen. Ich habe jetzt auch was dazu gesagt. Ende der Durchsage.

Letzte Ausfahrt. Dies hier ist ohne Worte, na, ein paar tausend werdens schon sein, ohne alles, ohne Gas, ein stilles Wasser. Kalt. Eine Holding müßte halt her, die mich hält und erhält, und die kam auch prompt daher, wenn auch nicht zu mir. Sie wurde soeben im steuerfreundlichen Irland neu geboren, und so fühle ich mich auch. Die Offshore Ltd. verkauft dann 49,9 % ihrer Gesellschaftsanteile an diese Holding und behält so die Mehrheit an dieser Gesellschaft, nennen wir sie Goldgrube, das kann man sich leicht merken. Verlieren Sie hier nur nicht den Faden, es lohnt sich nicht mehr, es ist ohnehin bald aus! Moment, gleich schneide ich ihn für Sie ab. Jeder Affe kann etwas, manche malen, andre dichten, er kann etwas, der Affe, wenn man ihm das Steuer in die Hand drückt und ihm dazu die Steuervorschreibung auf diesem berühmten Bierdeckel reicht. Lesen kann er sie nicht, er kann sie nur in Ehren halten. Oder er ißt sie auf. Dafür müssen die toten Ratten jetzt bei uns zu Hause bleiben, sie sind dazu gezwungen, kein Licht spiegelt sich mehr in ihren Augen. Dafür kommen treue, verspielte Hunde nach Hunderten von Jahren dorthin wieder zurück, von wo sie die Kehre genommen haben, weg von Ihnen, das war Ihnen wohl wichtig, was? Die hängen an uns. Sie nicht. Bilden Sie sich nur nichts ein, bilden Sie lieber ab! Sehen Sie, das können Sie auch nicht. Wissen Sie was, das wir nicht wissen? Die Dichter glauben alles nur, wissen tun sie nichts, jeder einfache Mensch, na ja, wirklich einfach sollte er schon sein, weiß es: Die Dichter wissen einen Dreck. Und doch weisen sie manchmal über sich hinaus, die Dichter, worauf, das wissen sie nun wieder nicht, denn dort ist dann niemand, der diesen Weg auch wirklich gehen würde und ihnen erzählen, was er gesehen hat. Und wenn diese Frau auf dieser Festplatte, die hier angemeldet und festgenagelt ist, behauptet, sie wisse etwas, dann sage ich: Das Wissen ist ihr verboten, es ist uns vorbehalten, wir werden ihr das Gegenteil beweisen. Was sie von uns nicht bekommen hat, das bekommen wir dafür von ihr. Und zwar alles, was wir wollen, tralala, humpahumpahumpa.

Wenn Sie nicht aufpassen, werden Sie erneut aus einer Rippe geschaffen werden, mit dazugehörigem Sauerkraut, immer wieder, bis Sie es sich merken, wo der Teller ist, wo der Hammer hängt und daß Sie nichts sind, ein weißer, abgenagter, gebleichter Knochen, der nichts an sich hat und nichts hinterläßt, nein, nicht einmal eine Spur, sie selbst ist die Spur, diese Frau ist eine Spur, die sie selbst hinterläßt und der wir den Sand darunter nehmen werden, damit sie schön einsinkt und man sie nicht mehr sieht, und genau dann wird sie wieder anfangen zu schreiben, eine neue Spur ziehen im Wasser.

Wir sind die Deutschen, die Deutschen, die Deutschen! Was? Schon klar. Suchen Sie etwa Anhänger? Glück? Der Mensch strebt nicht nach Glück, wo hab ich das nur wieder gelesen? Nur der Engländer tut das. Die übrigen müssen es sich holen oder zu ihm gehen, freiwillig kommt es nicht. Sie wollen alles tragen, alles forttragen, Geld haben sie bei mir natürlich keins gefunden, das liegt brav am Konto und macht mir keinen Ärger, sie haben gar nicht gewußt, was sie suchen, und gefunden haben sie auch nichts. Doch wie die Packesel haben sie alles fortgeschleppt, was ging, sie konnten es ja unter zehn Leuten aufteilen. Dieser arme ermordete Journalist aus dem engen arabischen Raum, der eigentlich recht weit wäre, ich meine: weit weg von uns, der wurde selbst unter 15 Menschen aufgeteilt, der Journalist, in einzelnen Stücken, sogar bei Jesus haben sie nur um dessen Kleider gewürfelt, nicht um seinen Leib. Sie schwanken noch, wohin sie sich mit ihrer Geschichtslast wenden sollen, die Deutschen. Sie torkeln, aua, ist das schwer! Das hätten wir nie gedacht. Doch, ich sehe schon, die schaffen das. Sie sind alle wir, sagt ihre Kanzlerin, diese Ausnahmeerscheinung, welche ausschließlich der Vernunft gehorchte. Sowas kennen wir gar nicht. Was bleibt mir übrig, was bleibt von mir übrig? Was soll ich machen? Vielen Dank, daß Sie nicht zu meinem Begräbnis gekommen sind. Ich meide selbst größere Menschenansammlungen. Auch das Virus verlangt nach Trägersubstanzen, soll sie aber möglichst nicht bekommen. Sagen Sie jetzt nichts! Singen Sie! Dann geht es schneller mit den Viren. Wollen Sie was singen? Dann los! Was ich sage, ist wie nicht gesagt. Ich möchte mich nicht beklagen, doch ich könnte es und tue es gleich wieder, versprochen. Ich weiß, ich mache es mit jedem Wort schlimmer, sogar jetzt noch. Beklagen: gar nicht gut! Es bleibt immer was hängen. Mein Teil, ich hätte es lieber selbst entsorgen sollen, alles muß man selber machen. Ich gebe, was ich geben muß, mehr nicht und nicht weniger. Nachgeben tu ich nicht. Doch um nicht vor Gericht zu müssen, darf man hier bei den Deutschen was für sich bezahlen, man darf zahlen, man darf zu sich zuzahlen, gegen eine Zahlung kann man sich von allem befreien, weil man ja selbst nichts gekostet hat. So wird man ein Gewinn für das Land, das ist ihm recht und billig. Die Summe wird fix festgelegt, kein Einspruch möglich. Bei den Deutschen darf man nie einen Einspruch machen, sonst spricht das Land selbst mit seiner Glockenstimme, und das wollen Sie dann wirklich nicht hören. Zerteilt wird man wenigstens nicht, immerhin,

Ratenzahlung nicht möglich. Wenn er kann, macht das ein jeder. Damit man nicht ins strenge Richterauge blicken muß. Der Mensch ist frei geboren, ich sage nicht, was danach mit ihm passiert. Er wird einen Richter brauchen, sogar wenn er ganz allein ist, dann holt er sich halt einen dazu, zu dem er mindestens eineinhalb Meter Abstand halten muß. Pro Person ein Richter. Doch wenigstens fällt kein böser Anschein mehr auf den unehrlichen Zahler und den ehrlichen Makler, welcher die Zahlung befahl, er handelt mit fremdem Fleisch, weiß er das überhaupt?

Nichts duldet man, doch auch das Nichts duldet man nicht, man fragt sofort, was es vorher war, was es dort gemacht hat, da war es doch sicher mehr als nichts. Ich entscheide mich für die Option: nur Nichtssagendes sagen! Sie haben ihnen den Boden unter den Zeichen weggezogen und dadurch verhindert, daß die Zeichen gedeutet werden konnten. Alles, was Sie jetzt sagen, kann gegen Sie verwendet werden, spricht das Recht. Wenn das kein Zeichen ist, dann weiß ich nicht. So groß ist das Vermögen der Sprache, wie soll ich es anlegen? Daß sie mit einem und gegen einen vorgeht, mit einem geht, gegen einen andren vorgeht, mit nichts als sich selbst. Sie kann alles. Vielleicht ist es das: Dafür, daß man das Wort ergriffen hat, das eigentlich immer ein Anfang ist und bei Gott ist, endlich weiß ich, wo ich es mir holen kann, wie es war vor aller Zeit, so ist es in Ewigkeit, dafür sollte man vielleicht wirklich zahlen, wo kriegt man noch sowas Haltbares wie das Wort? Gott ist der einzige, der sich selbst verstehen kann: einfach großartig, der Mann! So erspare ich mir doch einiges. Was der alles gesagt und geleistet hat, und es liegt uns sogar schriftlich vor! Meine Schriften liegen hingegen weit hinter mir.

Ab jetzt ist bereits Vergangenheit, meine kleinen Worte sind alle Vergangenheit, wer fragt danach? Ich gratuliere Ihnen, Sie haben es hinter sich. Ich verstehe es ja selbst nicht, warum dann auch noch schreiben?, wenn die Worte doch bereits an mir vorüber sind?, wie fange ich die wieder ein?, ich verstehe es nicht, weil ich den Vorteil des Unbedenklichen nicht verstehe und auch nicht bedenken kann, was gekommen und inzwischen schon wieder gegangen ist. Ich habe die Verfolgung gar nicht erst aufgenommen, die haben mir andre abgenommen. Ich bin nicht imstande, zu begreifen und zu beschreiben, was über mich verhängt worden ist. Andre wissen etwas und könnten es sagen. Warum soll ich sie damit belästigen, viele Seiten lang? G., willst du auch was dazu schreiben, du kennst dich ja aus? Du kennst den Akt, du hast ihn studiert und auf jede Lüge mit Wahrheit erwidert, sonst hätte die Lüge als zugegeben gegolten und hätte gegen mich gezeugt. Ich war zwar dagegen, daß man mich gezeugt hat, aber gegen mich zeugen, das geht auch wieder nicht. Du hast was Besseres zu tun, lieber Gott, ich weiß, mit deinen Geräten, es ist außerdem ja zu Ende. Alles zu Ende. Und ich habe schon zu viel gesagt, das müssen Sie mir nicht bestätigen, das haben Sie schon oft. Sie wußten, wo sie mich finden, nehmt meine Zicklein, nehmt sie ruhig, und folgt dem Schafsweg, dort werdet ihr mich treffen, mich Mädchen, aus der Stadt, nein, nicht Jerusalem, aber nicht ganz, nur zur Hälfte, nur zur Hälfte muß ich bezahlen, nur zur Hälfte werde ich umgebracht, ist ja gut, ich seh auf keinen herunter, nur weil er dunkler ist als ich. Bin selber dunkel, Sie müssen schon reingreifen, aber machen Sie das trotzdem nicht, sagen Sie jetzt nichts!, verkneifen Sie sich das Reingreifen, verkneifen Sie sich das Sagen! Sonst kommt der Richter, nein, der nicht, der andre, und dann kommt der Schnee, oje, der gewiß. In den Bergen kommt er wie das Amen im Gebet. Der Schnee deckt alles zu, der Schnee bringt a Ruah in unsre schnelle Zeit. Und die Seuche bring a Ruah in die Hotels. Warum habe ich das jetzt gesagt, natürlich nicht als erste, nie als erste? Oje, oje, schon wieder ein rotes Stricherl hinter meiner Wortmeldung!, dabei habe ich doch gar nichts gesagt, das aber mit viel zu vielen Worten, die ich anderen unbemerkt aus dem Mund genommen habe, Brot für die Welt?, nicht mit mir! Oje, die Hotels haben schon wieder geöffnet, und ich habe es mir nicht gemerkt! Das vollkommene Weib, begeht Literatur, wie es eine kleine Sünde begeht? Da bin ich Lichtjahre davon entfernt, und zum großen Verbrechen fehlt mir halt auch die Zeit: zum Versuch, im Vorübergehn, mich umblickend, ob es jemand bemerkt und daß es jemand bemerkt, dazu fehlt es an allem. Ja, genau, und doch ist es leider passiert: Man hat mich bemerkt, der Staat hat ein Auge auf mich geworfen, ich sollte geschmeichelt sein, wenigstens einer! Aber passen Sie dennoch auf, daß Ihnen das nicht passiert: bemerkt zu werden. Sie können versuchen, bemerkenswert zu sein, aber Sie sollten mit Bemerkungen wirklich vorsichtig sein. Sie dürfen vor Handycams geraten, Sie dürfen durchs Navi ins Abseits geraten, Sie dürfen Ihre eigenen Zeugen, die Festplatten, schreddern, aber Sie dürfen nie unter die Augen der Mächtigen! Nie! Von denen bemerkt zu werden, das ist der absolute Schrecken. Es gibt keinen Einspruch und keinen Widerspruch. Es gibt nichts gegen sie. Es ist noch nichts erfunden, das wir gegen sie unternehmen könnten. Sie selbst dürfen alles, vor ihrer Macht werden Sie vergehen wie der Schnee, der heute früh sein Lied gesungen hat, damit endlich eine Ruh ist bei ihm, im Schnee, von wo die Touristen so überstürzt geflohen sind. Falls diese Augen sich auf Sie richten, gehen Sie sofort weg, setzen Sie eine Basecap auf und schauen Sie zu Boden, oben sind wieder andre Kameras auf Sie gerichtet, von keinem Menschen gehalten und gesteuert und geschwenkt wie Gläser, das sind nur noch seelenlose Maschinen, mein Mann würde jetzt behaupten, sie haben doch eine Seele, oft mehr als die Menschen, Maschinen sind meine Freunde!, sagt er, wer hört schon auf den? Hören Sie lieber auf mich! Ich habe es Ihnen einmal gesagt, ich sage es nicht noch einmal, und meiden Sie jene, die nur glauben, mächtig zu sein! Ich bin kein Tier, ich bin kein Mensch, ich bin kein Gott, ich bin nichts, da bin ich auf der sicheren Seite, das haben andre schon vor mir und von mir gesagt und auch und ganz besonders, wenn sie auf ihre Kontoauszüge blickten. Das, was man ist, kann man sich so groß vorstellen, wie man will. Überall, wo wir nicht sind, ist ebenfalls nichts, und nichts bleibt, nur diese eine riesige, weite Leere. Und deshalb wollten sie vielleicht alles von mir, aber das alles ist nichts. So. Ich mache eine Überweisung, bin aber nicht weise genug dafür und muß es jemand anderen machen lassen, ich kann keine elektronischen Überweisungen tätigen, ich weiß nicht, wie das geht; ich muß, ich mache einen Fehlgriff, schon wieder!, diese Summe kann keinesfalls stimmen!, dann greift vielleicht plötzlich ein Ärmchen aus dem Rechner und kassiert dafür mich ein. Ich muß, ich mache Fehler, ich muß, ich greife nach irgendwas, und schon ist es ein Fehler. Da kann man nichts machen.

Natürlich, es müssen ja immer die Großen sein, darunter tun Sies nicht:
Spurenelemente, inzwischen darfs ein bisserl mehr sein, von Heidegger, Camus, Nietzsche, Freud ...
www.hydroxy.tax – müssen Sie unbedingt reinschauen!
Thomas Piketty: «Das Kapital im 21. Jahrhundert»
Wikipedia natürlich, was täte ich nur ohne euch ...!
Und Zeitungen, Zeitungen, Zeitungen! Doch die Zeit läßt sich nicht fangen.
Mit Dank an Nils Tabert.

Die Uraufführung von *Angabe der Person*
war im Dezember 2022 am Deutschen Theater Berlin
in der Regie von Jossi Wieler.

Die Rowohlt Verlage haben sich zu einer nachhaltigen Buchproduktion verpflichtet. Gemeinsam mit unseren Partnern und Lieferanten setzen wir uns für eine klimaneutrale Buchproduktion ein, die den Erwerb von Klimazertifikaten zur Kompensation des CO_2-Ausstoßes einschließt.
www.klimaneutralerverlag.de

MIX
Papier | Fördert gute Waldnutzung
FSC® C083411
www.fsc.org